西北政法大学学术著作出版基金资助出版

新时代法学教育与法学理论文库

军职罪立法的
修改与完善

冉巨火 著

Junzhizui Lifa de
Xiugai yu Wanshan

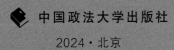

中国政法大学出版社

2024·北京

本书以现代军法理念为标准，对我国的军职罪立法进行了检视，指摘利弊，评析得失，对此类罪的立法模式、立法体例以及具体的立法内容都进行了全面的梳理和分析。在此基础上，本书以体系化设计为方法论，力主在统一刑法典模式下，以相对军人犯主义立法体例为方向，坚持立法论与司法论相结合，总则与分则并进，对军职罪立法从概念到制度直至具体的罪刑规范进行全面的修改与完善。主要内容及观点如下：

第一，军职罪修改体系化设计命题的提出。本部分主要探讨了军职罪修改的必要性、可行性及方法论。军职罪修改的必要性源于其自身存在的立法缺陷，当下军职罪的修改不仅具有必要性，而且具有可行性。军职罪的修改必须进行体系化设计，这是应对军职罪立法碎片化的现实需要，是历次刑法修订经验积累的要求，也是避免国家刑事法治二元化的重要举措。

第二，体系化设计下军职罪修改的理念标准。体系化设计下军职罪的修改必须以现代军法理念为标准。以此理念为标准观之：①在立法模式上，军职罪并入刑法典有利于实现国家刑事法治的一元化，确立军事刑法与普通刑法之间良性互动的理性关系，促进军事专业主义的落实，满足现代法治的要求，这既保护国家的军事利益，又保障军人人权。鉴于军职罪中封闭的特权条款容易被人忽视，故关于军职罪概念的规定有必要在刑法典中予以保留。②在立法体例上，相对的军人犯主义应为军事刑法的未来发展方向；现有军人犯与军事犯二元并重主义立法格局的出现，并非由于军事犯内容过多所致，而系因军人犯内容过少造成。③在立法内容上，未来军职罪进行修订时，总则性条文中应增加军人执行命令行为、特殊情况下紧急处置措施等内容的规定；完善战时、军人等概念及战时缓刑制度的规定。在具体罪刑规范上，应注意完善武器装备类犯罪的规定；将主观罪过不同的罪名从同一条文中分离出来；协调阻碍执行军事职务罪与阻碍军人执行职务罪的相关规定。同时，增设破坏军人关系的犯罪和一些战争类犯罪的规定；必要时，可将一些犯罪分置到危害国防利益罪中去。如此一来，不仅可以丰富军职罪的立法内容，还可以使危害国防利益罪的立法内容有所增加，解决了危害国防利益犯罪"一般化"后，立法内容过于单薄的问题。从而使军事刑法在立法体例上与理想中的相对军人犯主义更加接近。

第三，体系化设计下军职罪修改的路径选择。从长远来看，军职罪宜采取单行刑法的立法模式；但从当下来看，将军职罪从刑法典中分立出来立法成本较高，时机不成熟，不具备可行性，维持单一刑法修正案模式是军职罪修改的现实选择。由此决定，目前军职罪的修改必须坚持立法论与司法论相结合。原则上，能通过刑法解释解决的问题，坚决不修改刑法。采取刑法解释的方式对军职罪条文进行修改时，应遵循下列原则：首先，立法解释的发动原则上必须保持克制，除非最高人民法院、最高人民检察院通过的司法解释存在冲突，否则不能轻易启动立法解释；其次，司法解释的发动原则上也必须保持克制，通过学理解释即可解决的问题，坚决不启动司法解释。对当下军职罪修改与完善过程中存在的一些问题，如出现立法权与司法权的僭越等现象，则必须及时予以纠正。

第四，体系化设计下军职罪有关概念的完善。首先，战时概念的完善。刑事立法应将非战争军事行动持续期间纳入"以战时论"的范畴，增加规定战时的终结时间，将"戒严"修改为"紧急状态"，并明确规定战时状态的效力范围。其次，军职罪适用范围的完善。没有必要将军职罪的适用范围扩大到军事单位；《刑法修正案（十一）》已将非现役文职人员纳入军职罪的适用范围，事实上完全可以将非现役军人及我国军队中的外籍人员解释为《刑法》第 450 条规定中的

"其他人员"，刑事立法应明确将战俘纳入军职罪的适用范围。再次，军事犯罪概念的完善。军事犯罪宜采取广义的概念，既包括军人违反职责罪，也包括危害国防利益罪。只触犯军人违反职责罪或者危害国防利益罪，而未触犯其他普通犯罪的，是纯正军事犯罪。未来刑事立法应增加规定军事犯罪与纯正军事犯罪的规定。

第五，体系化设计下军职罪有关制度的完善。首先，关于刑罚体系的完善。剥夺军衔应采用附加刑，对危害严重的犯罪军人仍应适用，刑事立法对此应予明确。军队中完全存在管制刑的适用条件，应将管制配设到轻微军职罪中来。未来应废止没收财产刑，军职罪无需规定这一刑种。随着军队全面有偿服务的停止，如果盗窃军用物资罪未来能够废除，军职罪中将不存在贪利性犯罪，所谓的罚金刑在军职罪中的缺失将成为一个伪问题。其次，关于战时缓刑制度的完善。战时缓刑制度问题的解决关键在于从解释论上阐明战时缓刑与一般缓刑的关系，在此基础上，只需对《刑法》第449条略作修改，将被判处拘役宣告缓刑者与平时被宣告缓刑者纳入适用范围，将不具备参战资格者排除在适用范围之外，明确战时缓刑的考察机关与"立功表现"的内涵，即可解决其存在的缺陷。再次，特殊情况下紧急处置措施的完善。紧急措施的性质应为法令行为，而非正当防卫。紧急措施所处置的犯罪范围过窄，不利于保护国家的军事利益。此外，紧急措施的实施事关军人的生杀予夺，规定在《中国人民解放军纪律条令（试行）》中效力层级不够，故宜在扩大其适用范围的基础上，将其移置到刑法典中来。最后，增加军人执行命令行为的规定。军人执行命令的行为并不当然阻却违法，未来军人执行命令行为应予立法化。在立法内容上，应结合我国具体国情，考虑有关犯罪论体系争论的理论背景，参酌世界相关立法先进国家的立法例，适当加以损益。

第六，体系化设计下军职罪具体罪刑规范的完善。首先，军职罪具体罪刑规范的完善必须妥善处理好如下几个关系：①军职罪与其他犯罪的关系。二者之间属于特别法与普通法的关系，军职罪中存在封闭的特权条款，法条竞合与想象竞合必须加以区分，对军职罪中特殊法条立法技术上存在的问题应予纠正。②犯罪化与非犯罪化的关系。由于信息化战争经验的匮乏，加之军职罪存在过多"休眠条款"的事实，军职罪立法不宜过度强调犯罪化。同时，因我国的军职罪严格区分纪律处分与刑事处罚，故没有必要进行过度的非犯罪化。在此问题上，立法者宜保守一些，以基本维持现有局面为宜。③超前立法与经验立法的关系。军职罪的修改应当具有一定的预见性和超前性，但不可无视军事活动实践，盲目超前。对军职罪中的构成要件要素，尤其是一些抽象性概念不宜作过于明确的解释。此外，对军职罪的死刑废除问题必须予以慎重。其次，军职罪具体罪刑规范的完善：①武器装备类犯罪的完善。权宜之计，应合理解释《刑法》第438条第2款的规定；长远考虑，应删去《刑法》第438条，在与《刑法》第127条规定相区分的基础上，于危害国防利益罪中增设盗窃、抢夺武器装备罪，抢劫武器装备罪。②战争罪的完善。凡刑法分则中已经有规定的，没有必要按照国际条约的内容，一字不差地作出对照性的规定。刑事立法只需将那些国际条约中有要求，但军职罪中没有对照规定的罪名纳入其中即可。据此，军职罪只需增加规定滥用损敌手段罪与非法使用保护标记、旗帜罪两个罪名。③其他犯罪的完善。宜将主观罪过不同的犯罪从同一法条中分立出来；综合权衡妨害公务罪、阻碍军人执行职务罪与阻碍执行军事职务罪之间的罪刑关系，对三者进行体系化的立法设计；增设压制控告、申诉罪，保障军人的权利；因应形势发展，废除盗窃军用物资罪。

目 录 | Contents

前 言 ……………………………………………………………………… 1

导 论 ……………………………………………………………………… 1

第一章 军职罪修改体系化设计命题的提出 …………………… 5

第一节 军职罪修改的必要性 ……………………………………… 5

一、部分条文内容严重滞后于国家立法发展 ………… 6

二、一些重要制度尚付阙如 ………………………… 9

三、基本概念、制度缺乏前后照应 ………………… 13

四、条文数量偏少且诸多规定过于粗疏、混乱 ……… 15

五、立法模式、体例争议再起 ……………………… 18

第二节 军职罪修改的可行性 …………………………………… 20

一、刑事立法的不断完善，为军职罪的修改提供了
丰富的经验借鉴 ………………………………… 20

二、刑事司法的反复检视，为军职罪的修改提供了
详尽的实践根据 ………………………………… 22

三、学术研究上的不断创新，为军职罪的修改打下了
良好的理论积垫 ………………………………… 23

四、依法治国、依法治军方略的提出，为军职罪的
修改提供了坚实的政治条件 …………………… 26

第三节 军职罪修改必须进行体系化设计 ………………………… 28

一、体系化的界定与内涵 …………………………… 28

二、军职罪修改为什么必须进行体系化设计 ……… 33

第二章　体系化设计下军职罪修改的理念标准 ······· 40

第一节　现代军法理念概述 ······························· 40

一、现代军法理念的思想渊源与基本内容 ··· 40

二、现代军法理念的功能 ·························· 45

三、现代军法理念引入必须回答的两个问题 ··· 50

第二节　现代军法理念标准下军职罪立法的宏观检视 ······· 56

一、关于立法模式 ································· 57

二、关于立法体例 ································· 71

三、关于立法内容 ································· 84

第三章　体系化设计下军职罪修改的路径选择 ······· 97

第一节　科学抉择军职罪修改的模式 ···················· 97

一、单一刑法修正案模式的确立及其利弊评析 ······· 97

二、当下军职罪的修改必须维持修正案模式 ······· 105

第二节　坚持立法论与司法论相结合 ···················· 114

一、军职罪的修改必须坚持立法论与司法论相结合 ··· 114

二、军职罪的修改如何做到立法论与司法论相结合 ··· 126

第四章　体系化设计下军职罪有关概念的完善 ······· 143

第一节　战时及其相关概念的完善 ······················ 143

一、战时概念的缺陷 ······························ 143

二、战时概念的完善 ······························ 146

第二节　军职罪适用范围的完善 ························· 151

一、军职罪适用范围概述 ·························· 151

二、军职罪适用范围存在的问题 ·················· 153

第三节　军事犯罪概念的完善 ··························· 164

一、我国刑法中军事犯罪应采取广义的概念 ········· 164

二、纯正军事犯罪的范围不应仅局限于军人违反

职责罪 ······································ 167

第五章　体系化设计下军职罪有关制度的完善 ········· 172

第一节　军职罪刑罚体系的完善 ················· 172

　　一、剥夺军衔的性质及其完善 ················· 173

　　二、管制刑、罚金刑的缺失及其完善 ··········· 179

第二节　战时缓刑制度的完善 ··················· 184

　　一、战时缓刑与一般缓刑的关系 ··············· 185

　　二、战时缓刑的立法缺陷 ····················· 190

　　三、战时缓刑的修改与完善 ··················· 196

第三节　特殊情况下紧急处置措施的完善 ··········· 198

　　一、紧急处置措施的行为属性 ················· 199

　　二、紧急处置措施的正当化根据 ··············· 203

　　三、紧急处置措施的实施条件及其存在的问题 ··········· 205

　　四、紧急处置措施的完善 ····················· 210

第四节　增加军人执行命令行为的规定 ············· 212

　　一、军人执行命令行为的域外考察 ············· 212

　　二、军人执行命令行为的国内现状 ············· 215

　　三、军人执行命令行为应予立法化 ············· 218

　　四、军人执行命令行为立法化必须注意的几个问题 ····· 220

　　五、军人执行命令行为立法化的最终方案 ········· 225

第六章　体系化设计下军职罪具体罪刑规范的完善 ········· 227

第一节　军职罪具体罪刑规范完善必须处理的几个关系 ········· 227

　　一、军职罪与其他犯罪的关系 ················· 227

　　二、犯罪化与非犯罪化的关系 ················· 235

　　三、超前立法与经验立法的关系 ··············· 244

第二节　军职罪具体罪刑规范完善的方案 ··········· 253

　　一、武器装备类犯罪的完善 ··················· 253

　　二、战争罪的完善 ··························· 259

　　三、其他犯罪的完善 ······················· 269

导　论

　　"每个民族都有自己独特的文化，对军事表现出不同的文化心态，并渗透进军事生活的各个方面，对军事的发展产生极为微妙的影响"，[1] "不同的地理环境决定人们不同的生存方式、生存状态。"[2] "植根于传统农耕经济基础之上中国传统军事文化观念的核心和显著特点是以道德立国而不以兵立国，以仁义化育天下而不以武力强制天下，对战争暴力持一种谨慎乃至厌恶的态度。"[3] 如孔子认为，为国应当以礼，"俎豆之事，则尝闻之矣；军旅之事，未之学也"。[4] 老子坚称，"兵者不祥之器，非君子之器"，"故有道者不处"，"不得已而用之"。[5] 墨子主张，"使天下兼相爱"，而如欲做到"兼爱"，则必须"非攻"。[6] 历史上的兵家、法家虽然对战争尚抱有几分积极态度，但即便如此，也大都反对将战争的暴力因素张扬到极致。如作为兵家代表人物的孙子一贯主张的是"上兵伐谋"，[7] 决定战争胜负的

　　〔1〕 皮明勇：《中国传统军事文化观念与军事近代化刍论》，载《齐鲁学刊》1995年第2期。

　　〔2〕 倪乐雄：《东西方战争文化的原型蠡测——"荷马史诗"与〈诗经〉比较研究》，载《中国文化研究》1994年第4期。

　　〔3〕 皮明勇：《中国传统军事文化观念与军事近代化刍论》，载《齐鲁学刊》1995年第2期。

　　〔4〕 《论语·卫灵公》。

　　〔5〕 《老子·第三十一章》。

　　〔6〕 《墨子·兼爱》。

　　〔7〕 《孙子兵法·谋攻篇》。

重要因素之一是"主孰有道"。[1] 作为法家之集大成者的韩非子则谆谆告诫统治者,"主多怒而好用兵,简本教而战攻者,可亡也"。[2]

传统军事文化观念的影响反映到军人违反职责罪研究上来即是有军法而无研究,即使偶有研究也多表现为说多论少,甚或有说无论。学界对军人违反职责罪的研究始于1982年施行的《中华人民共和国惩治军人违反职责罪暂行条例》(以下简称《暂行条例》)。该条例草案初稿起草于1979年8月。毋庸讳言,刚刚结束的对越自卫反击战对这部条例的出台无疑起到了重要的推动作用。[3]《暂行条例》出台之后,学界掀起了一个短暂的研究高潮。[4] 此后,随着改革开放的深入发展,建设社会主义市场经济日益成为国家各项工作的重心,这股研究热潮很快平息,终归沉寂。1997年《刑法》* 修订时,围绕普通刑法的修订学界从基本原则的确立到立法体例的完善,从分则类罪名的拟定到具体罪状的设计无一不进行了详尽的论证,但围绕《暂行条例》的修订,除了个别军内人员从宏观上进行了探讨,主张制定一部单行军事刑法外,[5] 军外的刑法学者基本处于"失语"状态。从刑法修订的最后结果来看,军内学者的"自说自话"似乎也并未起到太大的作用。在刑法典出台前的短短不到半年时间内,原计划单行立法的《暂行条例》匆忙之间被纳入其中。[6] 但因理论研究的匮乏,

---

〔1〕《孙子兵法·计篇》。

〔2〕《韩非子·亡征》。

〔3〕 参见史进前:《关于〈中华人民共和国惩治军人违反职责罪暂行条例(草案)〉的说明》,载高铭暄、赵秉志编:《新中国刑法立法文献资料总览》(上),中国人民公安大学出版社1998年版,第562~567页。

〔4〕 关于军职罪方面的第一篇研究文章系由高铭暄教授撰写,题目为《军人违反职责罪的认定》,发表于《法学》1982年第2期。

* 本书后文此文件,皆为《中华人民共和国刑法》,为显简练,故直接使用《刑法》,同类使用不再赘述。——编辑注

〔5〕 这方面的研究成果如图们、盖新琦:《关于完善保护军事利益的刑事法律的探讨》,载杨敦先、赵秉志、王勇编:《刑法发展与司法完善》,中国人民公安大学出版社1989年版,第121页以下;周恩惠:《论我国军事刑法的地位》,载《法学家》1989年第1期;张建田:《完善我国军事刑律的几点浅见》,载《法学杂志》1989年第3期;盖新琦:《刑法应单列危害国防罪》,载《法学杂志》1989年第4期。

〔6〕 参见张建田:《关于军人违反职责罪的立法沿革与完善》,载《中国军事法学研究的历史回顾》(第二版),法律出版社2014年版,第645页以下。

体系化思考方式的欠缺，纳入后的军职罪立法从体例到内容与刑法其他章节似乎都有点格格不入。

如在刑法分则章节的分类上，其他九章是按照客体的不同进行的划分，军职罪则是按主体的区别进行的设置；在条文安排上，其他章节一般都只规定具体罪刑规范，而军职罪一章既有具体罪刑规范，又有总则性规范；在立法内容上，顾此失彼，前后不照应的地方则更多。如依照《刑法》第451条的规定，"战时"的概念只适用于军职罪一章，但危害国家安全罪、危害国防利益罪中一些犯罪同样以战时为要素，那这些章节中的"战时"要素应作何理解？又如，《刑法》第449条规定了战时缓刑制度。在战时，如果犯罪军人系被判处3年以下有期徒刑没有现实危险宣告缓刑者，允许戴罪立功。依照《刑法》第72条的规定，被判处拘役的犯罪人亦可宣告缓刑，根据举重以明轻的当然解释道理，战时缓刑在适用对象上显然有所遗漏，将被判处拘役宣告缓刑的对象排除在了战时缓刑制度之外，这并不合适。再如，根据《中国人民解放军军官军衔条例》（以下简称《军官军衔条例》）第28条的规定，对被判处剥夺政治权利或者3年以上有期徒刑的犯罪军官，需由法院判决剥夺其军衔。但在1997年《刑法》修订时并未将剥夺军衔作为一种附加刑纳入刑法典中，致使司法实践中一度出现混乱，对于危害严重的犯罪军官要否剥夺军衔？各地做法不一。军职罪中诸如此类的立法不协调现象，比比皆是。

刑法条文是静止的，社会生活则是变动不居的。1997年《刑法》颁行后，国家又陆续出台了一些新的法律法规，致使军职罪立法中的不协调现象有增无减。如依据《刑法》第451条的规定，部队在执行戒严任务或者处置突发性暴力事件时，以战时论。2004年的《宪法修正案》将"戒严"修改为了"紧急状态"，但军职罪上述关于战时的界定却并未与时俱进。又如，依据2000年通过的《引渡法》第8条第5项的规定，如果引渡请求所指的犯罪纯属军事犯罪的不予引渡，但什么是军事犯罪？军职罪立法并未明确。军职罪中诸如此类的立法滞后问题，不一而足。

二战以来，刑法思潮与时俱进。军人乃着军装之公民的现代军法理念日益深入人心。"军人是国家的国民，也是法治国家的组成人民之一。在人权享有的角度而言，军人实际和一般公民一样，受到宪法基本人权的保障。……While we put on the solider, we did not lay aside the citzen."〔1〕（即使我们被任命为军人，却仍不脱公民的身份）。这样的理念意味着，承认军人在穿着军装之后仍然享有公民的身份与权利，军人除因履行军事职责之所需外，不得额外加重其刑事义务负担。军事刑法固然要面向国家的军事需要，但国家无论如何都不得以军事需要为名随意侵犯军人的人权。亦即，军人的权利只有在为履行军事职责之所必须时，方可加以限制。"军人为了保国卫民的军事勤务所需，自应对其人权作必要之限制，但基本上这乃是对军人人权之局部限制，而非全面剥夺，已是自明之理矣。"〔2〕以此为契机，参酌现代军法理念，世界上一些国家、地区纷纷对自己的军事刑法进行了修正。

时代在发展，社会也在进步。党的十八大以来，以习近平同志为核心的党中央深刻把握新时代建军治军特点规律，从强国强军事业全局出发，将依法治军纳入全面依法治国的总盘子，明确依法治军是我们党建军治军的基本方略，全面擘画依法治军目标蓝图，领导我军加快构建中国特色军事法治体系，推动治军方式根本性转变，国防和军队建设法治化水平不断提升。但同时我们也要看到，依法治军还存在发展不平衡、激发强军活力不充分等问题，需要我们进一步破除瓶颈堵点、推进机制建设。〔3〕正因为如此，党的二十大报告指出要"加强依法治军机制建设和战略规划，完善中国特色军事法治体系"，这为新时代新征程深入推进依法治军指明了方向。军人违反职责罪制定的目的在于加强军队法治建设，正确惩罚军人违反职责的犯罪行为，教育广大指战员严格遵守国家法律，认真履行军人职责，巩固与提高部队战斗力。以现代军法理念为标准，坚持现代法治原则，在军事必要的限度内，对军职罪的立法内容进行体系化的检讨与完善，以增强军人的主体意识，落实现代军事专业主义要求，如期实现党的二十大报告提出的建军一百年奋斗目标，"加快把人民军队建成世界一流军队"，就成为理论工作者义不容辞的时代责任。

---

〔1〕 所引英文内容为美国阿灵顿国家公墓一位无名烈士墓碑上的铭文，参见陈新民：《军事宪法论》，扬智出版社1994年版，第167、174页。

〔2〕 陈新民：《军事宪法论》，扬智出版社1994年版，第167页。

〔3〕 参见何平：《加强依法治军机制建设》，载《解放军报》2022年12月12日，第7版。

第一章

军职罪修改体系化设计命题的提出

1997 年刑法典修订时，《暂行条例》经过整合后纳入了刑法典。现代社会，法的安定是依法治国原则的核心内容之一。刑法典是国家的基本法律，必须保持安定性，不宜频繁修改，否则国民对法律的预测可能性将荡然无存，刑事法治亦将无从谈起。当下军职罪的修改有无必要性与可行性？军职罪修改为什么必须进行体系化设计？这是军职罪修改体系化设计研究首先必须回答的问题。

第一节　军职罪修改的必要性

军职罪修改的必要性来源于军职罪立法存在的缺陷。法律并非神谕，立法者也并不具有至上性。受制于立法当时各种主客观条件的限制以及成文法本身的滞后性，法律的缺陷总是不可避免的。"谁在起草法律时就能够避免与某个无法估计的、已生效的法规相抵触？谁又可能完全预见全部的构成事实，它们藏身于无尽多变的生活海洋中，何曾有一次被全部冲上沙滩？"[1] 军职罪立法何尝不是如此？

---

〔1〕 ［德］拉德布鲁赫：《法学导论》，米健译，中国大百科全书出版社 1997 年版，第106 页。

一、部分条文内容严重滞后于国家立法发展

刑法是所有部门法中制裁手段最为严厉的部门法，其他法律不能充分保护的法益都需要刑法来保护，这就使得刑法在国家的法律体系中处于保障法的特殊地位。亦即，虽然刑法与其他部门法都是处于宪法之下的子法，但刑法与其他部门法之间并非平行并列的关系，而是处于保障法的地位。[1] 在此意义上讲，刑法是其他部门法的保护法。如果把其他部门法比作国家法律体系中的"第一道防线"，刑法则处于"第二道防线"。如果没有刑法给这些部门法作后盾与保障，其他部门法的规定往往很难得到彻底的贯彻实施。[2] 由刑法在国家法律体系中的地位所决定，当作为"母法"的宪法或者作为"第一道防线"的其他部门法立法内容有变时，作为"子法""第二道防线"的刑法必须得尽快跟上这种变化才行。但很可惜，军职罪立法对这种变化并没有及时跟进。

如依照《刑法》第451条的规定，所谓战时包括三种情形：一是指国家宣布进入战争状态时；二是指部队受领作战任务时；三是指部队遭到敌人的突然袭击时。同时根据该条第2款的规定，部队执行戒严任务或者处置突发性暴力事件时，以战时论。2004年的《宪法修正案》将"戒严"修改为了"紧急状态"。[3] 从词义上来看，尽管

---

〔1〕 参见张明楷：《刑法在法律体系中的地位——兼论刑法的补充性与法律体系的概念》，载《法学研究》1994年第6期。

〔2〕 参见高铭暄、马克昌主编：《刑法学》（第十版），北京大学出版社、高等教育出版社2022年版，第8页。

〔3〕 详见2004年《宪法修正案》第26条："宪法第67条全国人民代表大会常务委员会职权第20项'（20）决定全国或者个别省、自治区、直辖市的戒严'修改为'（20）决定全国或者个别省、自治区、直辖市进入紧急状态'。"第27条："宪法第80条'中华人民共和国主席根据全国人民代表大会的决定和全国人民代表大会常务委员会的决定，公布法律，任免国务院总理、副总理、国务委员、各部部长、各委员会主任、审计长、秘书长，授予国家的勋章和荣誉称号，发布戒严令，宣布战争状态，发布动员令。'修改为：'中华人民共和国主席根据全国人民代表大会的决定和全国人民代表大会常务委员会的决定，公布法律，任免国务院总理、副总理、国务委员、各部部长、各委员会主任、审计长、秘书长，授予国家的勋章和荣誉称号，发布特赦令，宣布进入紧急状态，宣布战争状态，发布动员令。'"第29条："宪法第89条国务院职权第16项'（16）决定省、自治区、直辖市的范围内部分地区的戒严'修改为'（16）依照法律规定决定省、自治区、直辖市的范围内部分地区进入紧急状态'。"

"戒严"与"紧急状态"都具有临时性、应急性和法律强制性，但两者还是存在区别的：

根据我国《戒严法》第2条的规定，戒严是指国家在紧急状态下，不得已而采取的一种非常措施；戒严的目的在于维护社会秩序、保护人民的生命和财产安全。紧急状态则是指具有一定危险程度的非正常情况下的社会状态，诸如战争、严重危及国家统一、安全或者社会公共安全的动乱、暴乱、骚乱、经济危机、严重自然灾害、传染病、重大灾害事故以及重大刑事犯罪等，所有这些社会正常生活受到威胁，或者法律实施受到严重阻碍的状况都可归纳于其中。[1]

据此，紧急状态与戒严既有联系，又有区别。两者的联系表现在：紧急状态是"因"，戒严是"果"，当紧急状态严重到一定程度时，国家就会采取戒严这种紧急措施。两者的区别表现在：首先，紧急状态是一个态词，说明危机的严重程度，与正常状态相对立的非常状态；戒严是名词或者动词，是为了应对紧急状态而采取的特别措施或行动。其次，紧急状态是一种非正常状态，可以根据紧急情况划分一定的等级，如特别紧急状态、较紧急状态、战争状态，等等；戒严是在最严重的紧急状态发生时，采取的一种非常措施。再次，紧急状态可根据紧急程度的不同采取包括戒严在内的各种紧急处置措施，是一个总括性概念，具有广泛性、开放性、灵活性、动态性的特点；戒严是在最严重的紧急状态情况下采取的最严厉的紧急处置措施，是一个单个概念，具有强制性、限制性、禁止性、暴力性的特点。又次，紧急状态的危机应急管理可调动的不限于军警机关，而是包括调动、动用国家政府和社会公众的一切力量、资源；戒严是严重危机管理过程中最紧急的行政措施，只能由国家的立法机关、专门行政机关或者军警等专门力量实施，不可以随意授权或者扩大其适用范围。最后，紧急状态不一定要采用戒严这种最严厉的措施，而戒严措施的实施一定是紧急状态到了最危急的程度。[2]

---

[1] 参见江必新：《紧急状态与行政法治》，载《法学研究》2004年第2期。

[2] 参见许新源：《第四次修宪与我国紧急状态制度》，载《中国人民公安大学学报》2004年第3期。

综上，紧急状态是政府在社会处于非正常情况下，依照宪法规定的程序宣布、实施的一种例外制度。戒严固然可以作为特别紧急状态下国家采取的一种应急措施，但紧急状态适用的范围及采取的措施却远非戒严所能涵盖。[1] 既然两者存在如此重大的区别，在宪法已经将"戒严"修改为"紧急状态"的情况下，作为"子法"的刑法却仍然未予修正，这显然是不合适的。

又如，2000 年 12 月我国制定了《引渡法》，该法第 8 条第 5 项规定，如果外国向我们国家提出引渡请求，根据我国或者请求国的法律，当引渡请求所指的犯罪纯属军事犯罪时，我们国家可以拒绝引渡国的引渡请求。但这里的军事犯罪是指哪些犯罪？什么样的犯罪算纯属军事犯罪？刑法并没有条文对此予以明示。这就带来一个问题：当外国对我国提出引渡请求时，我们应当根据何种标准审查请求所指是否纯属军事犯罪，进而决定引渡与否呢？[2]

对类似问题，国外往往在其军事刑法中对此作出明确规定。如《意大利平时军事刑法典》第 37 条规定，形式上来看，凡是违犯该国军事刑法规定的行为都是军事犯罪。但如果某一军事犯罪行为的全部或者部分构成要件没有被该国普通刑法规定为犯罪，则该军事犯罪属于纯正军事犯罪。[3] 在 1997 年《刑法》修订之前，我们国家的军事刑法就是指的《暂行条例》。该条例在立法模式上与多数欧洲国家类似，即采取专门军事刑法典模式，在当时军事犯罪就是指的《暂行条例》中所规定的犯罪，事实上也只能是指军人违反职责罪。问题是：1997 年《刑法》修订时立法者将《暂行条例》经过整合后纳入了刑法典，固然实现了我们国家刑事立法形式上的统一性，但容易给人以我们国家不存在专门的军事刑法典，自然也就不存在军事犯罪之感。

---

〔1〕 参见丛文胜：《对我国宪法将"戒严"修改为"紧急状态"的理解》，载《国防》2004 年第 5 期。

〔2〕 如后所言，理论上多将这里的纯属军事犯罪的情形称为"纯粹军事犯罪"，也有学者将之称为"单纯军事"。笔者认为，为了与刑法中的纯正的身份犯、纯正的不作为犯等概念相对应，将其称为"纯正军事犯罪"似更为合适。在后文中，笔者即采取了"纯正军事犯罪"的表述。

〔3〕 参见黄风译：《意大利军事刑法典》，中国政法大学出版社 1998 年版，"前言"第 9 页。

对此，有学者曾不无忧虑地写道：新修订的《刑法》将军人违反职责罪吸收为第十章，并且新增了第七章危害国防利益罪。这种立法技术上的调整使我国军事犯罪的特征也发生了一定变化。也就是说军事犯罪不是由专门的军事法规确定的犯罪；但是，它仍然是违反特定的军事义务的行为，有着区别于普通犯罪的军事性质。[1] 承接上下文的内容来看，该学者担忧的实际上是在专门军事刑法典缺失情况下，军事犯罪应该如何判断的问题。诚如其言，当下如何妥当应对这种变化，判断某一犯罪是否是纯正军事犯罪，就成为摆在我们面前的一道难题。

此外，1997 年《刑法》颁行后，一些新的军事法规、规章陆续生效，在其罚则部分往往有"构成犯罪的，依法追究刑事责任"的表述，但军职罪却无相应条文与之对应。如《中国人民解放军组织编制管理条例》即规定，突破部队编制定额，违规增设机构、增加编制、提高等级、改变建制关系、机构性质，构成犯罪的，应依法追究刑事责任。对此，有学者认为军职罪中缺乏与之相照应的罪名，使之形同虚设，依法治军，从严治军无法落到实处。[2] 对这些变化，作为后盾立法的刑法是否也要亦步亦趋，与时俱进？如答案为否，我们该如何应对这种立法上的变化呢？

二、一些重要制度尚付阙如

这方面的典型如军人执行命令行为正当化事由的缺失。服从命令是军人的天职。《中国人民解放军内务条令（试行）》（以下简称《内务条令》）第 38 条明确规定，部属对上级命令必须坚决执行，并将执行情况及时报告首长。如果部属认为上级命令有不符合实际情况之处，可以提出建议，但在上级没有改变命令之前，仍然必须坚决执行原命令。在命令执行过程中，如果情况发生急剧变化，导致原命令确实无法继续执行，且又来不及或者无法请示报告的情况下，应当根

---

〔1〕　黄风：《中国引渡制度研究》，中国政法大学出版社 1997 年版，第 89~90 页。

〔2〕　参见张建田：《关于军人违反职责罪的立法沿革与完善》，载氏著《中国军事法学研究的历史回顾》（第二版），法律出版社 2014 年版，第 653 页。

据上级总的意图，以高度负责的精神，积极主动地机断行事，坚决完成任务，并在事后迅速向首长报告。《中国人民解放军纪律条令》（以下简称《纪律条令》）第5条规定：每个军人必须把革命的坚定性、政治的自觉性、纪律的严肃性结合起来，统一意志、统一指挥、统一行动，有令必行、有禁必止，严格执行党的路线、方针、政策，遵守国家的宪法、法律、法规，执行军队的法规制度，执行上级的命令和指示，执行三大纪律、八项注意，用铁的纪律凝聚铁的意志、锤炼铁的作风、锻造铁的队伍，任何时候任何情况下都一切行动听指挥、步调一致向前进。该条令第122条则进一步规定：命令必须执行，如果部属对上级的命令和指示不予执行，如其情节较轻，给予警告、严重警告处分；如其情节较重，给予记过、记大过处分；如其情节严重的，则须给予降职、降衔、降级，直至撤职处分。可见，"我国军事法律规范对执行军事命令的要求是无条件的，绝对执行命令有着高度的权威性、强制性、严肃性和普遍性。"[1]

"执行有约束力的指示的下属，即使被赋予的任务的内容是违反法律的（例如违反法秩序的行为或者不能被允许的行为），因为有服从的义务，所以其行为是合法的。"[2] 正因为如此，世界各国的军事刑法无不将军人执行命令的行为作为正当化事由加以规定。如《德意志联邦共和国军事刑法》第5条规定：在下级实施了符合刑法规定的构成要件行为的情况下，如果这一行为是依上级命令而实施的，只有当下级认识到该行为的违法性，或者在当时的情况，其应当明白该行为的违法性，下级的行为方为有责。即便如此，法院在对该军人判处刑罚时，亦应考虑下级执行命令的实际情况，具体说来：首先，在犯重罪情况下，如下级军人责任轻微的，法院可依据《德国刑法典》第49条第1款的规定，对其减轻处罚；其次，在犯轻罪的情况下，对下

---

〔1〕 夏勇：《论军队中命令的执行》，载薛刚凌主编：《中国军事法学论丛》（2007年卷·总第一卷），中国法制出版社2007年版，第197页。

〔2〕 [德]汉斯·海因里希·耶赛克、托马斯·魏根特：《德国刑法教科书（总论）》，徐久生译，中国法制出版社2009年版，第663页。

级军人应免予处罚。[1]《瑞士联邦军事刑法》第 18 条也规定：①依官方命令而为应受刑罚处罚的行为的，长官或发布命令的高级军官以行为人论处。②如果下属明知其执行命令必将参与一应受刑罚处罚的行为，同样受处罚。法官可根据自由裁量对其减轻处罚（第 47 条），或免除处罚。[2]《奥地利联邦共和国军事刑法》第 3 条第 2 款也规定：士兵根据长官的命令实施应受刑罚处罚的行为，如果行为未造成严重后果，且无须处罚即可防止行为人继续实施应受到刑罚处罚的行为的，检察官可以免于对该士兵的追诉或中止追诉。在具备此等前提条件时，法院同样可随时以决定形式终止诉讼程序。[3]

与世界其他国家的上述做法形成鲜明对比，我国刑法不仅未将执行命令的行为作为一项正当化事由予以规定，反而在《刑法》第 421 条规定了战时违抗命令罪，在《刑法》第 422 条规定了拒传、假传军令罪，在《刑法》第 428 条规定了违令作战消极罪。这显然是不合适的。

又如战时即决行为的缺失。借助死刑的威慑力量实现维护军纪的目的是世界各国军事刑法通行的办法。这一做法张扬到极致即为赋予指挥官战时即时处决权。[4] 战时，指挥官对于严重危害国家军事利益的属员，紧急情况下可以不经审判，径行处决。如《意大利战时军

---

〔1〕　参见徐久生、庄敬华译：《德国刑法典》（2002 年修订），中国方正出版社 2004 年版，第 238 页。

〔2〕　徐久生、庄敬华译：《瑞士联邦刑法典》（2003 年修订），中国方正出版社 2004 年版，第 143 页。

〔3〕　徐久生译：《奥地利联邦共和国刑法典》（2002 年修订），中国方正出版社 2004 年版，第 153~154 页。

〔4〕　"战时即决权"的称呼多见于军事法学界，如田龙海、朱国平在其所撰的《战时军事司法的价值取向及其实现》一文中即有"严格限制军事指挥官的即决权"之类的表述，认为所谓军事指挥官的即决权，是指在遂行作战任务过程中，军事指挥官对于严重违反军纪，直接危害战争利益，在采取充分必要措施后，仍不足以制止属员此种行为的，可以径行处决的权力。参见田龙海、朱国平：《战时军事司法的价值取向及其实现》，载《西安政治学院学报》2003 年第 1 期。柯大平所写的《军队侦查权的指挥权属性及其正当性基础》一文中论及军队侦查权指挥权属性的特征时也提到"紧迫时刻的即决性特征"，指出指挥官在战时当军事利益遇有紧迫危险时，有权立即采取强制措施或立即处决或下令处决具有明显犯罪表现的人。参见柯大平：《军队侦查权的指挥权属性及其正当性基础》，载《西安政治学院学报》2006 年第 1 期。

事刑法典》第241条即规定：如果指挥官在军用船舰或飞机上，当场发现有人实施不服指挥罪、违抗命令罪、哗变或造反等犯罪，或者第199条至第203条规定的敌方战俘实施的犯罪，如果因该犯罪面临损害船舰或飞机安全，或者影响其战斗效能发挥紧迫危险的，指挥官可以立即处决或者下令处决具有明显犯罪表现的人。如果发生类似于前款列举的某一犯罪，进而面临损害部队或其一部分的安全的紧迫危险，该部队或该部分的指挥官同样可以立即处决或者下令处决该具有明显犯罪表现的人。当上述情况发生时，指挥官应当在尽可能短的时间内向他所从属的当局汇报情况，并说明理由。[1] 我国台湾地区的"陆海空军刑法"第12条也规定：战时为维护国防或军事上之重大利益，当事机急迫而出于不得已之行为，不罚。但其行为过当者，得减轻或免除其刑。其用语虽然委婉，但亦蕴含了战时即时处决行为的内容。

　　我国的军职罪中并没有战时即决行为的规定，但在《纪律条令》第238条作了如下规定："发现军人临阵脱逃、投敌叛变以及严重暴力犯罪行为，来不及报告时，应当采取紧急措施予以制止，事后立即报告首长，并对此负责。"在笔者看来，本条规定即是对战时即时处决行为的变相规定与承认。[2] 由《纪律条令》规定的内容来看，其在行为主体上并没有限定为指挥人员，行为内容上也没有限定为"即时处决"手段。正因为如此，有学者将本条内容称为"战时以杀伤手段制止犯罪的紧急措施"。并指出从实践中来看，制止战场重大犯罪行为的紧急措施有两种实施方式：一种是强行解除武装，实行人身控制后，押送军事司法机关或军事指挥机关。这种强制手段，具有刑事诉讼程序上的意义。另一种也是主要的实施方式，是杀伤犯罪人。事实上，这里"杀伤"中的"杀"即前述的所谓"战时即决权"的行使。[3] 问题在于，依照《立法法》的规定，关于犯罪与刑罚的事项

---

〔1〕 参见黄风译：《意大利军事刑法典》，中国政法大学出版社1998年版，第222页。

〔2〕 参见冉巨火：《也论战时以伤杀手段制止犯罪的紧急措施——兼与龙宗智先生商榷》，载《法学杂志》2010年第9期。

〔3〕 参见龙宗智：《浅析战时以伤杀手段制止犯罪的紧急措施》，载《现代法学》1986年第4期。

属于法律绝对保留事项，将这一制度规定在中央军委制定的《纪律条令》中其效力层级过低，显然并不合适。有必要将其吸纳到刑法中来，以弥补军职罪立法内容上的不足，从而维护战时秩序。

再如刑罚易科制度的缺失。军职罪一章中并没有规定管制刑、罚金刑。问题在于军人也可能触犯普通犯罪，一旦行为人所触犯的普通犯罪论罪当处管制或者罚金刑时，对该军人应如何量刑？对此，立法者似乎并未考虑到。

对此种问题，世界其他国家往往采取刑罚易科制度来解决。如《意大利平时军事刑法典》第 63 条第 6 款规定，对服长期役的军人因普通刑法规定的犯罪包括《意大利平时军事刑法典》第 264 条列举的那些犯罪而被处以罚金刑，如果被判刑人无能力偿付，法院可将其易科为不超过 3 年的军事有期徒刑。原则上，一日军事有期徒刑可折抵 50 里拉罚金。[1]《法国军事审判法典》第 393 条也规定，服义务兵役的军人如其因为违反普通刑法而被判处罚金，对犯轻罪行者，可将之易科为 6 天至 6 个月的监禁刑；对犯违警罪行者，可将之易科为 2 天至 15 天的监禁刑。同时规定，易科后的刑罚可以免除原判的罚金，但不能和其他已宣判的刑罚混合。从而保留这一刑罚的独特性。[2]《加拿大国防法》第 130 条也规定，如军人受一般法惩处的犯罪，军事审判法庭或以变通适用军事刑罚的方式予以处罚。[3] 但类似的刑罚易科制度在我们国家军职罪中尚付阙如。

三、基本概念、制度缺乏前后照应

如关于战时概念的规定。战时是军职罪中的一个重要概念。对此，《刑法》第 451 条明确规定："本章所称战时，是指国家宣布进入战争状态、部队受领作战任务或者遭敌突然袭击时。部队执行戒严任

---

〔1〕 参见黄风译：《意大利军事刑法典》，中国政法大学出版社 1998 年版，第 24~25 页。

〔2〕 参见田龙海编：《军事司法制度资料选编（外国部分）》，西安政治学院军事法学系军事法教研室 2003 年印，第 430 页。

〔3〕 参见萧榕主编：《世界著名法典选编（军事法卷）》，中国民主法制出版社 1997 年版，第 54 页。

务或者处置突发性暴力事件时，以战时论。"但问题在于不只军人违反职责罪一章中存在"战时"这一概念，其他章节中，如刑法分则第一章危害国家安全罪中的资敌罪，第七章危害国防利益罪中的战时故意提供虚假敌情罪、战时窝藏逃离部队军人罪、战时造谣扰乱军心罪、战时拒绝军事征收、征用罪、战时拒绝、故意延误军事订货罪中同样存在战时要素的规定。如果说《刑法》第451条中的"战时"概念仅适用于第十章军人违反职责罪中，那么上述其他章节罪名中的战时要素应作何解释？

又如关于战时缓刑制度。《刑法》第449条规定了战时缓刑制度，"在战时，对被判处3年以下有期徒刑没有现实危险宣告缓刑的犯罪军人，允许其戴罪立功，确有立功表现时，可以撤销原判刑罚，不以犯罪论处。"依据文理解释，战时缓刑制度的适用对象仅为被判处3年以下有期徒刑没有现实危险宣告缓刑的犯罪军人，但依据《刑法》第72条的规定，不仅被判处3年以下有期徒刑的犯罪分子可以宣告缓刑，被判处拘役的犯罪分子同样可以宣告缓刑。如果被判处3年以下有期徒刑被宣告缓刑的犯罪军人都允许其戴罪立功，适用战时缓刑的话，根据举重以明轻的当然解释道理，被判处拘役因而被宣告缓刑的犯罪军人同样应允许其戴罪立功，适用战时缓刑。就此而言，《刑法》第449条关于战时缓刑适用对象的规定显然有所遗漏。[1]

再如，关于剥夺军衔问题。历史上剥夺军衔作为一种附加刑在军事司法实践中曾经广为应用，该制度首见于1988年7月1日第七届全国人民代表大会常务委员会第二次会议通过的《中国人民解放军军官军衔条例》，依据该条例第27条的规定，在军官犯罪的情况下，如其所犯罪行被依法判处剥夺政治权利或者3年以上有期徒刑的，军事法院应判决剥夺该军官的军衔。1988年9月23日，国务院、中央军事委员会发布实施的《中国人民解放军现役士兵服役条例》（以下简称《现役士兵服役条例》）也作出了类似的剥夺犯罪士兵军衔的规定。1997年《刑法》修订时，刑法并未将剥夺军衔明确规定为一种附加刑。修订期间，《军官军衔条例》于1994年5月12日由第八届

---

〔1〕 参见赵秉志主编：《刑法新教程》，中国人民大学出版社2001年版，第407页。

全国人民代表大会常务委员会第七次会议进行了修改，除条文序号由原来的第 27 条变更为第 28 条外，修改后的条例关于剥夺军衔的内容只字未改，迄今依然有效。1999 年 6 月 30 日，国务院、中央军委发布了《关于修改〈中国人民解放军现役士兵服役条例〉的决定》，原剥夺士兵军衔的有关规定被删除。这就不得不让人置疑：新刑法生效后剥夺军衔到底还是不是一种附加刑？司法实践中，有的法院依照《军官军衔条例》的规定，剥夺了犯罪军官的军衔，有的法院则不剥夺。为了消除司法实践中这种适用上的混乱，2000 年 11 月 28 日，中央军委专门下发了《关于剥夺犯罪军人军衔的规定》，指出凡军人犯罪被判处 3 年以上有期、无期徒刑、死刑或者剥夺政治权利的，不论其为军官，还是士兵，一律由第一审军事法院判决剥夺其军衔。但首先，这一规定系以中央军委的名义作出，属于军事法规的范畴。依照《立法法》的规定，犯罪与刑罚的规定属于法律绝对保留事项，军事法规无权对犯罪与刑罚事项作出规定。考虑到新刑法对剥夺军衔的附加刑地位并未做出肯定，这种做法实际上就使得剥夺军衔处于既非附加刑，又非行政处罚手段的尴尬。其次，依据《中国人民解放军文职干部条例》（以下简称《文职干部条例》）的规定，军队中的文职干部属于有军籍但没有军衔的现役军人。这就意味着文职干部犯罪后，即使其被判处 3 年以上有期、无期徒刑、死刑或者剥夺政治权利，也将处于无军衔可以剥夺的尴尬境地。这些前后矛盾的立法规定使得司法实践中关于剥夺军衔的适用更加混乱。

四、条文数量偏少且诸多规定过于粗疏、混乱

1997 年《刑法》修订时，立法者放弃了军职罪单独立法的计划，将《暂行条例》的有关内容纳入了刑法典，使其成为其中的一章。这固然实现了制定一部"统一、完备"的刑法典的构想，但也带来一个问题就是使得军职罪立法空间狭小，原定的单独立法的全部内容不能在一章中得以展开，最终军职罪一章不仅条文数量偏少，而且许多条文内容规定过于粗疏，弹性较大，使其在司法实践中难以得到执行。有关统计数据显示，1982 年到 1986 年《暂行条例》实施的头五年期间，全军判处的军职罪案件大约占全军同期判处案件总数的 15% 左

右。其中，擅离、玩忽军事职守案占军职罪案件总数的 4.3%，武器装备肇事案占军职罪案件总数的 11.2%，盗窃武器装备案占军职罪案件总数的 26.3%，盗窃军用物资案占军职罪案件总数的 38.3%。但新刑法施行后，全军每年判处的军职罪案件数量占全年判处案件总数量的比例不足 10%，个别年头甚至下降到 4%～5% 左右。甚至，军职罪中的近半数条款的罪名竟然没有在审判实践中使用过，成为休眠条款。对此，张建田先生曾不无忧虑地在其文章中谈到，或许我们可以沾沾自喜地说这是军队法制教育加强、预防犯罪工作扎实到位的结果。但同时也应看到军职罪条款规定过于笼统，罪与非罪界限不清，操作性不强，及军职罪与纪律条令等军事法规内容不衔接，也是导致军职罪判决数量下降的重要原因。[1]

典型的如《刑法》第 438 条规定了盗窃、抢夺武器装备、军用物资罪，但目前司法实践中很少出现判处盗窃军用物资罪的情形。这是因为被盗物品是否属于军用物资在司法实践中是很难认定的，即使同一物品在尚未交付部队前属于普通物资，一旦交付后则成为军用物资；部队正在使用或者储存备用的，属于军用物资；一旦确定报废、退役就不再属于军用物资。特别是近年来，一些物资日益成为军民通用的东西，再加上部队的装备与物资之间也并没有确定的界限。故盗窃军用物资罪在军事司法实践中使用频率越来越低。正因为如此，早年《暂行条例》修订时，盗窃军用物资罪一度曾被建议从军职罪中删除。[2]

又如《刑法》第 438 条第 1 款规定，军人盗窃、抢夺武器装备或者军用物资的，处 5 年以下有期徒刑或者拘役；情节严重的，处 5 年以上 10 年以下有期徒刑；情节特别严重的，处 10 年以上有期徒刑、无期徒刑或者死刑。第 2 款紧跟着规定："盗窃、抢夺枪支、弹药、爆炸物的，依照本法第 127 条的规定处罚。"根据《刑法》第 127 条第 1 款的规定，一般主体如有盗窃、抢夺枪支、弹药、爆炸物行为

---

〔1〕 参见张建田：《关于军人违反职责罪的立法沿革与完善》，载氏著《中国军事法学研究的历史回顾》（第二版），法律出版社 2014 年版，第 654 页。

〔2〕 参见赵秉志主编：《刑法修改研究综述》，中国人民公安大学出版社 1990 年版，第 555 页。

的，成立盗窃、抢夺枪支、弹药、爆炸物、危险物质罪，但如行为人盗窃、抢夺的系国家机关、军警人员、民兵的枪支、弹药、爆炸物的，则须依照第127条第2款的规定加重处罚，处10年以上有期、无期徒刑直至死刑。由是，第438条第2款的规定给司法实践带来如下问题：如果军人盗窃、抢夺部队的枪支、弹药、爆炸物的，此时是依照第127条第2款的规定以盗窃、抢夺枪支、弹药、爆炸物、危险物质罪定罪并加重处罚？还是依照第438条的规定，以盗窃、抢夺武器装备、军用物资罪定罪，但要适用第127条第2款的规定加重处罚？或者还可以作其他解释？此外，与相竞合的普通犯罪相比，军职罪中的武器装备类犯罪存在罪名缺失的问题。普通犯罪中存在抢劫枪支、弹药、爆炸物、危险物质罪，但军职罪中却没有相应的武器装备犯罪与之对应。如军人抢劫部队武器装备的，应如何处理？对此，从解释论上分析：如军人抢劫的是枪支、弹药、爆炸物、危险物质的，根据当然解释的道理，可将其认定为盗窃、抢夺武器装备、军用物资罪，或者认定为盗窃、抢夺枪支、弹药、爆炸物、危险物质罪；但如军人抢劫的系部队枪支、弹药、爆炸物、危险物质以外的其他武器装备，这意味着只能依据当然解释的道理，将其认定为盗窃、抢夺武器装备、军用物资罪。反之，一般主体盗窃、抢夺、抢劫枪支、弹药、爆炸物、危险物质的，可认定为盗窃、抢夺、抢劫枪支、弹药、爆炸物、危险物质罪；但如一般主体盗窃、抢夺、抢劫的是部队的枪支、弹药、爆炸物、危险物质以外的其他武器装备时，则面临着其行为无法被认定为犯罪的尴尬。

再如军职罪中存在将主观罪过不同的犯罪在同一法条中并列规定，并配置相同法定刑的情形。所谓罪过，是指行为人实施犯罪时故意或者过失的心态，是一切犯罪构成都必须具备的主观要件要素。罪过的区分不仅有助于区分罪与非罪以及此罪与彼罪；此外，罪过还反映了行为人实施犯罪时故意或者过失的心态，是行为人主观恶性的重要表现，反映出行为人对法益的背反态度。即使行为的客观方面完全相合，但如主观罪过不同。此时，故意较之过失、直接故意较之间接故意，显然要重一些。正因为如此，立法者在立法时针对客观方面相同的故意和过失犯罪通常会规定轻重不同的法定刑。唯此方符合罪刑法定、罪刑相适应等刑法基本原则。但很遗憾，一些军职罪中并没有完全贯彻这一原则，导致主观罪过完全不同的两个罪名被规定在同一法条中，并配置了相同的法定刑。典型的如故意泄露军事秘密罪与过失泄露军事秘密罪被并列规定在《刑法》第432条，并配置了相同的法定刑；擅离军事职守罪与玩忽军事职守罪被并列规定在《刑法》第425条，并配置了相同的法定刑。这显然是不合适的。

五、立法模式、体例争议再起

首先，关于立法模式。1997年《刑法》修订时，我们国家并未像世界大多数国家一样，制定一部独立的军事刑法，而是将军职罪纳入了刑法典。这样的调整方式似乎意味着，立法者已经慎重做出决定：在军事刑法的立法模式问题上，我们国家不再走特别立法、单独立法的道路。[1] 为何要走这样的道路？其利弊何在？对此问题，我们并未展开大规模的讨论，而是由全国人大常委会给中央军委"做工作"，最终后者同意了前者的意见，军职罪被纳入了刑法典。

原中央军委法制局局长朱建业对此进行了回顾。"1995年12月，中央军委签署了一个议案，提请全国人大常委会审议、修改《军职罪暂行条例》。我们报了一个《中华人民共和国惩治军人违反职责罪法（草案）》，这个草案当时分总则、分则和附则三章，一共有53条，新增加了30个条文和36个罪名。这样使军职罪从原来的30多个增加到95个。经过全国人大常委会一读，全国人大常委会组成人员认为这个草案比较成熟，建议修改后尽快通过。但是从1995年12月以后，这个草案就被全国人大常委会搁置了，一直搁到1996年10月18日。这时全国人大法律委员会和全国人大常委会法工委突然寄来了《中华人民共和国刑法（修订草案）》征求意见。草案分则由八章变为九章了，军职罪条例整体并入刑法。由于事先全国人大没有跟我们进行必要的沟通，加上对中央军委提请一读的草案也没有什么交代，所以军队有关部门对此反应是比较大的。在回复的意见中，包括全国

---

〔1〕 参见黄风译：《意大利军事刑法典》，中国政法大学出版社1998年版，"前言"第9页。

人大组织的几个座谈会发言中，都明确表示不同意将军职罪条例纳入刑法。后来经全国人大常委会反复做工作，军委也是慎重的研究，最后同意将军职罪整体纳入刑法。在当时征求意见的座谈会发言中，我提出，军职罪只解决军队的几百万人对国家军事利益的危害，那么几亿人对国家军事利益的危害，法律上没有依据。如果光把军职罪放进去，就显得不足了。后来，全国人大法律委员会采纳了我的意见，同意增设危害国防利益章，我们也尽快拿出了草案。后来经过修改、反复商量，最后是拿掉了我们4条，变成现在的14条，21个罪名。现在回过头来看，当时将军职罪并入刑法，研究论证并不是很充分，就是从1996年10月到1997年3月这么短的时间。立法显得过于仓促，施行十多年来，逐渐暴露出诸多问题。"[1]

　　正因为欠缺立法上的充分论证，尽管军职罪纳入刑法典已成事实，但仍有学者对此存在不同看法，并在近几年不断发表文章，主张军职罪应采取单独立法的模式。[2]

　　其次，关于立法体例。如后所言，在军事刑法的立法体例问题上存在军人犯主义与军事犯主义的争论。当下我们国家的军事刑法在外延上实际上由两类犯罪组成：一为危害国防利益罪，二为军人违反职责罪。理论上一般认为，在军人违反职责罪与危害国防利益罪纳入刑法典后，我们国家的军事刑法在外观上同样呈现出了折衷主义立法体例。其中，军人违反职责罪是军人犯主义的体现，危害国防利益罪则是军事犯主义的体现。有学者将其称为军人犯与军事犯并重的折衷主义立法体例，认为并重主义的立法体例，使得军事犯主义在我国刑法中得到广泛运用，严厉惩治非军人侵害国家军人利益的行为，必然导致非军人承担军事罪责的范围超出军事必要的限度。故而我国军事犯

〔1〕　朱建业：《关于我国军事刑法的几个问题》，载中国刑事法律网：http：//www.criminallaw.com.cn/article/?id=2181，最后访问日期：2011年3月2日。
〔2〕　参见张明楷：《刑事立法的发展方向》，载《中国法学》2006年第4期；梁根林：《刑法修正：维度、策略、评价与反思》，载《法学研究》2017年第1期；张建田：《关于军人违反职责罪的立法沿革与完善》，载氏著《中国军事法学研究的历史回顾》（第二版），法律出版社2014年版，第661页以下；蔺春来、郭玉梅：《制定独立的军事刑法是军事刑法发展的最佳选择》，载《西安政治学院学报》2006年第2期；冉巨火：《论军职罪的立法模式》，载《河南警察学院学报》2011年第6期。

罪的概念还远没有达到理想的状况。按照并重主义立法体例建构的军事犯罪体系，其弊端有二：一是容易加重普通公民的刑事义务负担，二是在一定程度上可能有损我们国家形象，成为我国刑法修订过程中的一个失误。[1]

上述学者对军职罪立法模式、立法体例的批判，笔者不尽同意。如后所言，我们主张历史地看待这些问题，在军职罪已然纳入刑法典的格局下，如何通过军职罪内容上的修订，从而达到匡扶上述缺陷的目的，或许才是我们更应该重视的问题。但必须承认，即使是这种以内容上的匡扶来代替形式上的修正，也同样需要对军职罪内容上的修订才能最终实现。

第二节　军职罪修改的可行性

军职罪立法存在各种缺陷，只是说明军职罪的修改具有必要性。一项立法的修改，不仅要论证其修改的必要性，还要论证其修改的可行性。否则，极有可能半途而废，无功而返。笔者认为，当下军职罪的修改在我国不仅具备了必要性条件，还具备了可行性条件。

一、刑事立法的不断完善，为军职罪的修改提供了丰富的经验借鉴

现行刑法生效以来，除《刑法修正案（九）》外，立法者对军职罪的立法修订乏善可陈，但关于普通犯罪的修订却如火如荼，先后诞生了一部单行刑法和十二部刑法修正案。近乎两年一次的修订频率让我们积累了丰富的经验与教训。对此，军职罪完全可以予以吸收借鉴，博取百家之长，为我所用。笔者认为，近几年刑事立法修改可资军职罪修改借鉴的有如下两点：

（1）修改模式基本固定。现行刑法生效后不久，即发生了亚洲金融危机。为了应对金融危机，严厉打击各种骗购外汇、逃汇和非法买卖外汇的犯罪行为，维护国家的金融管理秩序，第九届全国人大常委

---

〔1〕　田友方：《军事刑法若干问题的理论探讨》，载《当代法学》2004 年第 5 期。

会第六次会议于 1998 年 12 月 29 日出台了《关于惩治骗购外汇、逃汇和非法买卖外汇犯罪的决定》这一单行刑法。之后，出于对单行刑法、附属刑法泛滥导致 1979 年《刑法》全面修订事实的担忧，自 1999 年后立法机关开始尝试用刑法修正案的形式对刑法进行修订，迄今已经先后诞生了 12 部刑法修正案。"晚近 20 年间，我国刑法修法总体上坚持了统一的刑法典模式。"[1] 尽管理论界存在应否将刑法修正案确定为刑法修订唯一模式的争论，但在经历过 1979 年《刑法》的全面修订与现行刑法逐步完善的历程后，立法者开始认识到至少在形式上，修正案模式可以保证刑法典体系上的完整性。[2]

（2）修改内容逐步拓宽。笔者认为，其中最值得称道的是修订内容开始由分则的具体罪名扩展到总则规范。从 1998 年的《关于惩治骗购外汇、逃汇和非法买卖外汇犯罪的决定》，到 2009 年 2 月 28 日的《刑法修正案（七）》，这八次修正只是涉及刑法分则中具体罪名的修订，但从 2011 年的《刑法修正案（八）》开始，修正案中开始出现对刑法总则条文的修正，《刑法修正案（九）》亦是如此。其中，《刑法修正案（八）》中涉及刑法总则修正的条文共计 18 条，具体包括老年人刑事责任能力；禁止令与社区矫正；老年人适用死刑的规定；死缓的法律后果；减轻处罚；一般累犯；特别累犯；坦白；自首又有重大立功的处理；数罪并罚；缓刑的条件；禁止令与附加刑的执行；不适用缓刑的对象；社区矫正与缓刑考验合格的处理；缓刑考验不合格的处理；减刑的限度；假释的条件；社区矫正与假释考验合格的处理；假释考验不合格的处理等。《刑法修正案（九）》中涉及刑法总则修订的条文共计 4 条，具体包括：从业禁止；死缓的法律后果；罚金的缴纳；数罪并罚等。从条文表述的内容来看，军职罪立法中既有概念、制度类的总则性规定，又有规定具体罪刑条款的分则性规定，如果说在《刑法修正案（八）》之前，我们还没有总则修

---

〔1〕　赵秉志：《中国刑法立法晚近 20 年之回眸与前瞻》，载《中国法学》2017 年第 5 期。

〔2〕　这样的说法并不意味着笔者赞同将刑法修正案作为刑法典修订的唯一模式。如后所言，笔者认为未来如条件具备，军职罪仍应采取单独立法的形式。当下对军职罪的修改应坚持立法论与司法论并进的路径策略。

订的经验，对军职罪的修订尚有疑虑的话，自《刑法修正案（八）》之后关于总则内容的修订经验变得日益丰富。

二、刑事司法的反复检视，为军职罪的修改提供了详尽的实践根据

从《暂行条例》诞生开始起算，军职罪立法迄今已经走过了40多年的历程。多年司法实践的检验，使得其立法的缺陷与不足，开始暴露无遗。

典型的如关于剥夺军衔制度附加刑性质的争议问题。前述提及，历史上剥夺军衔制度作为一种附加刑制度曾在军事司法实践中广为应用，1997年《刑法》修订时却没有将其作为一种附加刑整合进来，纳入其中。原本创设这一制度的《军官军衔条例》在现行刑法生效后虽历经修改，但关于剥夺军衔的规定却只字未改。在罪刑法定原则明文确立之后，剥夺军衔到底还是不是一种附加刑？对此，理论上与实践中皆有不同的看法。至此，刑法典与附属刑法之间的立法矛盾开始凸显，军事司法机关对这一制度的适用与否亦开始无所适从。此时，如能通过全国人大常委会及时修订刑法典，将剥夺军衔制度作为一种附加刑在总则中明确加以规定，即可圆满解决这一问题。可惜，实践中我们并没有这么做。为了继续在军事司法实践中沿用这一制度，我们走了一条貌似更为便捷有效，但使得问题更加复杂化的路。中央军委于2000年11月28日专门下发了《关于剥夺犯罪军人军衔的规定》，凡军人犯罪被判处3年以上有期、无期徒刑、死刑或者剥夺政治权利者，不论其是军官，还是犯罪士兵，一律由第一审军事法院判决剥夺其军衔。根据《立法法》的规定，关于犯罪与刑罚的事项属于立法绝对保留的事项，中央军委的行政法规不可创设刑罚制度。这种"命令—服从"式的规定对剥夺军衔制度在部队中的适用固然有效，但也使人们对剥夺军衔制度的性质更加困惑。大体上属于治标不治本的做法。

又如盗窃军用物资罪适用中的问题。立法者创设这一罪名的目的在于将普通物资与军用物资加以区分，军用物资是军事利益的物质载体，军人违背职责，盗窃军用物资的行为当然要以盗窃军用物资罪处罚。但立法者没有考虑到的却是随着社会的发展，军民通用的物资越来越多，这就使得军用物资与普通物资的区分越来越困难，废除盗窃军用物资罪的呼声越来越高。由是看来，盗窃军用物资罪的规定基本属于无效的犯罪化，应予废除为是。

三、学术研究上的不断创新，为军职罪的修改打下了良好的理论积垫

必须承认，与其他犯罪的理论研究氛围相比，关于军职罪方面的理论研究明显偏弱。一方面，在 1997 年军职罪并入刑法典后，给人最直观的感觉是"军法"已经不复存在，成为"国家刑法"，军队学者开始关注军事法学基础理论问题研究，对军职罪的研究热情降低。此外，缘于军地揆隔，获取资料的不易，地方学者对军职罪的研究也没有什么兴趣。尽管如此，仍有一部分学者持续关注军职罪理论问题的研究，并取得了丰硕的成果。具体说来：

关于军事刑法的立法模式。对此问题，军内学者多认为尽管 1997 年《刑法》修订时，军职罪被纳入了刑法典，但从长远来看，军职罪纳入刑法典弊大于利，军职罪宜采取单独立法的形式。[1] 近年来，也有地方学者对此问题持相同观点。如有学者主张军职罪属于比较严重的犯罪，犯罪类型较多，如一概在刑法典中作冗长规定，会有损刑法的简短价值，如果再考虑到军职罪可能制定一些特殊的保安措施、预防策略，甚至是其他一些特殊对策，故采取单行刑法的立法模式为宜。[2] 也有学者认为，军事刑法系特别刑法，乃国际立法之通例，作为军事刑法主体的军职罪，宜从刑法典中独立出去，还原其特别刑法的本来面目。[3]

关于军事刑法的立法体例。对此，有学者认为我们国家现行的军

---

〔1〕 参见张建田：《关于军人违反职责罪的立法沿革与完善》，载氏著《中国军事法学研究的历史回顾》（第二版），法律出版社 2014 年版，第 661 页以下；蔺春来、郭玉梅：《制定独立的军事刑法是军事刑法发展的最佳选择》，载《西安政治学院学报》2006 年第 2 期；冉巨火：《论军职罪的立法模式》，载《河南警察学院学报》2011 年第 6 期。

〔2〕 参见张明楷：《刑事立法的发展方向》，载《中国法学》2006 年第 4 期。

〔3〕 参见梁根林：《刑法修正：维度、策略、评价与反思》，载《法学研究》2017 年第 1 期。

事刑法立法系采军人犯与军事犯并重主义的立法体例，导致非军人承担军事罪责的范围远远超出军事必要的限度，未来修法应予以克服。[1] 也有学者认为并重局面的出现是因为军职罪没有采取单独立法的形式，导致军人犯在军职罪狭小的立法范围内无法展开，规定过少造成，而非危害国防利益罪规定的过多，未来危害国防利益罪的犯罪圈应予扩大而非缩小。[2]

关于军职罪的立法内容。对此，有学者认为如果以现代军法理念为标准来对军职罪立法内容进行衡量，应当说，现有军职罪立法在立法方针上以现代法治和人权保障为指针，大体上摆脱了以往传统军事刑法观念的固有影响，切实有效地保障了军人的基本权利，基本实现了我国军事刑法的现代化。但从军事需要的角度来观察，军职罪立法内容依然表现得比较粗疏，没有能够在现代法治所允许的空间范围及军事必要的限度内，最大限度地发挥军事刑法对军人履行职责行为的调控与保障。相关建议：①在现有犯罪类型之下，增设新的罪名；②完善军职罪的犯罪种类，增加妨害军事司法方面的犯罪。[3]

在军职罪的概念与构成问题上，有学者探讨了单纯军事犯罪的概念，认为在我国，军事犯罪应该采用单纯军事犯罪的概念。[4] 有学者对军人违反职责罪犯罪主体的立法进行了探讨，指出了其存在的不足。[5] 同时，该学者还主张应采用立法解释的方式，将军队文职人员纳入军职罪的管辖犯罪内。[6] 有学者探讨了我国刑法中战时犯罪规定的不足，主张应及时完善战时概念的定义，将军人违反职责罪与危害国防利益罪合并规定为危害军事利益罪，将战时犯罪集中规定，

〔1〕 参见田友方：《军事刑法若干问题的理论探讨》，载《当代法学》2004 年第 5 期。
〔2〕 参见冉巨火：《我国军事刑法立法模式之定位》，载《公民与法（法学版）》2010 年第 8 期。
〔3〕 参见田友方：《军事刑法若干问题的理论探讨》，载《当代法学》2004 年第 5 期。
〔4〕 参见柳华颖：《单纯军事犯罪概念之提倡》，载《西安政治学院学报》2008 年第 3 期。
〔5〕 参见蔺春来：《军人违反职责罪犯罪主体立法的不足》，载《西安政治学院学报》2005 年第 1 期。
〔6〕 参见蔺春来：《文职人员职责履行中的刑事责任》，载《西安政治学院学报》2007 年第 5 期。

同时将更多的战争犯罪纳入刑法的调控范围。[1]

在军职罪的刑罚问题上，学者们的探讨多集中在战时缓刑制度的有关争论上。[2] 此外探讨比较多的是关于剥夺军衔。有学者认为新刑法生效后，剥夺军衔已经不再是一种附加刑，应停止执行。[3] 也有学者认为新刑法生效后，剥夺军衔已经演变为一种非刑罚处理方法，对符合条件的犯罪军人，仍应依法适用。[4] 还有学者探讨了管制刑在军职罪中缺失造成的问题，主张建立刑罚易科制度。[5] 更有学者探讨了罚金刑在军职罪中的适用问题。[6]

在具体罪名的设置上，有学者探讨了《刑法》第 438 条第 2 款的规定，主张对军人盗窃部队枪支、弹药的行为应认定为盗窃、抢夺枪支、弹药、爆炸物、危险物质罪，同时适用《刑法》第 127 条第 2 款的规定从重处罚。[7] 也有学者探讨了逃离部队罪的主体问题，认为刑法条文对该罪的主体要件规定不甚明了，有必要加以明确。[8] 还有学者探讨了战争罪的惩治问题，主张我国目前关于战争罪国内惩治的法律规定尚存在不足，需要从立法上予以补充和完善。[9]

---

〔1〕 参见王祥山、倪新枝：《新刑法关于战时犯罪规定的不足及完善》，载《西安政治学院学报》2002 年第 4 期。

〔2〕 参见潘胜忠：《试论战时缓刑制度》，载《中央政法管理干部学院学报》1999 年第 4 期；冉巨火、吴江：《为战时缓刑正名——对〈刑法〉第 449 条的正确解读及立法评析》，载《福建公安高等专科学校学报（社会公共安全研究）》2006 年第 4 期；张进红：《战时缓刑制度的效力问题探微》，载《西安政治学院学报》2003 年第 1 期；王树茂：《论我国战时特别缓刑制度的立法完善》，载《法学杂志》2008 年第 4 期；庞平：《我国战时缓刑制度研究》，载《上海政法学院学报（法治论丛）》2011 年第 7 期。

〔3〕 参见罗佩杰、刘昌松：《"剥夺军衔"附加刑不应继续适用》，载《法学杂志》2001 年第 1 期。

〔4〕 参见冉巨火：《"剥夺军衔"仍应依法执行》，载《法学杂志》2004 年第 6 期。

〔5〕 刘文昌：《对义务兵犯罪适用罚金刑的思考》，载《中国刑事法杂志》1999 年第 5 期。

〔6〕 邓文莉：《罚金刑的地位及配置范围之探讨》，载《法学杂志》2008 年第 5 期。

〔7〕 参见冉巨火：《刑法第四百三十八条第二款的理解与适用》，载《河南警察学院学报》2014 年第 6 期。

〔8〕 参见薛洪：《论我国逃离部队罪主体的认定》，载《西安政治学院学报》2015 年第 5 期。

〔9〕 参见田龙海、常璇：《惩治战争罪的国内军事立法问题研究》，载《当代法学》2007 年第 4 期。

四、依法治国、依法治军方略的提出，为军职罪的修改提供了坚实的政治条件

自十一届三中全会以来，我们党在总结我国社会主义法治建设正反两方面的经验和教训的基础上，提出为了保障人民民主，必须加强法制建设，一定要使民主制度化、法律化，并逐步把依法治国确定为党领导人民治理国家的基本方略。在 1999 年第九届全国人大二次会议通过的宪法修正案中，这一方略被写进了宪法。党的十八届四中全会明确指出，新时期要实现全面建成小康社会、深化改革、从严治党的任务，必须全面推进依法治国。党的二十大报告则在此基础上进一步指出，要坚持全面依法治国，推进法治中国建设。

事实上，在我们国家依法治军概念的提出要早于依法治国。[1]早在 1988 年 12 月 27 日，中央军委在《关于 1989 年全军工作指示》中明确指出，全军工作必须以正规化建设为重点，坚持"从严治军，依法治军"。这是"依法治军"概念第一次出现在中央军委名义的文件中。1990 年 6 月 9 日发布的《内务条令》中明确规定"坚持从严治军，依法治军，实行严格的行政管理。"这是依法治军第一次出现在我军的军事法规之中。1997 年 3 月 14 日颁布的《国防法》第 18 条明确规定：我国的武装力量必须遵守宪法和法律，"坚持依法治军"。[2] 2002 年 11 月，党的十六大报告首次提出"坚持从严治军，健全军事法规体系，提高依法治军的水平"，此后，"依法治军"被连续四次写进党的十七大、十八大、十九大、二十大报告中。

逻辑上，依法治军是依法治国方略的当然内容和重要组成部分。党的十八大以来，习近平总书记始终把法治摆在国防和军队现代化建设的关键位置来谋划和推进，他强调"推进强军事业、建设强大军队，没有法治引领和保障不行"，"军队法治建设不抓紧，到时候就跟不上趟了"。党的十八届四中全会发布的《中共中央关于全面推进依

---

〔1〕 参见田思源、王凌：《国防行政法与军事行政法》，清华大学出版社 2009 年版，"序"第 4 页。

〔2〕 参见龙小素：《提高依法治军水平的几点思考》，载《军事法论丛》（第一辑），海潮出版社 2004 年版，第 43 页。

法治国若干重大问题的决定》明确指出，我们应紧紧围绕党在新形势下的强军目标，着眼全面加强军队革命化现代化正规化建设，创新发展依法治军理论和实践，构建完善的中国特色军事法治体系，提高国防和军队建设法治化水平。《习近平强军思想学习纲要（2023年版）》中指出："依法治军是我们党建军治军的基本方式，是实现党在新时代的强军目标的必然要求。"

依法治军不仅仅是一个口号，更不仅仅是一个宏观的建军指导思想与理念。依法治军的重要任务之一即是构建完善的中国特色军事法治体系。依照刑法条文的规定，军职人员违反其职责，危害国家的军事利益，依照法律应当受刑罚处罚的行为，是军人违反职责罪。依法惩治军人违反职责，严重危害国家军事利益的行为是军职罪的重要任务。军职罪属于军事刑法，是中国特色军事法治体系的重要组成部分。新形势下，修改和完善军职罪立法，严惩军人违反职责的行为，对于教育广大官兵严格遵守国家的法律法规，认真履行军人应尽的职责和义务，巩固和提高部队战斗力，推动军队正规化建设的水平可以起到重要的促进和保障作用。

法理学研究认为，一国法治现代化的演进模式包括自下而上的社会演进型与自上而下的政府推动型两种。与之不同，正如习近平总书记所指出的那样：从已经实现现代化国家的发展历程看，像英国、美国、法国等西方国家，呈现出来的主要是自下而上的社会演进模式，即适应市场经济和现代化发展的需要，经过一二百年乃至二三百年内生演化，逐步实现法治化，政府对法治的推动作用相对较小。像新加坡、韩国、日本等，呈现出来的主要是政府自上而下在几十年时间快速推动法治化，政府对法治的推动作用很大。就我国而言，我们要在短短几十年时间内在十三亿多人口的大国实现社会主义现代化，就必须自上而下、自下而上双向互动地推进法治化。[1] 这一论述深刻说明我们国家在中国共产党的坚强领导下，已经形成了中国式法治现代化新道路。"既有社会演进型法治现代化模式的某些特征，又有政府推动型法治现代化模式的相关属性，二者内在整合，形成有着内在逻

---

〔1〕　习近平：《论坚持全面依法治国》，中央文献出版社2020年版，第135~136页。

辑的独特的混合式的法治现代化类型。"〔1〕循着这条有中国特色的道路，应时而起，顺势而为，全面修改与完善军职罪立法的有关内容，构建完善的中国特色军事法治体系，如期实现建军一百年奋斗目标，加快把人民军队建成世界一流军队，是我们这个时代的理论工作者义不容辞的使命。

第三节　军职罪修改必须进行体系化设计

前已述及，当下军职罪的修改不仅具有必要性，还具有可行性。在此基础上，笔者认为军职罪不仅需要修改，而且军职罪的修改必须进行体系化设计。什么是体系化？军职罪的修改为什么要进行体系化设计？本节拟对这些问题进行探讨。

一、体系化的界定与内涵

体系化，顾名思义，就是使之成体系之意。是故，欲了解体系化，必先了解什么是体系。体系的本义即为整体的意思。依据《现代汉语词典》的解释，体系是指由若干事物或某些意识互相联系而构成的一个整体。〔2〕康德也认为，体系是一个依原则将知识构成的整体。〔3〕明了什么是体系之后，体系化的概念自然也呼之欲出。所谓体系化，是指根据一定的标准，寻求最合理的联结因素，将某一特定领域的知识组成一个和谐有序的整体。体系化在法学研究中具有重要意义。

首先，体系化的目的在于更好地认识世界。在科学研究的意义上，体系化是一种思维模式，即寻求最合理的联结因素将知识组合成整体，用统一的规则去认识世界。正如西塞罗所言，在认识世界问题上，人与动物区别的在于：动物只不过是在感觉驱使的范围内活动，

---

〔1〕 公丕祥：《习近平法治思想与中国式法治现代化》，载《法学家》2022年第5期。

〔2〕 参见中国社会科学院语言研究所词典编辑室编：《现代汉语词典》（修订本），商务印书馆1996年版，第1241页。

〔3〕 转引自李琛：《论知识产权法的体系化》，北京大学出版社2005年版，第6页。

人类却凭借理性认识事件的规律。[1] 体系化思维是一切科学永恒的梦想，是人类智慧的自然倾向。早在公元前6世纪，爱奥尼亚的泰勒斯即提出世界是水做的，力图从整体上把握划界。自此之后，体系化思维对人类智慧的吸引力被称为"爱奥尼亚"魅力。[2] 单纯从表象上来看，世界上的事物都是一个个单独的个体，如果我们不能借助体系化思维，将这一个个不同的个体串联起来，我们就无法认识世界。需要注意的是，"我们寻求事物的整体性，不是纯粹地为了获得某种好处，譬如预测某种结果，更重要的是为了把握世界。如果我们不能寻求事物的整体性，世界就是不可认识、不可把握的。假定神谕可以准确地告诉我们明天的天气，我们还是希望通过研究掌握天气变化的规律，因为神谕不告诉我们天气变化的原因，这一点会让人类感到绝望。"[3]

体系化可以达到法秩序的稳定与持续，只有保持稳定和持续的法秩序才能够被人们理解、接受与信赖。大陆法系素来将法秩序的稳定视为法治的核心要素，故相较于英美法系，大陆法系更热衷于法律的体系化工作，其最终的外观成果往往表现为一部部成文法典。这种体系化的法律建构方法，容易被崇尚技术理性的英美法学者视为是不可思议的，是背离现实的闭门造车，但法秩序的维持与稳定确实有助于我们理解、接受与信赖法律。正如拉伦茨所言，"体系与体系的前提在于构筑规范秩序与统一性的概念"，而其更深层次的追求则在于确立"正义的一般化趋势"。[4] 借由对"正义的一般化趋势"的理解，我们可以更好地预测自己行为在法律上的后果，法律的指引功能亦由此实现。

其次，体系化的核心在于系统的内在一致性与逻辑性。在方法论意义上，作为法学研究方法的体系化不仅强调知识联结的整体性，更

---

〔1〕　参见［古罗马］西塞罗：《论义务》，王焕生译，中国政法大学出版社1999年版，第15页。

〔2〕　［美］爱德华·O.威尔逊：《论契合：知识的统合》，田洺译，三联书店2002年版，第3页。

〔3〕　李琛：《论知识产权法的体系化》，北京大学出版社2005年版，第16页。

〔4〕　转引自赵宏：《行政法学的体系化建构与均衡》，载《法学家》2013年第5期。

强调通过合理的联结因素将知识联结成一个整体。亦即，体系化不仅意味着知识联结的整体性，更意味着知识联结的合理性，并通过这种联结上的合理性来实现体系内部逻辑上的一致性。法是具有强制力的社会规范，是人类的自造之物，源于人类认识世界的本性，体系化思维也被引用到法学研究中来。"人类力求将公平正义以可靠而且可以理解的方法实现在人间的努力，已促使法律学采用体系思维向体系化的方向运动。"[1] 不管大陆法系，还是普通法系，都是如此。必须指出的是，在大陆法系，体系化的成果往往外化为一部部结构严谨、垂范久远的法典，因此大陆法系的体系化思维举世公认，但因了法典的欠缺，普通法系往往给人以非体系化，纯粹受思维经验支配的错觉。事实并非如此，体系的要义是"经由一致的脉络形成整体"，普通法"采用以经常把从大量事件中生成的判例组合进既存体系的方式"，即通过遵循先例，以保证判例原则的一致性。在此意义上，普通法也存在着体系化思维，把普通法看作非体系化思维的法，不过是一种"肤浅的、过于图解化的看法"，[2] 亦即受制于自身的政治、经济、历史、文化传统的影响，不同的民族、国家选择了不同的法系，但在追求合理性这一点上，两大法系并无二致。

大陆法系习惯于从纷繁复杂的法律事实中提炼出一些具有相对普遍性的概念、理论、制度和规则，将其按照一定的逻辑整合在一起，建构出一种具有普适性的、超然于具体案件的行为规则。在其中，正是体系化的作用才使得这些概念、理论、制度和规则汇总在一起，创制出内在逻辑一致的行为规则，并使人们对法的认知和思考更具概观性和系统性。从而实现韦伯所谓的"逻辑升华和理性技术渐增"。[3] 一旦这种体系化目标追求达致时，立法者在以其为基础创设新的行为规范时，只要其自动回溯到已经形成的相对稳定的体系，就不会出现

〔1〕 ［日］大木雅夫：《比较法》，范愉译，朱景文审校，法律出版社 1999 年版，第406 页。

〔2〕 ［日］大木雅夫：《比较法》，范愉译，朱景文审校，法律出版社 1999 年版，第123 页。

〔3〕 ［德］马克斯·韦伯：《论经济与社会中的法律》，张乃根译，中国大百科全书出版社 1998 年版，第 35 页。

新生规范与既有规范的抵触。同时，在法的解释和适用过程中，司法机关也可以借由对法体系的回溯，获得对法规范的正确理解、把握与平衡。这不仅降低了法律适用的难度，也保证了法律适用结果的一致性。对此，康德早就有言，一个带有统一性与一贯性的法体系，包含着对理性的最低要求，它可以使法秩序更加清晰、明确、有保障，从而使有权者无法再将恣意的差别对待予以合理化。[1]

再次，体系化与科学紧密相联，体系化是科学的重要特征。科学是体系化的知识，追求建构合理的知识体系是所有科学的共性。如《辞海》即将科学定义为"运用范畴、定理、定律等思维形式反映现实世界各种现象的本质和规律的知识体系"。[2] 康德也认为，"每一种学问，只要其任务是按照一定的原则建立一个完整的知识系统的话，皆可被称之为科学。"[3] 依据李琛博士的研究结论，科学与体系的关系在于：①科学的标志之一是构建自己的体系。②科学的体系不是任意的知识整体，它只是将经过自己选择的对象作为自己的研究范畴。科学的建构即在于选择一定的事物作为其研究对象，使其整体化。③科学的目标在于建构最合理的知识体系，尽管这种合理只能是相对的。[4]

法学属于社会科学，如果我们强调法学须同数学一般精确才可以称之为科学，那法学当然称不上科学。历史上，法学作为一门研究人类制度的社会科学，因其不能证伪，曾在一段时间内被摒弃于科学之外。之后人们慢慢发现，正如海德格尔所言，与数学的精确性不同，人文科学"恰恰是为了保持严格性才成为非精确的科学"。[5] 再者，绝对的确定性不是科学的本性，追寻最优的知识体系建构的品性才是。虽然法学不能如同数学一样进行精确计算，但从追求最合理的知识体系建构的角度而言，法学与自然科学并无二致。法学把体系化作

---

〔1〕　参见赵宏：《行政法学的体系化建构与均衡》，载《法学家》2013年第5期。

〔2〕　辞海编辑委员会编：《辞海》（普及本），上海辞书出版社1990年版，第4953页。

〔3〕　转引自［德］汉斯·波赛尔：《科学：什么是科学》，李文潮译，上海三联书店2002年版，第11页。

〔4〕　参见李琛：《论知识产权法的体系化》，北京大学出版社2005年版，第6页。

〔5〕　［德］马丁·海德格尔：《林中路》，孙周兴译，上海译文出版社1997年版，第76页。

为自己科学性的保障。如黄茂荣先生就认为，体系化为法学的科学化所必需，放弃了体系化思维，就等于否定了法学的科学性格。"盖非经体系化，不能科学地思考或处理问题，并验证自思考或处理问题之经验中所取得的知识。自从获得这个认识后法律人便开始努力将体系的思考方法引入到法律科学中来。"[1]

最后，体系化是一个动态的、不断追寻的过程。"体系"是一个名词，"体系化"本身却是一个动词，"体系化"内在地蕴含了知识体系不断更新、完善之意。受制于各种主客观条件的限制，人类对事物的认识本身即是一个不断深化的过程，所谓的真理也只能是相对意义上的真理。在某一时期看似合理的结论，到了彼一时期可能会感觉不合理。反之，在某一时期看似不合理的结论，到了彼一时期可能会感觉合理。正是在这合理与不合理的反复追寻过程中，人们对体系不断进行着选择与扬弃，社会逐渐进步。形成一个体系后就故步自封，并非科学的精神。科学流派的争议通常表现为将哪一种解释作为联结体系的基础，但在体系化追寻这一点上则是共同的。在此意义上，每一种体系都面临淘汰、修正的可能，只有体系化的精神是永恒的。[2]

体系是相互关联的整体，它可以通过一定的脉络将法律以简约的形式组织起来，并以最有效的方法进行经验传递。概念是对事物本质特征的概括，人类在认识世界的过程中，把自己感觉到的事物的一些共同点抽取出来，加以概括提炼后形成概念。经由体系化后的法律可以将人类理解法的经验以概念的形式储存在法规范中，此即体系化的总结功能。[3] 如同自然科学一样，在归纳的基础上，归纳的结论可以成为演绎的前提，从而发展出新的知识体系。具体路径表现为：借助体系化的发展功能，人们可以总结出法的基本概念与原理，揭示隐含于法规范背后的意义脉络。借由这种体系化的规整，我们可以发现法规范中的缺陷、漏洞与矛盾，努力地加以克服、解决，进而演绎出新的理论，发现新的体系，实现新一轮的体系化追寻过程。

---

〔1〕 黄茂荣：《法学方法与现代民法》，中国政法大学出版社 2001 年版，第 412 页。

〔2〕 参见李琛：《论知识产权法的体系化》，北京大学出版社 2005 年版，第 6~7 页。

〔3〕 参见李琛：《论知识产权法的体系化》，北京大学出版社 2005 年版，第 18 页。

二、军职罪修改为什么必须进行体系化设计

所谓体系化，是指根据一定的标准，寻求最合理的联结因素，将某一特定领域的知识组成一个和谐有序的整体。笔者认为，军职罪的修改必须进行体系化设计。所谓军职罪修改的体系化设计，就是指以军职罪的修改为研究对象，寻求最合理的联结因素，使修改后的军职罪规范在整体上更加和谐有序。

前述已及，体系化是一种思维模式，是人类智慧的自然倾向。不管是大陆法系还是英美法系，都致力于法律的体系化建构。只不过在大陆法系人们更注重法律的逻辑性，习惯于制定各种法典；而英美法系更注重法律的实用主义，通过遵循先例，来保证判例原则的一致性。我国在法律体系上属于大陆法系，也有制定法典的传统。"法典，是一个民族理性文化成熟的标志，它代表着人类通过精确的技术文化的规制来调节自我生活关系的努力，代表着一种通过法律的计划来改变现有社会境况的企图，是法学家们把法律当作一门'可计算的数学'来研究所追求的结果。我们甚至还可以说，法典就是人类建造的另一座'巴别塔'（Tower of Babel），是人类力图克服由于'语言的变乱'而导致的交际的阻隔，从而共同合作营造通天的路径，无限地接近'上帝之城'（The City of God）的那种冲动的记录。法典的宏大结构，其精致完美的形式主义（formalism），其通过'逻辑的演绎'建构的法律概念体系，令所有的法律人和普通民众着迷和沉醉。"[1]既然军职罪已经纳入刑法典，为何还要提出军职罪修改的体系化设计研究这个命题？这是因为：

首先，军职罪立法碎片化的现实要求军职罪修改必须进行体系化设计。体系化的基本特质即在于通过特定逻辑操作，使意义精确的概念和规则自洽地连接成有机一致的体系。[2]对此，马克斯·韦伯早就说过，"体系化是构成一个逻辑清晰，具有内在一致性，至少理论

---

〔1〕　舒国滢：《在法律的边缘》，中国法制出版社 2000 年版，第 16 页。
〔2〕　参见［美］马蒂阿斯·雷曼：《19 世纪德国法律科学》，常鹏翱译，载易继明主编《私法：第 5 辑·第 1 卷》（总第 9 卷），北京大学出版社 2005 年版，第 220 页。

上无漏洞的规则体系。"〔1〕 与体系化相对应的是碎片化。截止目前,军职罪立法已经出现了碎片化现象。前文中谈到的军职罪立法存在的缺陷大部分即征表为碎片化。为了论述上的方便,我们可将军职罪的立法碎片分为两类:一为原生碎片,一为次生碎片。

所谓原生碎片,指军职罪并入刑法典之时即存在的立法碎片。1997 年《刑法》修订时,立法者原本的目的是要实现刑法规范的体系化,制定一部系统、完备的刑法典。"这次修订刑法,正是把军职罪修改补入刑法比较合适的时机。如果这样办了,我们就可以制定一部统一的、完备的刑法典。"〔2〕 正是出于这一目的,全国人大法工委才决定同中央军委法制局会商,把当时正由全国人大常委会审议的《中华人民共和国惩治军人违反职责罪条例(草案)》经过修改后纳入刑法典中来。但囿于各种主客观条件,《暂行条例》在纳入刑法典中时就存在一些碎片化现象。具体表现在:

一是军职罪中的一些基本概念存在不周延的现象。典型如《刑法》第 451 条关于"战时"概念的界定。从第 451 条规定的字面含义来看,"战时"的概念仅适用于"本章",但分则第十章之外的章节如危害国家安全罪、危害国防利益罪中同样存在"战时"的概念,有的还是构成要件要素。二是军职罪中的一些规定与普通刑法的相关规定存在不协调现象。如战时缓刑的适用以一般缓刑的适用为前提,根据《刑法》第 72 条的规定,对被判处拘役、3 年以下有期徒刑的犯罪分子,符合缓刑适用条件的,均可适用缓刑;而《刑法》第 449 条却规定战时缓刑的适用对象为被判处 3 年以下有期徒刑的没有现实危险宣告缓刑的犯罪军人。根据当然解释的道理,立法者在确定战时缓刑的适用对象上显然有所遗漏。又如立法者认为军队中不存在执行管制与罚金的条件,故而在军职罪中没有配置管制与罚金刑。但立法者并没有考虑到军人仍然会实施军职罪之外的普通犯罪,在普通犯罪

---

〔1〕 [德] 马克斯·韦伯:《经济与社会》(第一卷),阎克文译,上海世纪出版集团 2010 年版,第 798 页。

〔2〕 王汉斌:《关于〈中华人民共和国刑法(修订草案)的说明〉》,载高铭暄、赵秉志编:《新中国刑法立法文献资料总览》(中),中国人民公安大学出版社 1998 年版,第 1544 页。

中，管制与罚金刑作为法定刑，其配置范围相当广。此时，若军人实施了普通犯罪，该犯罪当处管制或者罚金时，军事法院就会处于尴尬的境地。三是一些重要的制度在军职罪中尚付阙如，未能进行体系化安排。典型的如军人执行命令行为。军人以执行命令为天职，将军人执行命令的行为作为违法或者责任阻却、减轻事由在军事刑法中予以规定是世界上绝大多数国家的普遍做法。反观我们的刑法典，并没有规定这一事由，而是在《刑法》第421条中规定了战时违抗命令罪，在第422条规定了拒传、假传军令罪，在第428条规定了违令作战消极罪，这是不合适的。四是军职罪在刑法典之外仍然存在其他渊源，且效力层级不一。前述已及，《军官军衔条例》与中央军委下发的《关于剥夺犯罪军人军衔的规定》中有关于剥夺犯罪军人军衔的规定；《纪律条令》第238条还有战时紧急处置措施不构成犯罪的特殊违法阻却事由的规定。这样的规定意味着军职罪在刑法典之外仍然存在着其他渊源。从效力层级上来看，军职罪的渊源既有法律，又有军事法规，这违背了《立法法》中有关法律保留事项的规定，也给军事司法实践带来了一定的负面影响。

所谓次生碎片，是指在军职罪诞生后因其他法律立法内容的变化而导致的立法碎片。法律是静止的，社会生活却是变动不居的。刑法在国家的部门法体系中处于"第二道防线"，属于其他法律的保障法。一旦当"第一道防线"的内容有变，刑法条文的内容没有及时随之而变时，立法碎片化现象就会出现。如根据《刑法》第451条的规定，当部队执行戒严任务时，或者处置突发性暴力事件时，是以战时论的。2004年《宪法修正案》已经将"戒严"修改为"紧急状态"，作为保障法的刑法却未能与时俱进，导致上位法与下位法之间出现了一定的不协调现象。

体系化要义在于其内部逻辑的一致性。不管是原生立法碎片，还是次生立法碎片，这些碎片的存在与产生都与军职罪体系化的目标格格不入。这就要求军职罪立法修改时必须进行体系化设计，从而消除这些碎片，实现规范内部逻辑的和谐一致。

其次，刑法历次修订积累的经验要求军职罪修改必须进行体系化设计。某种意义上，刑法典修改体系化设计的难度要远远大于直接创建一部体系化的新刑法典。正如规划一幢宏伟的建筑，在原有不协调的建筑物基础上改造的难度要远远大于将其推倒重来的难度。

1979 年《刑法》诞生后，为了应对改革开放后政治、经济、文化、社会治安形势等方面的急剧变化，我们自 1981 年起，至 1995 年止，在刑法典之外先后通过了 24 部单行刑事法规，并在 107 部民事、经济、行政、军事、环境与资源保护、社会保障等方面的法律中创设了附设刑事责任条款。通过这些方式，对 1979 年《刑法》进行了较大幅度的修改与补充。这种刑法典、单行刑法、附属刑法三轨并行的局面固然因应了社会形势的急需，但也打乱了刑法典的固有体系，出现了普通刑法与特别刑法规定不能互相照应，刑法规范整体较为凌乱、不便掌握与适用的情形。为了实现刑法的统一性与完备性，1997 年《刑法》修订时我们将包括《暂行条例》在内的 24 部单行刑事法规经过修改后悉数纳入刑法典，并将一些民事、经济、行政法规中的附属刑法规范改写为刑法典的具体条款，至少在形式上实现了刑法的统一性。但正如前面的论述中所提及的那样，囿于各种主客观条件及社会生活的变化，刑法典的碎片化现象在所难免，各种原生碎片与次生碎片此起彼伏，对现行刑法的修改重新提上议事日程。为固守刑法典的体系性，避免重蹈 1979 年《刑法》的覆辙，自 1998 年《关于惩治骗购外汇、逃汇、非法买卖外汇犯罪的决定》出台后，立法者果断决定放弃单行刑法的修改模式，易之以刑法修正案的模式来对刑法典进行修订，迄今为止，已经出台了 12 部刑法修正案。但即便如此，我们也较难避免碎片化现象的产生。

以《刑法修正案（九）》中嫖宿幼女罪的废除为例。立法者废除本罪的目的在于放弃对幼女卖淫的法律评价，避免形成对幼女的污名化与二次伤害，据此将所有与幼女发生的性行为都评价为强奸罪。但这一修法逻辑未能体系性地贯彻始终，具体表现在：①依照修法逻辑，如果与幼女发生性行为的都成立强奸罪，则引诱幼女卖淫的行为同样成立强奸罪。立法者废除了嫖宿幼女罪，却保留了引诱幼女卖淫罪。这意味着规定引诱幼女卖淫罪的第 359 条第 2 款自此之后将成为永不适用的"僵尸条款"。②依照修法逻辑，组织、强迫幼女卖淫的行为一律成立强奸罪，则组织、强迫未成年人卖淫罪中的"未成年人"只能是已满 14 周岁的未成年人。根据《刑法》第 236 条的规定，强迫不满 14 周岁幼女性交易的，是在 3 年以上从重处罚，且只成立一罪；根据第 358 条的规定，强迫已满 14 周岁幼女性交易的，是在 5 年以上从重处罚，且需数罪并罚。这给人的感觉是立法者对已满 14 周岁幼女保护的力度要明显大于对不满 14 周岁幼女的保护力度，而这显然与立法初衷相违背。③依照修法逻辑，嫖宿幼女者，成立强奸罪，最高者可处死刑；性侵男童者，成立猥亵儿童罪，最高刑是 15 年。这会造成对男、女童性权利差别保护的事实。④修法前，患有严重性病的幼女故意通过性交易传播性病的行为可以在不法层面评价为传播性病罪；修法后，依照修法者的逻辑，则该行为不属于卖淫，在不法层面不仅无法评价为传播性病罪，也在刑法中找不到可以适用的其他构成要件，这就使得刑法丧失了对这种行为进行评价和引导的功能。[1]

毋庸赘言，历史的经验告诉我们：体系化是一种思维模式而不能仅仅是一个口号，军职罪的修改必须坚持体系化思维。否则，即使采取修正案的模式去修订刑法典，我们得到的也仅是徒具体系化形式的刑法典，而损失了体系化的内涵与精神。

再次，刑事法治二元化的危险要求军职罪修改必须进行体系化设计。法制史研究结果表明：在古代专制政体下，军事刑罚权属于国家集权模式下军事统帅权的一部分，由君王及将帅控制。及至近代，资本主义建立后军事刑法仍被视为严肃军纪、落实军事专业主义的工具，实质上服从服务于军事统帅权。二战后，随着社会民主化、法治化进程的发展与演进，军人被视为"穿着军服的公民"，一些先进国家以此为理念，纷纷将其军事刑罚权从军事统帅权中分离出来，回归国家刑罚权的范畴，同时，将现代刑事法治为普通刑法所确立的一系列保障人权的原则转移适用于军事刑法，并将军人实施与其职责无关的普通犯罪一律回归普通刑法的适用范围，从而实现了军事刑法与普

----

[1]　参见车浩：《刑事立法的法教义学反思——基于〈刑法修正案（九）〉的分析》，载《法学》2015 年第 10 期。

通刑法的良性互动关系，是谓国家刑事法治一元化。[1]

我们国家第一部军事刑法即通过于1981年的《暂行条例》，尽管其在外在形式上是与1979年《刑法》典相分离的，但在实质上《暂行条例》是国家刑法典的有益补充。1997年《刑法》修订时，《暂行条例》被纳入刑法典，成为其中的一章，国家刑事法治一元化的意蕴因了军事刑法与普通刑法在立法形式上的合二为一而更加清晰：我们国家的军事刑罚权来源于国家刑罚权，军事刑法与普通刑法是特别法与普通法的关系。值得警惕的是，近年来，一些军事法学者基于"国容不入军，军容不入国；军容国容两不入"的传统军法观念，普遍认为军事刑法是传统的"军事法部门"的固有组成部分，将军事刑法与普通刑法的关系人为地对立起来，从而使我们国家刑事法治面临着二元化的危险。[2]

这是一个危险的信号，照此逻辑必然推导出军事刑罚权来源于军事权而非国家刑罚权的结论，军职罪成为军队治理的工具。从军事法治实践来看，军职罪立法确实有发生此种嬗变的嫌疑。具体表现为：①军事法规事实上成了军职罪立法的渊源。如前述已及，为了平息司法实践中关于剥夺军衔属性的争议，中央军委于2000年11月28日专门下发了《关于剥夺犯罪军人军衔的规定》，指出凡军人犯罪被判处3年以上有期、无期徒刑、死刑或者剥夺政治权利的，必须由第一审军事法院判决剥夺其军衔。又如，为了维护战时军事秩序，中央军委在《纪律条令》第238条明文赋予了军人采取紧急处置措施，制止临阵脱逃、投敌叛变、行凶杀人等犯罪行为的职责。依据《立法法》的规定，犯罪与刑罚事项属于立法绝对保留事项，只能制定法律，军事法规对此作出规定显然是不合适的。②军事司法机关行使准司法解释权。根据1981年6月10日第五届全国人大常委会通过的《关于加强法律解释工作的决议》的规定，只有最高人民法院、最高人民检察院才有司法解释权，在此之后通过的《立法法》对此进行了确认。但在军事司法实践中，解放军军事法院、军事检察院实际上在行使着准

---

〔1〕 参见田友方：《军事刑法若干问题的理论探讨》，载《当代法学》2004年第5期。
〔2〕 参见田友方：《军事刑法若干问题的理论探讨》，载《当代法学》2004年第5期。

司法解释权。在军事刑事司法工作中，针对下级军事法院、检察院在司法实践中遇到的问题，解放军军事法院、军事检察院以书面或口头的形式做了一些解释，其形式不一而足，有文件、复函、通知、答复、当面解释、电话解释等，这些解释虽然不是正式意义上的司法解释，但对我军的刑事审判工作具有指导意义，成了下级军事法院、检察院办理案件的依据。[1] ③解放军总政治部行使司法解释权。如2002年10月31日，解放军总政治部下发了《关于军人违反职责罪案件立案标准的规定（试行）》。如果说此规定只在军内印发，尚属总政治部行使准司法解释权的话，此后，最高人民检察院、解放军总政治部于2013年2月26日联合下发的《军人违反职责罪案件立案标准的规定》（政检〔2013〕1号）并以最高人民检察院与解放军总政治部的名义联合下发至各省检察院与解放军各大单位，应当说，此时解放军总政治部实际上已经是在行使真正的司法解释权了。

法律体系化的过程，同时也是揭示法律建构原理的过程。通过对军职罪立法修改的体系化设计，展示军职罪立法与普通刑法的特别法与普通法的关系，还原军事刑罚权来源于国家刑罚权的事实，并使其成为公众可以理解、评说的社会事实，从而约束军事权在军事法治实践中的恣意妄为，保障国家刑事法治走向，这是军职罪修改体系化设计的重要意义之所在。

---

[1] 参见曹莹：《军事刑事立法的现状与发展趋势》，载《西安政治学院学报》2002年第6期。

第二章

体系化设计下军职罪修改的理念标准

理念是行动的先导。军职罪修改的理念从全局上制约着军职罪修改的模式、体例与具体内容设计，从根本上影响着军职罪修改的全过程和实际效果的发挥。"取法乎上，仅得其中；取法乎中，仅得其下"，这就决定了体系化设计下军职罪的修改必须以当代最先进的军法理念为标准，融于现代法治，合于军事目的。唯此方能理性界定军职罪立法与普通刑法之间的关系；合理分配军人与普通公民之间的军事刑事义务负担；统筹协调军事利益保护与军人人权保障之间的关系。

第一节 现代军法理念概述

一、现代军法理念的思想渊源与基本内容

（一）现代军法理念的思想渊源

根据陈新民教授的考证，现代军法理念的思想渊源于德国军事宪法的指导原则——"军人乃穿着军服的公民"（Citizen in Uniform）。在 19 世纪初，德国的军队仍然被视为诸侯们（最高的战争司令官）的战争机器。无论在平时还是战时，军人都拥有迥异于平民的地位和权利。1807 年普鲁士推行军事改革，在香霍斯特与格莱斯瑙的主导

下，德国于1813年推行全民义务兵役制，一改过去的雇佣兵制。全民义务兵役制的实施带来一种全新的理念：国家已经不再仅仅是属于国王个人，军队亦非只为国家所驱策的军队。国家为了全民族之安全，并受全民之托，必须用武力来保障、护卫人民的自由与国家之独立，但即便如此直到君主立宪的后期，宪法仍未肯定军人的公民地位。随着1918年德国帝制的崩溃，德国进入魏玛共和国时期。魏玛宪法虽然是一个民主与共和的宪法，但《凡尔赛和约》却强迫德国只能拥有一支十万人的完全由职业军人组成的军队。亦即，魏玛共和国的军队并非由德国民意机关自由决定，而是依据战胜国的强制性命令决定。魏玛共和国的军人并非穿着制服的公民，而是属于职业军人。之后继起的纳粹政权，将国民生活大幅度地军事化，以至于平民生活不再是以平民思维为主导，而是军事理念占了重要地位。上述两个时期，因国家的民主政治生活都处于非正常时期，军人的公民地位自然也不在考虑之下。[1] 二战结束后，西德成立。在建军问题上，传统派与改革派争论不休。双方争议的焦点在于：德国究竟要建立一支什么模式的军队？

传统派主张，西德应该建立一支具有传统精神的普鲁士型军队。其理由在于：德国是一个具有悠久军事历史之国家，过去一百余年来，德国不论实行何种政体，无论君主立宪、魏玛共和，抑或希特勒独裁，德国在军事人才、战略战术及军事传统上都有傲世的成就，积累了许多宝贵的经验，故西德只要抛弃黩武的侵略思想，汲取经验，恢复自己的普鲁士传统，即可在短时间内建立起一支优秀而又有自己传统与制度的现代军队。传统派主张：①职业军人的内外言行应受到比国家法律更严格的拘束，要和一般公民及公务员有所差别。②在军人的训练养成方面，要强调军人的服从、忠诚等传统美德，把军人职业当作国家最光荣的职业。③严格区分军事社会和民间社会的界限。军队应该保持自己的道德观、伦理观和纪律观，唯此方可培养出军人在必要时勇于为国家效命的至高荣誉。如果军民合一，民间社会的多元价值一旦渗入军事社会，军队战斗力势将崩溃。④维持德军旧有传

---

[1] 参见陈新民：《军事宪法论》，扬智出版社1994年版，第168~170页。

统，一些德军长年惯行的仪式，如宣誓、踢正步、铁十字勋章等，都应引进到西德新军中来。

与传统派见解不同，以包狄辛将军为首的改革派，则希望以一种全新的理念构建西德的新军。改革派主张：①军人不过是着军装的公民，除执行军事勤务之所必须外，不得对其人权进行其他限制。国家需要新型军人，军人必须得知道自己在为什么而战。军人必须先享受人权，方能知道人权之可贵；军人必先享受人性尊严，方能知道人性尊严之重要。②调整长官与部属之间的关系，保障军人人性尊严。长官和部属之间的关系，只有在执行勤务时才存在；在执行勤务之外，这种关系即自行消灭。下级军人有权拒绝与执行勤务无关的任何命令，替上级军人提包，开门等这些勤务行为之外的额外服务均应取消。③军事社会与民间社会应予融合。军人与非军人不过是国家公民的两种形态，在人权的享有上并无质的差异，至多是量上的区别。与传统战争不同，未来的战争中科技因素渗透会越来越多，这势必使得军队中的平民人数增多，故将来会出现军事社会民间化、民间社会军事化的双重融合趋势。④军队应着眼战斗力的提高。如在训练上，战技训练应该严格，而与战技无关的训练，如踢正步等，应该废除。以避免占用因武器操作系统日益复杂所带来的训练时间不足的问题。在内务管理上，应以合作协同关系代替传统的命令、服从关系，建立信托代表制度，让长官们放弃传统绝对权威、威吓性的领导模式，代之以唤起袍泽的责任心及理性。

1956年3月19日，《德国军人法》通过。传统派的观点除在西德新军的外观上，即勋章、庆典仪式及军徽上获得采纳外，改革派大获全胜。①军人乃着军装之公民原则上被接受。《德国军人法》第6条规定，军人和国家的其他公民一样，在公民权利上是平等的。德国军人的公民权利只有在执行军事勤务所需的范围内，方可对其予以限制。同法第25条规定德国军人有担任民意代表及其他公职的权利，并规定了相关参政权利的保障办法。②军队长官与部属关系只限于执行勤务时存在。《德国军人法》第1条第4项规定，长官在执勤以外的时间，不得仅凭官阶获得下达命令的权限。自行宣称拥有下命权者，只能在紧急情况的协助行为，或为了维持纪律及安全，或恢复统一的下命权限，有所怀疑时，方可行之。③军人应接受公民及国际法教育。《德国军人法》第33条规定，军人应接受公民与国际法教育。军人应该在公民及国际法教育中，被教导军人在平时与战时的权利义务。④建立信托代表制度。《德国军人法》第35条规定了军人信托代表制度，信托代表应负起全责的促使长官与部属的合作无间，并使互信的袍泽情感得以维系。⑤军人得选举代表以保障军人之权益。德国军人法第35条a规定，在一些没有建立信托代表制度的机构选举军人代表，以保障其合法权益。⑥长官对部属，或军人间对不同意见需保持尊重。如《德国军人法》第12条规定，所有军人有义务尊重袍泽的尊严及权利，并在危急及困难时，亦有相互扶持之义务。袍泽情感亦及于对不同见解彼此的尊重及体谅。[1]

（二）现代军法理念的基本内容

所谓法律理念，是指对法律本质及其发展规律的一种宏观、整体的理性认知、把握与建构。与法律观念、法律意识、法律表象、法律概念等相比较，法律理念是对法律的一种更高层次的理性认知形态。法律理念不但是一种理智的思想，更是一种方法、态度，是认识论、方法论和本体论有机结构之下的产物。作为一种人类理性认知的形态，法律理念来源于人类的法律实践活动，同时也反作用于人类的法律实践活动。人类的法律实践离不开法律理念的指导。[2]"法之理念不独为立法原理，而亦为法的解释之指导原理。……立法不依法之理念，则为恶法，窒碍难行。解释法律不依此指导原则，则为死法，无以适应社会之进展。"[3]

循着上述思路，我们认为现代军法理念，是指对军事法的本质及其发展规律的一种宏观、整体的理性认知、把握和建构。是军事法理性的最高表现形态，也是军事法律制定和实施的最高原则。依照田友方教授的观点，融入现代法治，并合于军事目的是现代军法理念的基

---

[1] 参见陈新民：《军事宪法论》，扬智出版社1994年版，第82~95页。

[2] 参见李双元、蒋新苗、沈红宇：《法律理念的内涵与功能初探》，载《湖南师范大学社会科学学报》1997年第4期。

[3] 史尚宽：《法律之理念与经验主义法学之综合》，载刁荣华主编：《中西法律思想论集》，汉林出版社1984年版，第262页。

本内容，其核心要义表现为两点：首先，现代军事法必须符合法治的基本原则和精神；其次，现代军事法必须以军事需要为基本的面向。在两者的关系上，既不能过分强调军事需要，忽视军人的个人人权，造成对现代法治原则与精神的实质性破坏；同时，也不能无视军人的特殊职责，极端张扬军人的个人人权，而导致军事需要无法得到有效满足。[1]

必须指出的是，尽管我们这里使用了"军事法"一语，但我们国家的法律体系中实际上并不存在所谓的军事法部门。这是因为：

第一，军事法没有自己独特的调整对象。法理学认为，法律调整的方法是划分法律部门的直接标准；法律调整的对象则是划分法律部门的基本依据。[2] 中国特色的社会主义法律体系正是据于此将我国现行的法律规范划分为七个法律部门。[3] 必须承认，军事法不存在自己独特的调整对象，所谓的军事法是其他部门法中与军事有关的那部分法律规范的总和。在此意义上，持军事法独立部门法论的学者是以法律所涉及的社会活动领域为标准划分出了所谓的军事法部门，这充其量是按行业划分法律规范的一种做法，并不足取。

第二，军事法没有自己独特的调整方法。一般认为，所谓法律调整方法，是指法律对社会关系作用的特定方式。[4] 关于法律调整方法的具体内容，学界认识并不一致。但大体上可将承担刑事责任，以

---

[1] 参见田友方：《军事刑法若干问题的理论探讨》，载《当代法学》2004年第5期。
[2] 参见孙国华主编：《中国特色社会主义法律体系研究——概念、理论、结构》，中国民主法制出版社2009年版，第160页。
[3] "七法体系"的设计最初是由第九届全国人大常委会法律委员会主任委员王维澄主持，由18位法律、法学专家参加的"中国特色社会主义法律体系专题研究小组"提出的，并由王维澄于1999年4月23日在第九届全国人大常委会法制讲座上做了专题讲座。此后，在2001年3月9日第九届全国人民代表大会第四次会议上，李鹏委员长代表全国人大常委会所作的工作报告中，正式确认了这一设计。并将其作为"2010中国特色社会主义法律体系"目标方案，并延续至今。参见王维澄：《关于中国特色社会主义法律体系的几个问题》，载曹建明等：《在中南海和大会堂讲法制（1994年12月—1999年4月）》，商务印书馆1999年，第360页~387页；李鹏：《全国人民代表大会常务委员会工作报告》，载全国人民代表大会常务委员会办公厅编：《中华人民共和国第九届全国人民代表大会第四次会议文件汇编》，人民出版社2001年版，第162~163页。
[4] 参见孙国华主编：《中国特色社会主义法律体系研究——概念、理论、结构》，中国民主法制出版社2009年，第161页。

刑罚制裁方法为特征的法律规范划分为刑法部门；将承担民事责任，以民事制裁方式为特征的法律规范划分为民法部门，等等。[1] 与其他部门法相较，军事法欠缺自己独特的法律调整手段，这是持军事法独立部门法论的学者不得不承认的事实。所谓的军事刑法不过是以刑罚制裁为手段，来实现对军事社会领域罪刑关系的调整；所谓的军事行政法不过是以行政强制为手段，来实现对军事社会领域行政关系的调整。由是观之，所谓的军事法实际上是把刑法、行政法、诉讼法等传统部门法中，那些与军事有关的法律规范合并在一起的一个综合性法律部门。事实上，是按行业划分法律规范的一种做法。正如田友方教授所言，所谓的军事法其实就是那些存在于宪法及宪法相关法、刑法、行政法等部门法中，与军事活动直接相关的法律规范的总称。理论上，军事法与其他部门法的关系不过是特别法与普通法的关系。主张军事法是独立的法律部门，进而认为军事刑法与普通刑法扞格不入的观点，滞后于我国法治发展的现实，是应当摒弃的认识上的一个误区。[2]

二、现代军法理念的功能

(一) 指引功能

"法律之理念，为指导的意欲，是制定理想的法律及圆满地运用法律之原理。"[3] 前述已及，法律理念来源于人类的法律实践活动，同时也反作用于人类的法律实践活动。我们习惯上说法律是社会关系的调节器，是一定社会经济关系的客观反映，但必须承认这种反映并非自发，亦非直接，而是由作为中介的法律理念来完成的。法律理念与法一样，产生于一定的社会物质生活条件，反映和揭示了当下社会所需要的法律关系。法律理念产生后，立法者会在这一法律理念指导之下，对调整社会关系的法律模式进行理性评价，之后在此基础上予

---

〔1〕 参见张文显主编：《法理学》（第四版），高等教育出版社、北京大学出版社2011年版，第129页。

〔2〕 参见田友方：《军事刑法若干问题的理论探讨》，载《当代法学》2004年第5期。

〔3〕 史尚宽：《法律之理念与经验主义法学之综合》，载刁荣华主编：《中西法律思想论集》，汉林出版社1984年版，第259~260页。

以优化选择，最终创制出符合社会需要的法律规范。在此意义上，法律理念的形成是法律规范建构的前提条件。法律理念可以为法律规范的发展、进化提供前瞻性指引。正是因为如此，我们才会说有什么样的法律理念，就会有什么样的法律模式。如我国古代奉行"泛刑主义"的法律理念，在此理念的指导之下形成了"民刑一体、民刑不分，以刑为主"的法律模式；英美法系国家与大陆法系国家奉行不同的法律理念，并在各自不同的法律理念指导之下，最终形成了以判例模式为主的普通法系和以法典模式为主的民法法系并行于世的局面。[1]

1997年《刑法》修订时，我们将军职罪并入了刑法典，并在刑法分则第七章增设了"危害国防利益罪"。诚如田友方教授所言，这样的设计首先意味着军事刑法与普通刑法之间理性关系的回复与确立，二者之间是特别法与普通法，而非军事法部门与刑法部门的关系。其次，这样的设计还意味着"着军装之公民"理念在军事刑法中的落实。现役军人除因履行职责之所需受军职罪之规制外，现役军人犯军职罪以外普通刑法之规定的，应回归普通刑法的适用范围。这说明我国的军事刑法已经开始摆脱传统军法观念的束缚，脱身于军事刑罚权渊源于军事统帅权的历史负重，在现代法治化征程中迈出了具有实质意义的一步。这意味着"着军装之公民"的观念在我国已日益深入人心，这无疑契合了现代军法理念，推动了社会的民法化和法治化的进程。[2]但同时我们也必须看到，这仅仅是现代军法理念在形式上的落实，受传统军法观念的束缚，军职罪立法还存在一些不尽如人意之处，有待在现代军法理念指引之下予以匡扶。

典型的如现代军法理念要求军事权必须依法行使，这里的法既包括宪法，也包括法律。但长期以来，我们习惯上认为，军事社会与市民社会的组织管理模式不同：军事社会在组织管理模式上以指令性模式为主；市民社会在组织管理模式上则以竞争性模式为主。亦即，命

---

〔1〕 参见李双元、蒋新苗、沈红宇：《法律理念的内涵与功能初探》，载《湖南师范大学社会科学学报》1997年第4期。

〔2〕 参见田友方：《军事刑法若干问题的理念探讨》，载《当代法学》2004年第5期。

令服从模式才是军事社会组织管理的主要模式，市民社会的平等竞争模式不得引入军事社会中来。"古者国容不入军，军容不入国。军容入国，则民德废；国容入军，则民德弱"，[1] 在这一传统理念支配之下，我们习惯了对军事统帅权的尊奉，丧失了对法律之治的崇敬。遇到本应寻求法律之治的事情时，往往求助于军事权作出决定。前述已及，为了平息司法实践中关于剥夺军衔属性的争议，中央军委于2000年11月28日专门下发了《关于剥夺犯罪军人军衔的规定》，规定对危害严重的犯罪军人仍需剥夺其军衔。如后所言，这一规定存在部分问题：一是违反了《立法法》的规定。犯罪与刑罚事项，法律绝对保留，军事法规无权对此做出规定；即使认为剥夺犯罪军官军衔的规定属于对《军官军衔条例》有关内容的重申，但剥夺现役士兵军衔的规定，也属于法律创制事项，不应由中央军委以军事法规的形式做出。二是忽视了现役文职干部没有军衔可以剥夺的事实。现役文职干部具有军籍，却没有军衔，规定对严重犯罪军人一概剥夺军衔的做法忽略了这一事实，存在适用上的不周延问题。正因为如此，我们认为未来军职罪立法修订时，应在现代军法理念的指引下，对上述做法予以纠正，从而在实际工作中把现代军法理念真正落到实处，使之真正成为每一个军法工作者的内心皈依。正因为如此，党的十九大报告才提出要全面从严治军，推动治军方式实现根本性转变。

（二）评价功能

"法律之概念，谓'法律为何者'，法律之理念，谓'法律应如何'。[2] 在此意义上，法律理念具有评价功能。法律理念的指引功能是建立在法律理念评价功能之上的。前述已及，法律理念是指人类对法律的本质、根本原则及其运作规律的理性认知与整体结构的把握。这种整体把握是建立在人类对法律现象、法律原则、法律体系、法律模式、法律信仰、法律实践、法律文化及价值取向等的宏观性、整体性反思的基础上的，法律理念不仅是一种理性的思想，更是一种方

---

[1] 《司马法·天子之义第二》。

[2] 史尚宽：《法律之理念与经验主义法学之综合》，载刁荣华主编：《中西法律思想论集》，汉林出版社1984年版，第260页。

法、态度，是人类认识论、方法论及本体论有机结构之下的产物。法律理念类似于库恩所说的"范式"，是一个包括一整套信念、定律、方法、准则等的有机整体，是解决法律常规或反常规问题的一种模型。[1] 我们可以以此范式为依据，对当下法律规范内容及法律规范适用中一些与法律理念不合之处进行反思与评价，进而指出其未来发展、改进的方向。

现代军法理念具有评价功能。如前所述，在军事刑法的立法体例上一贯存在所谓军人犯主义与军事犯主义之争。二者分歧的关键在于是否承认非军人，即普通公民也可以成为军事犯罪的主体。受传统军法理念的影响，军事犯主义认为军事犯罪的主体并不限于军职人员，非军人也可以构成军事犯罪。与之相对应，军人犯主义则认为除共犯外，军事犯罪的主体仅限于军职人员，非军人不能成为军事犯罪的主体。军事犯主义国家将军事利益的保护置于首要地位，不管是军职人员，还是非军职人员，只要其行为侵犯了国家的军事利益，一概成立军事犯罪。这种做法固然可以加大对国家军事利益的保护，但会加重普通公民的刑事义务负担。与之相反，军人犯主义国家则将非军人排除在军事犯罪的主体之外，这固然有利于对普通公民人权的保障，但会导致国家的军事利益得不到有效保护。正因为如此，如后所言，当今世界，单采军事犯主义或者单采军人犯主义立法例的国家已经寥若晨星；奉行折衷主义，兼采军事犯主义与军人犯主义的二元折衷主义立法体例的国家越来越多。如"美国《统一军法典》为'军人犯主义'之代表，但例外适用于非军人；德国《防卫刑法》虽为'军事犯主义'之代表，亦有适用普通刑法之规定，均为采行折衷主义之例证"。[2] 在现代军法理念指导之下，1997年《刑法》修订时，我们国家在军事犯罪的立法体例上也采取了折衷主义做法，不仅在刑法分则第十章设立了专门针对军人的军人违反职责罪，还在刑法分则第七章设立了军人和非军人均可成立的危害国防利益罪。

[1] 参见李双元、蒋新苗、沈红宇：《法律理念的内涵与功能初探》，载《湖南师范大学社会科学学报》1997年第4期。
[2] 谢添富、赵晞华：《陆海空军刑法论释》，集义阁出版社2010版，第7页。

（三）预测功能

法律理念对法律的制定和实施具有预测功能。法律产生于一定的物质生活条件，并随着社会经济生活的发展而不断完善。法律理念是人们抛弃了关于法律的偏见后，将关于法律现象及其本质的观念从感性认知上升为理性认知，从宏观上和总体上对法律发展趋势的一种把握。法律理念展现了法律与时代变迁之间的根本关系，可以为法律的发展与进化提供科学预测。在对法律是否适应社会发展进行评估后的基础上，适时做出或立或改或废的决定，从而法律随着人类社会的发展得到进一步的完善。[1] 必须指出的是，法律理念的预测功能并不是臆造法律，而是依靠对建立在一定物质生活条件基础上的法律发展规律的把握而做出的科学预测。正如马克思所言，此时"立法者应该把自己看作一个自然科学家。他不是在制造法律，不是在发明法律，而仅仅是在表述法律。他把精神关系的内在规律表现在有意识的现行法律之中。如果一个立法者用自己的臆想来代替事情的本质，那么我们就该责备他极端任性"。[2]

现代军法理念具有预测功能。在立法技术问题上一向存在超前立法与经验立法之争，我们认为立法应当具有一定的预见性。"立法者在制定相应的刑法规范时，显然要顾及社会生活中已有的且司法经验丰富的犯罪的立法，又要充分考虑未来犯罪变化发展的趋向，在把握犯罪规律的基础上预见未来，合理地在法律规范中规定各种可能或必然出现的犯罪，并根据其社会危害性程度设置必要的刑罚。"[3] 军事法必须面向军事需要，虽然我们不能也不应当要求军事法在新军事变革中充当改革先驱的角色，但现代军法理念仍应以一种高屋建瓴的态势为新军事变革和军事秩序的维护提供前瞻性立法。如现代军法理念认为，随着高技术兵器的日益增多，战争形态也日趋向信息化方向发展，军队科技化水平也随之提高，军民融合的岗位越来越多，这就意味着未来军队中非现役文职干部的数量将呈现增加趋势。根据《中国

---

〔1〕　参见李双元、蒋新苗、沈红宇：《法律理念的内涵与功能初探》，载《湖南师范大学社会科学学报》1997 年第 4 期。

〔2〕　《马克思恩格斯全集》（第一卷），人民出版社 1956 年版，第 183 页。

〔3〕　赵秉志：《刑法修改中的宏观问题研讨》，载《法学研究》1996 年第 3 期。

人民解放军文职人员条例》（以下简称《文职人员条例》）的有关规定，此类人员没有军籍，但亦需履行与军人相似甚至相同的职责，这就意味着文职人员可能在履行职责过程中，违反军职罪的有关规定，侵害国家的军事利益，具有纳入军职罪管辖范围的必要。正因为如此，《刑法修正案（十一）》将非现役文职人员纳入了军职罪立法的规制范围，对《刑法》第450条的规定予以了修订。

三、现代军法理念引入必须回答的两个问题

前述已及，面向军事需要，融入现代法治，是现代军法理念的核心内容。军事法必须面向军事需要，这是军事法存在的基本价值，对此自不待言。问题在于：军事社会与市民社会毕竟是两个迥然不同的社会领域，适用于市民社会的法治理论能否完全引入到军事社会中来？军事需要与现代法治是否兼容？这是我们在倡导现代军法理念时不得不认真思考的两个现实问题。

（一）军事法是否需要引入法的价值

所谓法的价值，是指在人与法这种主体与客体的关系中体现出来的法律所具有的积极意义或者说有用性。必须指出的是，法的价值是一个关系范畴，并非独立于作为主体的人和作为客体的法之外的一个独立存在物；只有当法符合或者能够满足人们的需要，促成人们利益的实现，在人与法之间形成价值关系的情况下，此时法才有所谓的价值可言。[1]一般认为，法的基本价值包括自由、秩序、正义、效益等。军事法是否需要引入法的价值？对此问题存在两种不同的观点：

一种观点认为，军事与军事法之间是纯粹的目的与手段的关系。某种意义上，所谓的军事法学不过是借用法学的理论来对军事行为进行规范的一门社会科学，军事法学研究的价值在于研究什么样的法律可以满足国家的军事需要。因此，最终决定军事法学价值取向的只能是军事需要，法学在其中充当的角色充其量而言也就是方法论。"法的价值不能过多地渗入军事法的精神之中，法的要素介入军事法只能

---

〔1〕 参见张文显：《法哲学范畴研究》（修订版），中国政法大学出版社2001年版，第192页。

是次要的、辅助的或者说起着技术性的指导和材料上的支持。"[1] 这样的说法意味着两点：①法的价值不能成为军事法的主要价值取向；②不可否认，法的价值在军事法的演进中起着潜移默化的影响，但即使存在这种影响，军事法仍应以军事需要为首要价值取向。军事法中引入法学的价值取向，诸如自由、平等、正义等，"是被动的，不自愿的"。[2]

另外一种观点认为，第一，军事法不只具有工具价值，军事法同样需引入法的价值。不可否认，军事法具有规范功能，必须服务于军事需要，最大限度地维护国家的军事利益；同时法律还是人类社会文明的重要标志，一定时代的法总会渗透着一定时代的伦理观念，现代意义的军事法应当是良法，具有正义性和正当性。如果我们只是片面地强调军事法的工具价值、秩序价值，而忽略军事法的正义价值，忽略对军人正当权利的保护，是不符合现代法治精神的。第二，军事法是法，法与军事法之间的关系应当属于普遍与特殊的关系。既然如此，军事法就应当具有法的基本特征与要素，体现法的主要价值追求。不同的法律部门对多元化的价值目标之间存在权衡、选择问题，军事法不过是把军事需要放在了第一位，把自由、平等、正义等价值放在后面而已，大体上是价值排序问题。不管怎样，军事法也是法，不仅不可能抛弃作为法的主要价值，更不可能抛弃作为法的基本价值。如果军事法最终脱离了现代法律理念的指导，与之渐行渐远，此时的军事法便成了无源之水、无本之木。事实上，当代社会即使是规范作战与守则的战争法亦需从不同方面努力减轻战争可能带来的灾难，尽可能地加强人道主义方面的保护，协调军事需要和人道要求的矛盾，在坚持满足军事需要的同时，把人道主义要求作为其核心价值和目标价值。[3]

---

[1] 杨韧、李剑：《军事法研究进路的批判性建设》，载《南京政治学院学报》2004年第1期。

[2] 杨韧、李剑：《军事法研究进路的批判性建设》，载《南京政治学院学报》2004年第1期。

[3] 毛国辉：《军事法：法学与军事学冲突之解决与建构——兼与杨韧、李剑同志商榷》，载《南京政治学院学报》2004年第5期。

对此，笔者同意后一种观点。军事法需要引入法的价值，除上述支持者的两点论据外，我们补充如下理由：

首先，法的价值本身即主观性与客观性的统一。法的价值是主观范畴，还是客观范畴，对此问题的回答，形成法哲学上的两个理论流派。主观论者将法的价值归结于纯粹的个人偏好；客观论者将法的价值归结于客体本身。诚如张文显教授所言，从辩证唯物主义和历史唯物主义的方法来看，上述两派的观点都是形而上学的。法的价值既是主观的，又是客观的。其一，法的价值以主体的需要为基准与参照，一旦主体没有法律需要，则法的任何属性与功能都不得谓其有价值。在此意义上，法的价值以主体需要为转移。亦即，法的价值具有主观性。其二，主体的需要亦需受制于主体在社会关系中的地位及其参与的社会实践，且主体的需要只有通过法律客观存在的功能方能得到满足。在此意义上，法的价值又是客观的。亦即，法的价值同时具有客观性的一面。如上述观点成立，军事法是否引入法的价值本身即是一个伪命题。事实上，只要我们实施依法治军的方略，承认军事法客观上存在一些功能可以满足军事主体的需要，就必须得承认军事法治实践过程中法的价值之存在。

其次，军事社会与民间社会的区分并非绝对。一般意义上，我们说军事社会与民间社会存在区别：在生活准则上，军事社会封闭，民间社会开放；在组织管理上，军事社会为指令性社会结构，民间社会为竞争性社会结构；在行动观念上，军事社会奉行集体主义，民间社会奉行个人主义。[1] 但军事社会与民间社会之间的区分只是相对的，随着信息化战争时代的到来，越来越多的军事岗位设置出现了军民通用的现象，从而形成了所谓的军事社会民间化与民间社会军事化的双向融合变动趋势。[2] 当下，我们国家已经实现了由原来的计划经济向市场经济的过渡，随着社会主义市场经济体制的建立和完善，市场因素已经不可避免地渗透到军事社会领域，军人已经不再仅仅是军

---

[1] 参见王伟贤、刘柬良：《政治现实主义视野中的军事法》，载《南京政治学院学报》2004年第5期。

[2] 参见陈新民：《军事宪法论》，扬智出版社1994年版，第88页。

人，更是融入了社会普遍性的社会人。当我们意识到市场经济条件下单凭军事行政管理手段实施管理的弊端和不足时，当我们体会到依法治军的实践在军事领域中的巨大作用时，引入现代法治的价值理念就成为军事法选择上的必然。[1]

（二）军事需要能否与法治相融

前述已及，融入现代法治，合于军事目的是现代军法理念的基本内容。这意味着现代军事法在以国家军事需要作为基本面向的同时，必须符合现代法治的基本原则与精神。亦即，现代军事法既要面向军事需要，又要合乎法治精神。[2] 问题在于军事需要能否与法治相融？对此问题，存在两种观点：

一种观点认为，军事需要无法与法治相融。论者认为政治对军事组织的控制是所有国家的最后底线，军事社会与市民社会之间的分野必须得到高度重视，特别是在军事组织的内部法制问题上，必须得体现出军事社会自上而下的等级管控的特性。"所谓法学的公平、正义、平等及其他价值追求都不能得到充分引入，一旦法律的价值追求成为军事法的主要目标，也许国家、军队与阶级社会都将分崩离析，大同社会即将来临。"[3] 法治讲求政治民主，尽管我军在管理过程也倡导过政治上的民主运动、经济上的民主与军事上的民主，但必须得看到此处军事上的民主是管理上的民主方法，并非真正意义上的政治民主。依照政治学的观点，在政治自由主义的语境下，真正的民主应当是每个成员都享有平等的发言权，而且能够直接参与表决、决策的集体行为。这种真正意义上的民主在我军的管理过程中遭到了排斥。[4]

另一种观点认为，军事需要完全应当而且也可以做到与现代法治相融。主张军事需要无法与现代法相融的论者认为，尽管现代市民社会中政治与法律已经实现了分离，但政治对军事组织的控制是所有国

---

〔1〕　参见赵会平：《优先与平衡——军事法学价值取向的应然抉择》，载《西安政治学院学报》2003 年第 5 期。

〔2〕　参见田友方：《军事刑法若干问题的理论探讨》，载《当代法学》2004 年第 5 期。

〔3〕　杨韧、李剑：《军事法研究进路的批判性建设》，载《南京政治学院学报》2004年第 1 期。

〔4〕　杨韧：《军事法的政治哲学论析与反思：基于政治自由主义的考量》，载《南京政治学院学报》2007 年第 3 期。

家的底线，而军事组织是由政治团体进行控制的，这就意味着军事法必须与现代法治保持适当的距离，否则政治对军事的控制就没有办法获得其正当性。论者的上述观点貌似天衣无缝，实际上，上述论断不过是对法律、政治及军事法三者之间关系的误解。在法理学上，法律与政治的分离强调的是法律应该有自己的独立品性，而不能沦为政治的附属品。但这绝不意味着对政治与法律之间关系的否定。必须承认，法与政治的关系在专制社会与法治社会中存在差异，理性平衡两者之间的关系是包括我国在内的任何一个国家政治实践中都不可忽视的问题，我们应理性地厘清现代法与政治之间的关系，助推依法治国的伟大社会实践，实现政治文明。依法治军是依法治国方略的重要组成部分。与战争年代形成的权威主义领导模式不同，在处于和平年代的现代法治社会，军队的建设与发展不仅不可能摆脱法律，而且借助法律的介入来实现。依法治军的实现不仅是我军正规化建设的核心内容和基本标志，更是军队建设正规化的根本保障。具体说来：首先，军事法是军事权存在的合法性、正当性的基础，是军事秩序、军事需要的重要保障；其次，只有实行依法治军，借用法治的力量来约束军事权，才能实现军事权运行的理性化、规范化、程序化，维护国家的军事秩序，提高部队的战斗力，唯此方是理性的军事法治。[1]

对此，我们同意后一种观点。不可否认，军事需要与法治之间存在一定的矛盾，如军事活动需要军事秩序的保障，但必须承认军事秩序不属于现代法治的范畴，各种具体的军事制度也不能全然与现代法治的基本原则与精神相适应。现代法治理念并不能全面兼容所有的军事秩序，在特定情况下甚至可能会影响、干扰、妨碍军事秩序的正常进行。[2]尽管如此，我们依然认为，军事需要完全应当也可以做到与法治相融。除上述支持者的论据之外，还可以补充如下理由作为支撑：

首先，军事与法治具有相同的政治基础。军队是执行政治任务的

---

〔1〕 参见毛国辉：《军事法：法学与军事学冲突之解决与建构——兼与杨韧、李剑同志商榷》，载《南京政治学院学报》2004年第5期。

〔2〕 参见赵会平：《军事法的价值构成及其对立统一——军事法学价值取向的基础分析》，载《西安政治学院学报》2002年第6期。

武装集团，政治对军事具有决定性的影响，政治属性是军事活动的本质属性。在阶级社会中，军事活动归根结底是一种政治行为，是政治整体的一部分。因此，军事活动必须符合政治的整体利益，必须服从和服务于政治。[1] 法律是统治阶级意志的体现，法的内容是由统治阶级的物质生活条件决定的。这就意味着，同为上层建筑的军事与法律都必须为统治阶级利益服务，为现行统治提供有效的保障。必须指出的是，现代国家讲求民主，但不意味着军队应讲求极端的军事民主。"军队须受到民主理念之熏陶浸淫，并非指必依民主方式来组成军队不可，而是着眼于军队应崇尚民主的精神，使得活泼的民主理念能存在于军队之中。民主不仅是一个外在的国家形式，也是一种生活的秩序。"[2]

其次，军事与法治存在统一的历史基础。"师出以律"，"刑起于兵"。如据古文献记载，早在 4000 多年前夏启征讨有扈氏时就于临战前夕发布"甘誓"，以动员令兼军事刑法的形式宣布对一些严重危害作战秩序的行为进行惩罚："左不攻于左，汝不恭命，右不攻于右，汝不恭命。用命赏于祖，弗用命戮于社，予则孥戮汝。"可见在当时，军人违反命令是一项严重的犯罪，不仅本人要被处死，还会牵连族人。法制史的研究结果表明，军事与法律之间原本存在相同的历史渊源，这就说明两者具有统一的历史基础。

再次，军事与法治都追求基本的社会正义。不可否认，军事具有暴力属性，它表现为暴力的武装组织，运用暴力工具和暴力手段解除敌人武装，强制敌方服从自己的意志，达成一定的利益目的。[3] 但即便如此，战争也有正义与非正义之分。参与战争的每一方都会力图证明自己发动、从事战争的正义性。"法是善良和正义的艺术""正义只有通过良好的法律才能实现"……毋庸列举更多的法律格言与谚语，法和正义的不可分性已经是颠扑不破的真理：法不仅是实现正义

---

〔1〕　参见梁必骎主编：《军事哲学》（修订本），军事科学出版社 2004 年版，第 123 页以下。

〔2〕　陈新民：《军事宪法论》，扬智出版社 1994 年版，第 171~172 页。

〔3〕　参见梁必骎主编：《军事哲学》（修订本），军事科学出版社 2004 年版，第 110 页。

的手段，而且法的价值即在于实现正义。[1] 既然军事和法治都追求基本的社会正义，这就说明两者之间存在统一的价值目标。

最后，军事和法治在作用上可以互相补充。一方面，现代法治的实现需要军事力量的支撑。法是由国家强制力保证实施的社会规范。为了保证法治落到实处，国家必须以强制力对合法行为予以肯定，对违法行为予以制裁；军队是国家的暴力机器，一支强大的军队可以为国家强制力的实施提供最有力的物质基础。另一方面，军队战斗力的生成不仅有利于军人个体军事技能与素质的提高，更有利于其内心对自己个人价值、尊严的肯定。一支讲求法治，保障军人人权的部队可以让军人自发地投入到军事技能训练教育中去，更好地促进部队战斗力的生成。

综上，军事与法治不仅具有相同的政治基础，而且存在统一的历史基础，基本价值目标相同，作用上可以互补，军事需要不仅应当，而且完全可以和现代法治相容。军事建设必须引入法治。这不仅是军队建设的需要，更是保障军人人权的需要。"国家不能'投机性'地期盼军人的奉献。国家具有法律及道义上的责任，在一切措施上'回报'军人所付出的牺牲和忠诚！国家和社会必须把军人视为亲生子，给予尊重和呵护，否则'何以教战'?"[2]

第二节　现代军法理念标准下军职罪立法的宏观检视

"国之大事，在祀与戎。"惩治军人违反职责的行为，保护国家的军事利益，是军职罪立法的主要任务。融入现代法治，合于军事目的，乃现代军法理念的基本内容。现代军法理念要求，军职罪立法不仅要面向军事需要，更要保障军人的人权。我们国家的军职罪立法是否达到了现代军法理念所要求的理想状态？如答案为否，未来军职罪

---

[1]　参见张文显：《法哲学范畴研究》（修订版），中国政法大学出版社 2001 年版，第 204 页。

[2]　陈新民：《军事宪法论》，扬智出版社 1994 年版，"序"第Ⅱ页。

立法的修改方向、重点为何？本节拟对此作一个宏观上的考察与分析。

一、关于立法模式

(一) 我国军职罪立法模式的变迁与现状

所谓军职罪的立法模式，是指军人违反职责罪的立法形式，即采单列形式，还是与其他部门法合体的形式。

当代各国刑法普遍规定了惩治军人违反职责罪的内容，立法模式上大致存在三种情形：①为军职罪制定专门的军事刑法典，对军人违反职责的各种犯罪行为，逐一作出处罚规定。典型的如前述德意志联邦共和国军事刑法、日本的原陆军刑法和韩国的军事刑法等。②与其他军事法合体，对军人违反职责的行为作出专门的处罚规定。典型的如加拿大的国防法是将军事刑法与国防法合二为一作出的规定、美国的统一军事司法典则是将军事刑法与军事刑事诉讼法合二为一作出的规定。③将军职罪与普通犯罪合体，统一规定在国家的刑法典中。典型的如俄罗斯刑法典、越南刑法典、南斯拉夫刑法典，以及我国的刑法典，等等。[1]

1979 年《刑法》制定时，我们国家的立法机关曾有将军职罪一并规定到刑法典中去的计划，但受制于当时的各种主客观条件，对军职罪的一些内容当时也没有完全研究清楚，因此最终决定先制定普通刑法，暂不考虑军职罪的内容，待条件成熟时再对军职罪另行制定单行条例。在此立法计划之下，遂先颁行了 1979 年《刑法》，之后，又于 1981 年 6 月 10 日通过了《暂行条例》。关于这一点，《暂行条例》制定过程中的有关立法文件也从侧面予以了证实。"本条例是刑法的补充和续编，它所涉及的范围，仅限于刑法分则中没有列入的军人违反职责罪的定罪处刑问题。凡不属于违反军人职责的犯罪、如杀人、放火、强奸、重婚等都未列入；有的虽与军人职责有关，但刑法分则中已有规定的犯罪，如交通肇事、贪污、走私等也未列入。对这些未

---

[1] 参见黄林异、王小鸣：《军人违反职责罪》，中国人民公安大学出版社 2003 年版，第 2 页。

列入的犯罪，条例草案中专门写了一条'现役军人犯本条例以外之罪的，依照《中华人民共和国刑法》有关条款的规定处罚'（第23条）。这样，可使本条例较好地体现出军人违反职责罪的特点，并避免与刑法重复。"[1]

之所以将该条例称为"暂行条例"，如前所述，是因为1979年《刑法》制定时立法机关原曾考虑在刑法典中一并规定军人违反职责罪立法的内容，但由于当时历史条件的限制，一些内容尚未研究清楚，所以决定先制定一个单行条例。从其规定的内容来看，《暂行条例》其实是1979年《刑法》的一个补充和续编。按照原计划的立法方案，因军职罪立法我们没有相关经验，故需先制定一个临时性的条例予以施行，待其施行一段时间，取得比较成熟的经验后，就会将该条例的内容补充到刑法典中去，因此该条例在出台时被命名为"暂行条例"。《暂行条例》颁行后，随着我国社会主义市场经济体制的建立和改革开放步伐的加快，国家法制日益健全和完善，军事司法实践中也出现了一些新情况、新问题，《暂行条例》亟待修改和完善。1990年，中央军委将《暂行条例》的修订工作纳入了立法规划。此后，1994年1月，第八届全国人大常委会也将《暂行条例》的修改纳入了立法规划。在此基础上，解放军总政治部有关部门于1994年初成立了专门修改小组，启动了《暂行条例》的修改工作。1995年9月，解放军总政治部将《中华人民共和国惩治军人违反职责罪条例（草案）》呈报中央军委审议。中央军委于1995年12月1日审议后，于12月7日由军委主席签署议案，将该草案报请全国人大常委会审议。草案设总则、分则、附则三章，共计53条，其中总则条文9条，分则条文41条，附则条文3条。与《暂行条例》相比，新增设条文30个，罪名36个。1995年12月23日全国人大常委会第17次会议对该草案进行了审议。

彼时，国家刑法修改工作同时进行，全国人大法律委员会和全国

---

[1] 史进前：《关于〈中华人民共和国惩治军人违反职责罪条例（草案）〉的说明》，载高铭暄、赵秉志编：《新中国刑法立法文献资料总览》（上），中国人民公安大学出版社1998年版，第563~564页。

人大常委会于 1996 年 10 月 18 日征求军队有关部门意见，建议军职罪不再单独立法。1996 年 11 月 28 日召开的中央军委常委会议经讨论后同意上述意见。1996 年 12 月，经全国人大常委会与军委领导和所属各有关部门反复协商，原《暂行条例》内容经修改后被纳入刑法典，并在刑法分则中增设第七章"危害国防利益罪"。1996 年 12 月 24 日，第八届全国人大常委会第 23 次会议审议了《刑法（修订草案）》。1997 年 3 月 14 日，第八届全国人民代表大会第 5 次会议审议通过了《刑法（修订草案）》，军职罪最终被纳入刑法典，成为其中的一章，即刑法分则第十章。

（二）现代军法理念下军职罪立法模式的评价

1. 军职罪并入刑法典的好处

1997 年《刑法》修订时，在国家立法机关的力导之下，军职罪立法最终被并入了刑法典，成为刑法分则第十章。这意味着与俄罗斯刑法典、越南刑法典、南斯拉夫等国家的刑法典一样，我们国家在军职罪立法模式上最终采取了与普通刑法合体的模式。以现代军法理念观之，这样的立法模式存在如下好处：

首先，有利于实现国家刑事法治的一元化。在人类历史上，军事刑法的产生渊源已久。这是因为刑法是规定犯罪及其法律后果的法律规范，在各个部门法中刑法的制裁手段最为严厉，这就使得刑法成为其他各部门法的后盾立法与保障立法。"国之大事，在祀与戎。""兵者，国之大事"，事关"死生之地、存亡之道"，对军事利益这样的重大国家利益，立法者往往首选以刑罚的方式对其加以保护。尽管如此，在人类社会发展的很长一段时间内军事刑罚权与国家刑罚权却是处在相分离状态的。往昔专政时代，军事刑罚权由君主控制，军事刑罚权不过是国家集权模式下军事统帅权的一部分，在性质上属于军事统帅权。以我国为例，从夏、商、周到前清，中国的军事刑罚权一直作为军事统帅权的一部分，由王或皇帝控制着，唯一不同的是控制的程度和表现形式：在中央加强集权时控制较严，在地方军权膨胀时控制较松；平时控制较严，战时控制较松。及至近代，军事刑罚权由皇帝逐渐转归总统，但其本质并未有任何改变。中华民国成立以后，虽然名义上有参议院和法院，但连年战乱，总统权力逐渐扩大。到南京国民政府时期，总统集党政军权于一身，军事刑罚权仍然归属于军事统帅权。

西方国家军事刑罚权的发展历程大致与我国相仿。事实上即使到了近代资产阶级革命后，资产阶级尽管享有了立法权，但军事刑法也不过被视为严肃军纪、落实军事专业主义最强有力的工具而已，加之军民分治等传统观念的影响，军事刑罚权彼时在实质上仍然是服从和服务于军事统帅权的，且在很大程度上呈现出与国家刑罚权相分离的状态。依照田友方教授的考证，世界范围内来看，至少在第二次世界大战之前，各国普遍呈现出来的状态是：军事刑法以军事刑罚权为其依据，普通刑法以国家刑罚权为其依据。也正是在此问题上，使得军事刑法与普通刑法在本质上相互区别。第二次世界大战结束后，随着世界范围内社会民主化与法治化进程的发展，以着军装公民为思想渊源的现代军法理念日益深入人心。在现代军法理念的指引下，一些国家纷纷将其军事刑罚权从军事统帅权中剥离出来，使之在渊源上回归国家刑罚权，从而实现了国家刑事法治上的一元化。由是开始，现代法治为普通刑法所确立的一系列人权保障原则与理念亦顺理成章地慢慢适用于军事刑法。同时，在现代军法理念的指引下，对于军人实施的与其职责无关的普通犯罪，亦日益回归到普通刑法适用范围中来。[1] 前述已及，我们国家的第一部军事刑法是颁布于1981年的《暂行条例》。《暂行条例》虽然在立法模式上采用了单独立法形式，但就其内容与立法技术而言，该法实际上是1979年《刑法》的补充与续编。1997年《刑法》修订时，《暂行条例》被纳入刑法典成为其中的一章，从而使我们国家刑事法治一元化的特征更加明显。需要注意的是，笔者认为：一国刑事法治是一元化，还是二元化，并不能仅仅采取形式上的判断，如认为军事刑法规定在国家刑法典中，就是实现了国家刑事法治的一元化，军事刑法在国家刑法典之外单独立法就是国家刑事法治的二元化。如后所述，事实上世界上更多国家的军事刑法是采取单独立法的形式，如德国、美国等，但这并不能说明该国的刑事法治就是二元化的。在我国这样一个传统军法理念影响深厚的

---

〔1〕 参见田友方：《军事刑法若干问题的理论探讨》，载《当代法学》2004年第5期。

国家，军职罪并入刑法典可能会更有利于宣示国家刑事法治一元化的决心与成就。

其次，有利于确立军事刑法与普通刑法良性互动的新型理性关系。如后所言，因世界各国对军事犯罪的认识不一，故世界各国关于什么是军事刑法也聚讼纷纭，但可以肯定的是军人违反职责罪属于军事刑法的主要内容，对此当无疑义。前述已及，事实上，我们国家并不存在军事法这个独立的法律部门。就调整手段而言，与普通刑法相较，军事刑法并没有什么特别之处，故军事刑法仍然属于刑法。军事刑法与普通刑法之间的关系，亦不过是特别法与普通法之间的关系。[1] 如前所述，让人遗憾的是，长期以来，我们国家的军事法学界基于"国容军容两不入"的传统观念，竭力主张军事刑法是所谓的"军事法部门"的重要组成部分和主要内容，将军事刑法与普通刑法两者之间的关系人为对立起来。[2] 笔者认为，军事法没有自己独特的调整对象与方法，并不能成为一个独立的法律部门，在"七法体系"中并没有所谓的"军事法"部门。在此基础上，笔者认为军事法在我们国家的法律体系中并非一个独立的法律部门，但作为一门法学学科是成立的。从外延上来看，所谓的军事法不过是各个部门法中与军事有关的那部分法律规范的总和。在此意义上，军事刑法、军事行政法等军事法部门与刑法、行政法等部门法之间不过是共性与个性，一般与特殊的关系。[3]

必须指出的是：坚持军事刑法属于刑法，军事刑法与普通刑法之间的关系属于特别法与普通法关系，其目的并不仅仅在于维系部门法划分的体系标准，而在于贯彻现代军法理念，在面向军事需要的同时，保障军人的人权，从而助推依法治国、依法治军的伟大社会实践。具体说来，理顺军事刑法与普通刑法之间的关系具有如下好处：

（1）军事刑法作为特别刑法，有利于军事专业主义的落实。专业主义是一种特殊形式的职业，其显著的特征包括专业技能、责任与团

---

[1] 参见冉巨火：《学科军事法论》，载《当代法学》2016年第5期。
[2] 参见田友方：《军事刑法若干问题的理论探讨》，载《当代法学》2004年第5期。
[3] 参见冉巨火：《学科军事法论》，载《当代法学》2016年第5期。

队意识。[1]"国之大事,惟祀与戎",有国必须有防。军事专业主义发轫于19世纪的欧洲,彼时军事专业主义的核心意蕴为忠诚与服务。20世纪以来,随着科学技术的迅猛发展,战争形态也变得空前复杂,现代军事专业主义在其传统意涵的基础上亦有所引申、发展,包括爱国、无私、奉献、忠诚、责任、专业、荣誉等内容都被引入其中。[2]军事专业主义的目标在于建立一支与国家防卫目的相适应的专业化军队。党的二十大报告指出如期实现建军一百年奋斗目标,加快把人民军队建成世界一流军队,是全面建设社会主义现代化国家的战略要求。必须贯彻新时代党的强军思想,贯彻新时代军事战略方针,坚持党对人民军队的绝对领导,坚持政治建军、改革强军、科技强军、人才强军、依法治军,坚持边斗争、边备战、边建设,坚持机械化信息化智能化融合发展,加快军事理论现代化、军队组织形态现代化、军事人员现代化、武器装备现代化,提高捍卫国家主权、安全、发展利益战略能力,有效履行新时代人民军队使命任务。如欲担当这一使命任务就要求我们的官兵必须具备专业的精神、素质与技能,如有灵魂、有本事、有血性、有品德,服从命令、听从指挥,并能做出专业的行为,能打仗,打胜仗,唯此方可称之为一支专业化的军队。军事刑法必须面向军事专业主义目标的需要,以军事刑罚为后盾,以军人违反职责罪立法为其主要内容,要求军人必须具备为军事专业主义所需的品德、技能与职责意识。必须指出的是,正如田友方教授所言,往昔专政时代,军事刑法虽也被冠以刑法之名,但其系以军事统帅权为其权力渊源。以现代军法理念为标准,这样的军事刑法不过是徒具法律之名罢了,事实上并无法律之实,仅具有"虚拟的合法性"。1997年《刑法》将原本为1979年《刑法》续编和补充的《暂行条例》纳入了刑法典,进一步彰显了我们国家军事刑罚权渊源于国家刑罚权的事实,赋予了军事刑法以特别法的角色,理顺了军事刑法与普通刑法之间的关系,实现了国家刑事法治的一元化,解决了军事刑法

---

〔1〕 〔美〕塞缪尔·亨廷顿:《军人与国家:文武关系的理论与政治》,洪陆训等译,时英出版社2006年版,第27页。
〔2〕 Sam C. Sarkesian, *Beyond the Battlefield: The New Military Professionalism*, New York, Persimmon Press, 1981, pp. 35-36.

的合法性问题。如是一来，即可使我国军事刑法的军事专业主义面向能够真正建立在现代军法理念的基础之上，认可军人乃着军装之公民的宪法地位。这对于提升我军官兵的自我主体认同意识，树立军事专业主义的信念，并将之转化为自觉的实践行动，建设一支新型人民军队，向能打仗、打胜仗聚集，具有显著的促进作用。[1]

此外，法律具有指引功能，将军事刑法作为特别法，从立法技术上对之进行特别处理，也有助于军事专业主义的养成与实现。如《刑法》第 436 条规定，军人违反武器装备使用规定，因而发生责任事故，情节严重的，成立武器装备肇事罪。一般认为，本罪与《刑法》第 233 条的过失致人死亡罪存在法条竞合关系。武器装备肇事罪的基本法定刑为 3 年以下有期徒刑或者拘役；后果特别严重的，处 3 到 7 年以下有期徒刑。与之相竞合的过失致人死亡罪的基本法定刑为 3 到 7 年以下有期徒刑；情节较轻的，处 3 年以下有期徒刑。两相比较之下，就会发现武器装备肇事罪的法定刑明显要轻于过失致人死亡罪的法定刑。这样的立法设计并非不合理，之所以如此设计、配置两罪的法定刑，是因为军队乃职业的武装团体，成天操枪弄炮，接触各种武器装备，这样的行为本身就有较大的危险，事故的发生在军事训练中近乎不可避免。预防武器装备肇事类犯罪，应主要从加强管理教育和明晰各类训练制度入手。要认识到武器装备肇事行为的发生具有不可避免性，但出于提升战斗技能、鼓励官兵贴近实战训练的需要，即使确有追究行为人刑事责任的必要性，也不宜对其判刑过重。否则，就会挫伤军人训练的积极性。[2] 如此一来，可能会出现一个貌似不公平的结论：同样是过失致人死亡，武器装备肇事罪的法定刑要轻于过失致人死亡罪。但从军事专业主义的培养角度而言，这样的不公平结论恰恰是合理的。随着科学技术的进步，武器装备从普通的枪械、火炮，发展到高技术的导弹、飞机、舰艇，种类越来越多，技术越来越先进，功能也越来越复杂。如果对武器装备罪一律向与之竞合的普通

---

〔1〕　参见田友方：《军事刑法若干问题的理论探讨》，载《当代法学》2004 年第 5 期。

〔2〕　参见冉巨火：《论法条竞合与想象竞合的区分及其适用原则——兼论军职罪中封闭的特权条款》，载《法学杂志》2016 年第 4 期。

犯罪看齐，科以重刑，只会让军人专业训练的积极性降低，有百害而无一利。反之，对武器装备肇事罪配置较与之竞合的普通犯罪较低的法定刑，宣示了国家对军人军事专业主义养成的重视与鼓励，必然有利于提高军人战技训练的热情，促进军事专业主义目标的实现。

（2）军事刑法作为特别刑法，有利于保障军人的人权。前述已及，我们国家并不存在独立的军事法部门。1997年《刑法》颁行后，所谓的军事刑法就是指刑法分则中的"军人违反职责罪"与"危害国防利益罪"两章的内容。军事刑法以军人违反职责罪为其主要内容，军人乃着军装之公民，其除因履行职责之所需外，不受军职罪之管辖。与之同理，普通公民非因执行军事任务犯罪，原则上亦不受军职罪之管辖。这是军事刑法所具有的个性。除此之外，军事刑法与普通刑法之间的关系更多地应体现为共性，如两者都必须遵守相同的刑法基本原则和理念、精神。如此一来，即可将军人违反职责罪等军事刑法规范置于罪刑法定等刑事法治原则之下，有利于加强对军人人权的保障。[1]

如罪刑法定原则的基础之一是民主主义，民主主义意味着国家的重大事务应当由人民自己做主，各种法律也应当由人民自己予以制

———————

〔1〕 对此，有学者指出，以现代军法理念为指针，1997年《刑法》修订时我们将《暂行条例》的内容纳入刑法典，成为其中的一章，在形式上更加实现了国家刑事法治的一元化，理顺了军事刑法与普通刑法之间的关系，为军人基本权利的保障切实提供了依据。主要表现在如下四个方面：一是1997年《刑法》取消了1979年《刑法》中既存的类推制度，并在第3条明文确立了罪刑法定原则，作为刑法分则中的一章，军人违反职责罪自然也需遵守并贯彻这一刑事法治的基本原则，这就使得类推制度下，原《暂行条例》内容存在的不确定性缺陷得到了彻底的纠正，为军人基本权利的保障切实提供了依据。二是1997年《刑法》保留了我们国家固有的立法传统，即区分刑事违法与行政违法行为，军人违反职责罪也不例外。如是一来，就使得我们国家军职罪的范围被限制在必要的范围内，军事违纪行为被排除在军事犯罪圈之外，不致像英美国家一样，将违纪行为与犯罪行为规定在一起，使军事犯罪的外延内敛地呈现收缩状态，更有利于保障军人的基本人权。三是在军人违反职责罪具体罪状的表述上，1997年《刑法》严格禁止类推，与一些西方国家军事刑法实行"有罪推定"的做法相比，显然更加符合现代军法理念的要求。四是出于保护国家军事利益的目的，一些英美法系国家的军事刑法甚至规定单纯具有"军事犯罪企图"者同样构成犯罪，与之不同，1997年《刑法》并未创设类似的犯罪，而是坚持了主客观相统一原则，这显然更符合现代法治理念，有利于保障军人的人权。综上所述，我国军事刑法在加强军人权利保障方面已经取得了丰硕成果，迎领着世界范围内现代军事刑法的发展潮流与方向。参见田友方：《军事刑法若干问题的理论探讨》，载《当代法学》2004年第5期。对上述观点，笔者表示赞同。此处仅就罪刑法定原则对传统军法理念的抗衡与制约略作阐述。

定。刑法的处罚范围与程度事关每一个国民的生、杀、予、夺，事关一个人的基本权利，属于特别重大的事项。在此类特别重大事项问题上，公民有权继续保留其否决权。某种意义上，这是民主的创造性存在。据此，何种行为构成犯罪，犯罪后应当给予该行为何种处罚，应当由人民自己来进行决定。人类既有社会实践表明，让每一个公民都成为直接的立法者，进而制定国家的罪刑规范不仅是不现实的，也是不可能的。无奈之下，我们只能退而求其次。先由人民选举出自己的代表，组成国家的立法机关，在此基础之上，再由国家的立法机关来代表人民制定刑法规范。理论上，因立法机关系由人民选举的代表产生，这意味着立法机关代表了国民的真实意志，因此，国家立法机关制定出来的刑法规范自然也就反映了国民真实的意愿与要求。刑法制定后由国家经一定的程序颁布生效，生效后即可由司法机关进行适用，因刑法规范代表全体国民的意志，因此，司法机关适用刑法的过程，也即意味着实施国民意志的过程。此即罪刑法定主义中的成文法主义，亦称法律主义。[1]

作为罪刑法定原则基本内容之一的成文法主义要求，规定犯罪及其后果的法律只能是立法机关制定的成文法，行政机关不能制定刑罚事项，习惯法及判例法亦均不得作为刑法的渊源。1997 年《刑法》废除了 1979 年《刑法》中的类推制度，在第 3 条明文规定了罪刑法定原则，对纳入其中的军职罪也具有一体遵循的效力。事实上，这一规定也起到了一定的效果。如《中国人民解放军现役士兵服役条例》（1993 年修订）第 34 条原规定，士兵被判处徒刑的，应当根据具体情况，取消或者剥夺其军衔。但该条例的制定主体为国务院、中央军委，该条的内容却是关于附加刑的规定，由行政法规制定刑罚事项，这显然是不合适的。故在 1997 年《刑法》生效后，1999 年《中国人民解放军现役士兵服役条例》再次修订时，即删除了本条的规定。[2]

---

〔1〕　参见张明楷：《罪刑法定与刑法解释》，北京大学出版社 2009 年版，第 18 页。
〔2〕　恳请读者注意的是，这样的说法并不意味着剥夺军衔应予取消。如后所言，笔者认为剥夺军衔作为一种专门适用于军人的附加刑有其存在的必要性，应予以保留，采取合适方式将其纳入刑法的刑罚体系当中来。此处只是说明军职罪纳入刑法典后对军人人权保障带来的有利的一面。

前述已及，部分军事法学者主张军事法是一个独立的部门法，军事刑法属于军事法的范畴。如有学者认为我国的军事法律部门包括国防法、国防动员法、国防科技法、国防教育法、兵役法、军事设施保护法、军事行政管理法、军事训练法、军队院校工作法、军队政治工作法、军事人事法、军人优抚法、军事经济法、军人婚姻法律制度、军事刑法、军事刑事诉讼法、国界法、国际军事法、战争法共 19 类。[1] 也有学者认为，我国的军事法部门主要包括三大类：国防法类（主要包括国防法、兵役法、军事设施保护法、国防动员法、国防教育法等），核心军事法类（主要包括军事行政管理法、军事训练法、军事人事法、军人优抚和社会保险法、军事经济法、军事刑法、军事司法法等）和战争法类。[2] 在传统军法理念影响之下，这种归类方法易给人以误导：军事刑法权渊源于军事权，军事刑法乃军事权运行之下的军队内部法，无需遵循刑事法治的基本原理，从而可能做出一些违反刑事法治的事项来。在下文中，我们即将谈到的中央军委在军事法规之中作出关于剥夺军人军衔的规定，《内务条令》中规定特殊情况下的紧急处置措施不为罪，解放军总政治部以自己的名义下发关于军职罪的司法解释等，这些做法或多或少都与将军事刑法归入军事法范畴，论证军事法系独立部门法的观点存在联系。[3]

2. 军职罪纳入刑法典的弊端

凡事有利必有弊，前述已及，军职罪纳入刑法典，采取与普通刑法合体的模式有利于国家刑事法治的一元化，有利于确立军事刑法与普通刑法良性互动的新型理性关系，可以面向军事专业主义，更好地保障军人人权，但同时也可能带来如下弊端：

首先，与传统治军理念、模式的冲突在所难免。必须承认，历史上很长一段时间内，我们国家的军事刑罚权是渊源于军事统帅权的。前述已及，至少在南京国民政府时期，我国的军事刑罚权仍然归属于军事统帅权。此外，我军历史上有将军事司法工作视为军队政治工作

---

〔1〕　参见陈学会主编：《军事法学》，解放军出版社 1994 年版，第 137~145 页。

〔2〕　参见周健：《军事法论纲》，海潮出版社 2000 年版，第 99~104 页。

〔3〕　参见冉巨火：《学科军事法论》，载《当代法学》2016 年第 5 期。

一部分的传统。这一传统渊源于1957年6月的军委扩大会议的决定，此次会议决定并经最高人民法院、最高人民检察院同意，我军的军事审判工作和军事检察工作除受最高人民法院和最高人民检察院的领导外，在军队内部由政治部门归口领导。此后，这一做法被一直延续下来。经党中央批准颁发的《中国人民解放军政治工作条例》即明确规定军事审判、军事检察工作是军队政治工作的重要内容，解放军总政治部指导全军的军事审判工作和军事检察工作。具体内容包括两个部分：第一个部分是指导全军的军事审判工作。即拟制军事审判工作的法规；指导中国人民解放军军事法院依法审判职权范围内的刑事、民事案件和最高人民法院授权或者指定审判的案件，指导下级军事法院的审判工作；协调有关部门依法维护国防利益和军队、军人、军属的合法权益，第二个部分是指导全军的军事检察工作。即拟制军事检察工作的法规；指导中国人民解放军军事检察院依法行使检察权，领导下级军事检察院的检察工作；指导全军预防职务犯罪工作。[1] 受此影响，部队一些传统的治军理念、模式仍然存在，并继续发挥着作用，与刑事法治冲突之处在所难免。但这大体上只是说明我们应增强依法治军的理念，改变单纯依靠"军事命令"的做法，确立以法律手段为主的治军模式，继续全面、深入地推进依法治军的方略。

其次，致使封闭的特权条款容易被人忽视。军职罪中存在一些封闭的特权条款，即法条竞合犯中所谓的特别法惟轻的条款，军职罪条例并入刑法典之后，给人的直观感觉是"军味儿"消失，"特别"之处不再，这就容易让人忽视这些条款的存在，不利于军事专业主义的建构与军人人权的保障。法条竞合，又称"法规竞合"，是指行为人实施了一个犯罪行为，该行为同时触犯数个在犯罪构成上存在包容关系或者交叉关系的刑法规范，只能适用其中一个刑法规范，排斥另外

---

〔1〕 参见张建田：《关于我国军事司法理论与实践中的几个问题》，载《北京政法职业学院学报》2004年第1期。必须说明的是，根据中央军委于2016年1月1日印发并实施的《中央军委关于深化国防和军队改革的意见》，军委机关设置由总部制调整为多部门制，共设15个职能部门。军委政法委属于其中的一个部门，军队保卫部门、军事法院、军事检察院编制在军委政法委之下。但迄今尚未见到军委政法委关于军事法院、军事检察院工作指导规范方面的文件。此处只是依照尚未修改的《中国人民解放军政治工作条例》展开的论述。

一个刑法规范适用的情形。[1] 必须承认，在我国刑法学中，犯罪竞合论的很多问题并未得到充分展开，现有的研究也充斥着混乱。[2] 犯罪竞合理论中最为混乱的是法条竞合犯与想象竞合犯的区分问题。"法条竞合犯与想象竞合犯的区分标准，是刑法理论尚未完全解决的问题。"[3] "在特别关系的法条竞合中，能否采用重法优于轻法原则，始终是我国刑法学界关于法条竞合理论关注的一个核心问题，而且争论时间长达25年，至今仍然没有平息的迹象。"[4] 法条竞合犯的适用原则为特别法优于普通法；想象竞合犯的适用原则为重法优于轻法。逻辑上，即使法条竞合与想象竞合未能得以正确区分，如果应当适用的特别法条是重法时，重法优于轻法的适用原则与特别法优于普通法的适用原则结论是一样的。与之相若，如果特别法条与普通法条两个法条规定的法定刑相同时，是适用重法优于轻法的原则，还是适用特别法优于普通法的原则的争辩也就失去了意义。故法条竞合与想象竞合区分与否争论的焦点在于刑法中到底存在不存在封闭的特权条款。[5] 不得不予以指出的是：近年来，一些学者提出了所谓的大竞合论。依照大竞合论者的观点，刑罚竞合论研究的目的在于寻求一个合理的犯罪宣告与刑罚。如果我国刑法中存在封闭的特权条款，即存在减轻处罚根据的特别法条款，区分法条竞合与想象竞合才是有意义的；反之，如果我国刑法中不存在封闭的特权条款，即不存在有减轻处罚根据的特别法条款，则没有必要严格区分法条竞合与想象竞合，一律从重处罚即可。我们国家刑法中并不存在具有减轻处罚根据的封闭的特权条款，故没有必要严格区分法条竞合与想象竞合，遇有此类

〔1〕 参见高铭暄、马克昌主编：《刑法学》（第十版），北京大学出版社、高等教育出版社2022年版，第187页。
〔2〕 周光权：《法条竞合的特别关系研究——兼与张明楷教授商榷》，载《中国法学》2010年第3期。
〔3〕 张明楷：《刑法分则的解释原理（第二版）》（下），中国人民大学出版社2011年版，第686页。
〔4〕 陈兴良：《法条竞合的学术演进——一个学术史的考察》，载《法律科学（西北政法大学学报）》2011年第4期。
〔5〕 参见张明楷：《刑法分则的解释原理（第二版）》（下），中国人民大学出版社2011年版，第689~690页。

问题，一律从一重处罚即可。[1] 对此观点，笔者认为有待商榷。法条竞合与想象竞合的界限必须严格加以区分，军人违反职责罪中就存在封闭的特权条款。

所谓封闭的特权条款即为立法者创设的具有正当减轻理由根据的法条，所谓减轻理由要么是违法的减轻，要么是责任的减轻，要么是二者均减轻。[2] 前述已及，《刑法》第436条规定的武器装备肇事罪与《刑法》第233条规定的过失致人死亡罪之间即为法条竞合关系，尽管过失致人死亡罪的法定刑明显要低于武器装备肇事罪的法定刑，但这并非不合理，而是存在正当的责任减轻事由。军队作为职业的武装团体，接触枪炮器械的机会较多，事故的发生也在所难免。为了鼓励官兵的尚武精神，提升其军事专业主义素养，尽快掌握、熟悉配发的武器装备的性能，立法者为武器装备肇事罪配置了较过失致人死亡罪要轻的法定刑。事实上，本条即为具有责任减轻事由的封闭的特权条款。如果我们否认本条为具有减轻责任根据的封闭的特权条款，适用大竞合论者的观点，凡武器装备肇事与过失致人死亡竞合时一律从重处罚，可能会导致如下不合理的局面——永远只能适用过失致人死亡罪定罪处罚，武器装备肇事罪在实践中被取消，而这显然是不合适的。此外，必须说明的是：军职罪中具有减轻处罚根据的封闭特权条款不只有武器装备肇事罪条一处。事实上，依照立法者设计，《刑法》第446条战时残害居民、掠夺居民财物罪同样也属于封闭的特权条款。试将该条和与之相竞合的故意杀人罪条相比较，我们就会发现其法定刑配置也呈明显偏轻的态势。其隐藏于背后的减轻理由在于：立法者考虑到，军人在战场这一特定环境下较为容易产生恐慌、焦虑的心理，尽管我军是具有严明军纪的人民子弟兵，但人性都是有弱点的，当军人内在的自我保全感与其一贯接受的政治信念、纪律约束等发生冲突时，自我保全感可能会突破后两者的约束。如果我们设身处地地综合权衡，就会发现此种情况下，不管军人行为的违法性，还是

---

〔1〕 参见陈洪兵：《不必严格区分法条竞合与想象竞合——大竞合论之提倡》，载《清华法学》2012年第1期。

〔2〕 参见冉巨火：《论法条竞合与想象竞合的区分及其适用原则——兼论军职罪中封闭的特权条款》，载《法学杂志》2016年第4期。

军人行为的有责性都大大降低。过于苛责，并无益处。正是考虑到上述原因，立法者才为军人战时残害居民的行为配置了较故意杀人等罪要轻的法定刑。[1]

由是带来的一个问题是：为什么人们忽视了武器装备肇事罪与战时残害居民、掠夺居民财物罪等作为封闭特权条款存在的事实？反思的结果除了军职罪不为人重视之外，大概可能只剩下因军职罪被并入刑法典，导致其特别法条的性质日益被人们忽略。以至于在谈及军人违反职责罪特别法条的性质时，甚至需要人们对之刻意提醒方可。如曾经在法条竞合犯处理问题上主张有严格限制的重法优于轻法原则的学者，在论述到法条竞合犯中一些情况只能适用特别法优于普通法的原则时，也提到"从立法精神来看，明显只能适用特别法条时，禁止适用普通法条"。而论者所谓的从立法精神来看，只能适用特别法条的情形，指的就是军人违反职责罪这一章的规定。[2]

对这一问题，笔者认为合适的办法似乎只有一个：就是在军人违反职责罪中保留《刑法》第420条关于军人违反职责罪的概念。对此，有学者认为第420条的规定系对《暂行条例》第2条内容的保留，在《暂行条例》单行立法时代这一规定是必要的，但在《暂行条例》并入刑法典后，本条规定是否还有必要保留值得斟酌。考虑到1979年《刑法》中关于反革命罪的概念在1997年《刑法》修订时予以了取消，但立法者也没有再对危害国家安全罪的概念进行界定。与之相类，《刑法》第420条中关于军职罪的概念也应予取消。对此问题，我们认为有待商榷。诚如论者所言，从与其他章节相协调的角度而言，本条规定似应取消。但考虑到军职罪中封闭的特权条款经常被人忽视的事实，本条似有保留的必要。保留下来后，本条可以提示性规定的面目出现，警醒后来者注意军人违反职责罪中的封闭特权条款存在的事实，从而可以更好地面向军事专业主义的目标，保障军人的人权。

---

〔1〕　参见冉巨火：《论法条竞合与想象竞合的区分及其适用原则——兼论军职罪中封闭的特权条款》，载《法学杂志》2016年第4期。

〔2〕　参见张明楷：《刑法分则的解释原理（第二版）》（下），中国人民大学出版社2011年版，第703~704页。

二、关于立法体例

（一）现代军法理念下军事刑法立法体例应然之抉择

一般认为，所谓军事刑法是指规定军事犯罪及其法律后果的法律规范。不难看出，军事刑法的中心内容在于对军事犯罪进行惩治。如前所述，以军事犯罪的主体是否仅限于军职人员为依据，可将世界范围内军事刑法的立法体例分为两类：一类为军人犯主义，另一类为军事犯主义。以不同的主义为指导，在军事犯罪圈的划定问题上就会呈现出不同的样态。

在军人犯主义立法体例下，军事犯罪的主体仅限定于军职人员，非军职人员是不能成为军事犯罪主体的。这意味着凡军职人员实施的犯罪都是军事犯罪。亦即，"军人犯主义，指军刑法乃专为具有军人身份者所制定之特别刑法，用以规范其一切犯罪行为之谓。其行为主体可能违犯之犯罪行为，除与军事任务有关之犯罪外，兼括一般人皆能违犯之犯罪，如杀人、窃盗等。"[1]军人犯主义立法体例的优点在于将普通公民的人权保障放在了绝对优先的位置，非军职人员是根本不能成为军事犯罪主体的。但正如一枚硬币的两面，与上述优点相对，军人犯主义立法体例的缺陷表现在：首先，过于重视普通公民的人权保障问题使普通公民实施的危害国家军事利益的行为得不到惩戒，或者只能将其当作普通犯罪加以惩治。必须承认，司法实践中，一些由普通公民实施的危害军事利益行为，其社会危害性实际上并不低于军人实施的同类危害军事利益行为的社会危害性。如我们很难说普通公民破坏武器装备、军事设施行为的社会危害性，要小于军人破坏武器装备、军事设施行为的社会危害性。其次，这种做法会加重军人的刑事义务负担。在军人犯主义立法体例下，凡军人实施的犯罪，不管其是否侵害了国家的军事利益，哪怕是军人实施的普通犯罪，都会被纳入军事犯罪圈，成为军事刑法规制的范围，这明显加重了军人的刑事义务负担，不符合"军人乃着军装之公民"的现代军法理念。

---

〔1〕 赵晞华：《"陆海空军刑法"立法体例及规范目的之研究》，载《刑事法杂志》2004年第6期。

亦即，军职人员同样是法治国家中的一员，享有公民的基本权利。军人除因履行军事职责之所必须外，不得额外加重其刑事义务负担。将军职人员实施的普通犯罪也纳入军事犯罪圈，成为军事刑法的规制对象，对之从严从重处罚，并不合适。[1]

反之，在军事犯主义立法体例下，军事犯罪的主体不再限定于军职人员，非军人同样可以成为军事犯罪的主体。这样的立法体例意味着，不管行为主体是军人还是非军人，只要其实施了危害国家军事利益的行为一律按照军事犯罪处理，纳入军事刑法的规制范围。亦即，"军事犯主义，指军刑法乃为规范违反军事义务之军事犯罪而设，系重在保护军事利益所制定之特别刑法。其适用范围不以具现役军人身分者为限，并包括一般人民。"[2] 军事犯主义立法体例的优点在于可将对国家军事利益的保护置于绝对优先地位，不管行为人是军人还是非军人，只要其实施了危害国家军事利益的行为就构成军事犯罪。军事犯主义立法体例的优点，同时也是其缺点之所在。在将国家军事利益置于优先保护地位的同时，军事犯主义立法体例加重了普通公民的刑事义务负担。军事刑法较普通刑法而言，一般要严苛一些。这是因为，"军刑法之存在，是为了保持军队秩序（包括训练及战斗秩序），才会对每个军队成员施加约束与限制。在自由与秩序两种基本价值中，法律追求之首要目标系自由抑系秩序，或有争议，但军刑法所追求之首要目标，不是自由而是秩序。"[3] 正因为军事刑法将秩序作为其首要价值取向，故军事刑法一般奉行军法从严的理念，将普通公民与军职人员一体对待，必然会加重普通公民的刑事义务负担，不利于普通公民基本人权的保障。

如上所述，在军事刑法的立法体例上，单采军人犯主义，或者单采军事犯主义，都存在一定的弊端与缺陷。正因为如此，世界范围内，"目前在军事刑法的立法体例上已少有绝对采'军人犯'或'军

---

[1] 参见冉巨火：《我国军事刑法立法模式之定位》，载《公民与法（法学版）》2010年第8期。

[2] 赵晞华：《"陆海空军刑法"立法体例及规范目的之研究》，载《刑事法杂志》2004年第6期。

[3] 赵晞华：《论军事犯罪之刑事立法政策》，载《军法专刊》2007年第2期。

事犯'体例之国家，而系采折衷主义，诸如美国《统一军法典》为
'军人犯主义'之代表，但例外适用于非军人，德国《防卫刑法》虽
为'军事犯主义'之代表，亦有适用于普通刑法之规定。"[1]根据我
国台湾地区学者的整理，折衷主义的军事刑法立法体例大致有两种：
一是相对的军人犯主义立法体例。即以军人犯主义为主，军事犯主义
为辅的立法体例。亦即，原则上以军职人员危害国家军事利益的犯罪
行为为军事刑法的主要惩治对象；特殊情况下，将普通公民实施的危
害国家重大军事利益的行为纳入军事刑法的惩治范围。二是相对的军
事犯主义立法体例。即以军事犯主义为主，军人犯主义为辅的立法体
例。亦即，原则上不论行为人是军职人员，还是普通公民，只要其实
施了危害国家军事利益的行为，均将其纳入军事刑法的惩治范围；特
殊情况下，如军职人员实施的虽侵害普通法益的行为，但如其行为对
国家的军事利益有较大影响的，同样将之纳入军事刑法的惩治
范围。[2]

以现代军法理念观之，理想中的军事刑法立法体例应为相对的军
人犯主义。即原则上，军事刑法应以军人犯为惩治重心，特殊情况
下，始将普通公民实施的危害国家重大军事利益的行为纳入军事刑法
的惩治范围。这是因为：

首先，相对的军人犯主义在军事利益的保护上可以做到疏而不
失。所谓军事，是指一切与战争或军队直接相关事项的统称。在军事
学上，军事始终与战争、军队联系在一起。在它们的相互关系中，战
争是军事活动的中心内容，军队是执行政治任务的武装集团，是军事
活动的主要承担者。军队是随着阶级和国家的出现而产生的。在原始
社会里，没有阶级、没有国家，自然也就没有专门的武装组织。随着
私有制的产生和发展。奴隶主和奴隶主阶级逐渐形成，出现了阶级斗
争。在这种情况下，奴隶主阶级迫切需要一种专门用来镇压被剥削阶
级反抗的强力机构，以维护他们的经济和政治地位，于是军队便应运

---

[1] 谢添富、赵晞华：《陆海空军刑法修正经过及修正内容析述（十四）》，载《军法专刊》2004年第1期。

[2] 参见杨万郁：《论军事法益在刑法保护法益上之地位》，"台湾国防管理学院法律研究所" 2001年硕士论文，第83～84页。

而生。[1] 军队是执行政治任务的专门的武装集团，是一国军事活动的主要承担者，这就意味着国家的军事利益主要是分布在军事社会领域内，市民社会领域内的军事利益并不多见。在市民社会中，原则上普通国民一般只从事生产，生产之余担负国防义务，为国家的军事活动提供必要的人力、物力支持。如依照法律服兵役，保护国防设施，不泄露国防秘密等。军事利益分布的现实格局决定了侵犯军事利益的主体主要应为军人以及与军队有关的人员，而非普通国民。既然一国军事义务的主要承担者是军人及与军队有关的人员，而非普通国民，那么作为保护国家军事利益的军事刑法自然也应以军人以及与军队有关的人员为惩治重心。"从军刑法本身属于特别刑法的性质来看，基于特别法本身之补充性，军刑法应系立于补充刑法规范之不足，以违背军事义务之犯罪行为为其规范对象，而不及于刑法所本已规定之一般犯罪行为，故而军刑法应以违背军事义务之军事犯罪行为为规范之内容，始称妥适。"[2]

其次，相对的军人犯主义在人权保障机能的实现上能够做到持正均衡。一般认为，所谓刑法的机能是指刑法现实或者可能发挥的作用。刑法具有三大机能：行为规制机能、法益保护机能与人权保障机能。所谓行为规制机能，是指刑法所具有的使对犯罪行为规范评价得以明确的机能；所谓法益保护机能，是指刑法所具有的保护法益不受犯罪侵害与威胁的机能；所谓人权保障机能，是指刑法所具有的保障公民个人人权不受国家刑罚权不当侵害的机能。考虑到刑法的行为规制机能不过是刑法法益保护机能的映射，且行为规制机能并不能与法益保护机能、人权保障机能相并列，故理论上一般将上述刑法的三大机能归纳为两大机能，即法益保护机能与人权保障机能。[3] 刑法的法益保护机能与人权保障机能之间天然存在矛盾。这是因为，刑法法益保护机能的实现有赖于扩大刑法的处罚范围。亦即，刑法的处罚范

---

〔1〕 参见梁必骎主编：《军事哲学教程》，军事科学出版社 2012 年版，第 5、49、52 页。

〔2〕 赵晞华：《"陆海空军刑法"立法体例及规范目的之研究》，载《刑事法杂志》2004 年第 6 期。

〔3〕 参见张明楷：《刑法学（上）》（第六版），法律出版社 2021 年版，第 24~25 页。

围越大，越有利于保护法益。与之恰恰相反，刑法人权保障机能的实现则有利于对国家刑罚权的限制，刑法的处罚范围越小，则公民的人身自由越大。在此意义上，刑罚的适用与法益保护成正比，与人权保障成反比。[1] 如前所述，军事犯主义立法体例指导之下的军事刑法规范，将包括普通公民在内的所有人都纳入了其可能的惩治范围，这必然会加重普通公民的刑事义务负担，不利于普通公民人权保障的实现。相反，军人犯主义立法体例指导下的军事刑法规范，则将军人实施的普通犯罪也纳入其规制范围内，这就意味着军人实施的普通犯罪亦将受到不同于普通国民的严厉惩罚，自然加重了犯罪军人的刑事义务负担，不符合现代军法理念，根本未将其当作"着军装之公民"加以对待。在对上述两种体例进行反思的基础上，相对的军人犯主义立法体例指导之下的军事刑法规范，内敛地将军事犯罪的惩治重心划定为军职人员，这不仅符合前述军事利益在军事社会与民间社会的分布格局，在军事利益的保护上做到疏而不失，而且还可以在刑法人权保障机能的实现上做到持正均衡。

　　世界范围内，相对的军人犯主义有如下四种表现形式：一是战时对非军人构成军事犯罪的情形予以放宽，但平时则予以严格限制。典型的如《意大利战时军事刑法典》中，非军人构成的犯罪比比皆是；《意大利平时军事刑法典》中，涉及普通公民军事犯罪的只有一项罪名，即第259条的拒绝援助军用舰船或飞机罪。二是将普通公民的军事犯罪严格限制在战时的严重犯罪，典型的如我国台湾地区的"陆海空军刑法"第2条第6款的内容规定，普通公民战时可构成煽惑军人暴动罪、利敌罪和劫持军舰或航空器罪等罪名。三是将普通公民的军事犯罪严格限制在特定地域内。典型的如阿根廷，根据该国军事刑法的规定，普通公民只有当其处于战争地带、军事行动区域或军事包围圈内时，才有可能构成军事犯罪。四是规定普通公民只有当其为军队提供服务或者随军队一起时，才可能构成军事犯罪。典型的如英国，依照该国陆军法的规定，在国外跟随英军一起行动的平民，如果侵害

---

　　[1]　张明楷：《法益初论》（2003年修订版），中国政法大学出版社2003年版，第323页。

良好军事秩序的，构成犯罪。[1]

（二）现代军法理念下我国军事刑法立法体例存在的问题及其完善

1. 现代军法理念下我国军事刑法体例存在的问题

如前所述，理想中的军事刑法应采相对的军人犯主义立法体例。原则上，军事刑法应将军职人员实施的军事犯罪行为作为军事刑法的惩治重心；特殊情况下，如果普通公民实施了侵害国家重大军事利益的行为时，军事刑法也应将之纳入自己的惩治范围。以此作为检视标准，我国军事刑法在立法体例上的问题在于惩治重心存在一定的错位。

前述已及，我国的第一部军事刑法即施行于 1982 年的《暂行条例》。在适用范围上，依据《暂行条例》第 2 条、第 25 条的规定，该条例仅适用于现役军人及军内在编职工。以此为标准，我们可以得出结论：《暂行条例》在立法体例上应为军人犯主义，是将军职人员所实施的军事犯罪作为其惩治重心。《暂行条例》颁行后，在惩治军人违反职责行为，维护国家军事利益方面起到了重要的作用。随着改革开放等社会历史条件的变化，《暂行条例》的一些不足开始慢慢显现。于是在解放军军事法院等军事司法机关的不断呼吁下，《暂行条例》的修订工作开始提上议事日程。1990 年《暂行条例》的修订工作列入了军委的立法规划。此后，第八届全国人大常委会也将《暂行条例》的修订工作列入了其立法规划。1994 年 10 月，解放军军事法院在反复调研论证的基础上，拿出了《关于〈中华人民共和国惩治军人违反职责罪暂行条例〉（修改稿）的说明》，力主从体例到内容对条例进行较大的修改，在此说明中解放军军事法院提出了大改与小改两个方案稿。在经充分论证后，中央军委下定决心在原来的基础上对《暂行条例》做出修改。在军委有关指示下，解放军军事法院在大改方案稿的基础上，于 1995 年 4 月拿出了《中华人民共和国军人违反职责罪惩治法草案（征求意见稿）》。1995 年 12 月 7 日，中央军委以此征求意见稿为蓝本，提请全国人大常委会审议《中华人民共和国

---

[1] 参见田友方：《军事刑法若干问题的理论探讨》，载《当代法学》2004 年第 5 期。

惩治军人违反职责犯罪条例（草案）》。[1] 在体系上，参照当年单行法立法的惯例，《中华人民共和国惩治军人违反职责犯罪条例（草案）》同刑法的体例一致，设总则、分则和附则三章。同时，鉴于总则和附则条文内容较少的事实，故未在其下分节，而是在其下直接设置相关条款。此外，考虑到分则条文内容较多的事实，起草者按照犯罪行为所侵害的直接客体类型的不同，将41个条文分为了四节：危害国防安全罪、妨害作战秩序罪、危害战斗力罪、妨害部队管理秩序罪。每节之下分别设置若干条款。原《暂行条例》共有26条，上述草案删除了其中的第7、8、25条，保留了总计23条的基本内容，并在其基础上做了修改和补充。[2] 与修改前的《暂行条例》相比，该草案新增条文30条，新增罪名36个。共有条文53条，罪名59个。其中新修改补充和增加的内容主要包括三种情形：一是改革开放后，军队建设中出现的一些新情况；二是条例颁布后，一些新的军事法律法规和规章对刑事立法提出的新要求；三是《暂行条例》颁行后，刑事立法新增加或者调整了的内容。在适用范围上，上述草案明文规定仅限现役军人，执行军事任务的预备役人员和其他人员以军人论。在具体内容设置上，严格遵循不重复设置原则。原则上，凡1979年《刑法》中已有相关罪名设置的，上述草案一般不再重复设置。但是对一些与国家军事利益密切相关的犯罪，如关于武器装备、军事设施、军用物资的犯罪，关于危害国防安全的武装叛乱、叛逃、侵害国家军事秘密的犯罪，妨害部队管理秩序的阻碍执行职务、寻衅滋事、擅离职守、玩忽职守等犯罪，尽管刑法典中已有相关规定，但仍从保护国家军事利益特殊需要的角度出发，在上述草案中作了特别规定。以利于打击犯罪、教育、巩固部队，达到法律特殊预防的目的。[3]

与此同时，改革开放后经济建设日益成为我国工作的重心，民众的国防观念日渐淡薄，社会生活中出现了侵害国防利益行为的事实，

---

〔1〕 参见高铭暄、赵秉志编：《新中国刑法立法文献资料总览》（下），中国人民公安大学出版社1998年版，第2710页以下。

〔2〕 参见冉巨火：《我国军事刑法立法模式之定位》，载《公民与法（法学版）》2010年第8期。

〔3〕 参见《关于〈中华人民共和国惩治军人违反职责犯罪条例（草案〉〉的说明》。

危害国防利益犯罪的立法工作也被正式纳入了国家的议事日程。1994年9月，解放军军事科学院在反复调研论证的基础上拿出了《危害国防罪立法研究（征求意见稿）》。该《征求意见稿》认为，从世界主要国家的刑事立法来看，有关危害国防利益罪的立法模式主要有两种：一种是国家安全法模式，即在国家安全法中规定有关危害国防的犯罪；另一种是刑法典模式，即在刑法典中规定有关危害国防利益的犯罪。这是世界多数国家普遍采用的一种模式。根据危害国防利益罪是否被作为类罪，即以专章形式作出规定，又可将此种模式分为类罪型和包容型两种类型。1979年《刑法》对危害国防利益罪采用的是包容型刑法典立法模式，亦即，危害国防利益犯罪虽然在刑法典中作了规定，但1979年《刑法》并没有将之作为类罪以专章的形式专门予以规定，而是把每一种具体的危害国防利益罪包容在与之相近的其他犯罪当中。为了与新修改的刑法草案对各类犯罪的设置相协调，该《征求意见稿》建议，未来我们国家对1997年《刑法》进行修订时应把所有危害国防利益的犯罪集中到一起，即作为专门的一章类罪放在刑法典分则中予以集中规定，在顺序上可考虑将其放置于危害国家安全罪一章之后。同时，该《征求意见稿》建议将危害国防利益罪的主体限定为一般主体，这比较符合我国一直把军人违反职责罪作为特别犯罪来处理的这一刑事立法传统。作为刑法典上规定的危害国防罪，可以不包括军人违反职责罪，这也与世界上大多数国家的立法体例相一致。[1]

我们不难判断，如果上述立法设想成功，《军职罪条例（草案）》以单行刑法的形式如期通过，作为专门的军事刑法典单列于刑法典之外，同时将"危害国防利益罪"作为一章专门的类罪纳入未来修订的刑法典，那么，我国军事刑法在立法体例上最终所呈现出来的格局必然是：原则上，将军职人员所实施的军事犯罪作为其惩治重心，特殊情况下，将普通公民所实施的军事犯罪作为例外加以规制。这显然是我们理想中的相对军人犯主义立法体例，军职人员与普通公

---

〔1〕 黄林异主编：《危害国防利益罪》，中国人民公安大学出版社2003年版，第353页。

民合理分担各自的军事刑事义务，不仅有利于保障军人的人权，也有利于保障普通公民的人权。但很可惜，囿于历史条件，这一立法设想最终未能实现。

从 1996 年 10 月 18 日开始，在制定一部"统一、完备"的刑法典立法指导思想下，全国人大建议《暂行条例》"基本上原封不动照搬到新修订的《刑法（修订草案）》"，军职罪单列计划被搁浅。最终 1997 年 3 月 14 日通过的刑法典将军职罪作为分则第十章纳入其中，在内容上，"除了增删个别条款外，基本沿用了原《暂行条例》的条文和罪名"。[1] 总计设置条文 32 条，罪名 31 个。此外，全国人大常委会法工委会同军委法制局、解放军军事法院在较短的时间内，完成了"危害国防利益罪"一章的起草任务。最终"危害国防利益罪"被以专章的形式纳入刑法分则第七章。总计设置条文 14 条，罪名 21 个。[2] 整体上来看，刑法典在立法体例上似乎还是将军人犯作为惩治的重心，采取的是相对的军人犯主义。但实际上这种立法体例偏离了将军人犯作为惩治重心的立法设想，具体表现即在制定一部系统、完备刑法典指导思想的指引下，军人犯内容被压缩，勉强可称为"弱相对军人犯主义"。立法者的这种做法其实并不难理解，军职罪作为一章纳入刑法典，立法空间有限，不可能留给其太多的发挥余地，唯有"削足"方能"适履"。

2. 现代军法理念下我国军事刑法立法体例的完善

前述已及，因了各种历史条件的限制，我们国家的军事刑法在立法体例上偏离了相对军人犯主义模式，呈现出"弱相对军人犯主义"的态势。正因为如此，也有学者认为我国的军事刑法的立法体例并非"相对的军人犯主义"，而是与瑞士《军事刑法典》的立法体例相仿，明显呈现出军人犯与军事犯"并重主义"的倾向。因此，我国军事刑法的立法体例未达到理想中的状况。在这种指导思想之下建构的军事刑法立法体例，加重了普通公民的刑事义务负担，较易引起普通公民

---

〔1〕 参见张建田：《关于军人违反职责罪的立法沿革与完善》，载氏著《中国军事法学研究的历史回顾》（第二版），法律出版社 2014 年版，第 645~646 页。

〔2〕 不含《刑法修正案（五）》的新增危害国防利益罪罪名。

的恐惧心理。如欲纠正，必须参酌相关立法先进国家"相对的军人犯主义"的立法经验，严格限制普通公民承担军事罪责的范围。在此基础上，论者提出了具体的修正方案：鉴于危害国防利益罪中，大部分平时犯罪与普通犯罪存在竞合，故首先需要对危害国防利益罪中的犯罪进行平时与战时的区分。其次，在平时，对于危害国防利益罪中那些与普通犯罪相竞合的犯罪，作"一般化"处理，对于那些无普通犯罪与之相竞合的犯罪，作"除罪化"处理。最后，在战时，对于危害国防利益罪中那些跟作战利益并无直接关联的，或者对作战利益并无现实危害的犯罪，做"一般化"或"除罪化"处理。[1] 在笔者看来，论者的观点有待商榷。我们国家军事刑在立法体例问题上存在一定的惩治重心错位的情形，但论者给出的修正方案并不合适。

首先，军事犯与军人犯"并重"局面出现的原因是军人犯内容规定过少，而非军事犯内容规定过多。如前所述，1996 年 10 月之前，我们国家对《暂行条例》的修订自始至终都是在相对的军人犯主义指导思想之下进行的。之所以刑法典修订后最终呈现出这种"弱相对军人犯主义"的立法格局，主要是因为立法指导思想上的"大一统"造成的。前述已及，刑法典留给军职罪的立法空间只有一章，军职罪立法如欲纳入其中就必须有所删减，否则便会与刑法分则其他章节的内容不相协调。亦即，正是军职罪立法内容的删减直接造成了军人犯与军事犯"并重"的局面。

其次，危害国防利益罪未来的立法趋势主要应为犯罪化。受传统军事文化观念的影响，我国对战争多持否定态度，中华民族整体缺乏尚武精神，认为战争是不得已情况下采取的暴力行为，有道者是不会使用这些东西的，只有当国家和社会面临生死存亡的关口才需要它，一旦这个关口过去，就不再需要它了。中国人厌恶战争，每当和平来到之后，国人便会迅速忘记战争，马放南山，刀枪入库，欢庆盛世来临。[2] 在市场经济趋利因素的影响下，我们国家这几年间危害国防

---

〔1〕 参见田友方：《军事刑法若干问题的理论探讨》，载《当代法学》2004 年第 5 期。
〔2〕 皮明勇：《中国传统军事文化观念与军事近代化刍论》，载《齐鲁学刊》1995 年第 2 期。

利益的犯罪现象有增无减。这说明，危害国防利益犯罪的未来的发展方向应是犯罪化，而非非犯罪化。《刑法修正案（五）》中，一些罪名如过失损坏武器装备、军事设施、军事通信罪，伪造、盗窃、买卖、非法提供、非法使用武装部队专用标志罪的增加即是这一发展方向的明证。必须说明的是，笔者并不认为危害国防利益罪未来的发展方向就是一味地犯罪化。相对军人犯主义指导之下的危害国防利益罪立法并不是要为普通公民编织一张严密的军事刑事法网，而是要对那些严重侵害国家军事利益的行为予以犯罪化。

最后，论者的个别论证缺乏说服力。如论者主张对于危害国防利益罪当中那些与作战利益无直接关联，或者对作战利益无现实危害的行为，应作"一般化"或"除罪化"处理。如战时非军人拒绝军事征用可以作"除罪化"处理，理由是：此种情况下征用机关有权力对被征用人实行强制征用，因此被征用人即便再不配合，也不会影响战时军事征用的实际效果，自然也就不会对作战利益产生现实危害，当然也就没有必要将之作为刑事犯罪予以处理，只需对被征用人给予行政处罚即可。[1] 笔者认为，论者的设想似乎过于简单。论者只看到了征用机关可以实施暴力强制征用，却忘了被征用者也可实施暴力行为反抗军事机关的强制征用。如果被征用人将被征用物品损毁，这难道不影响军事征用效果？当然，论者看到了危害国防利益罪中法条竞合犯过多的情形，并提出了一种解决问题的思路，对此我们必须加以肯定。但这只不过是立法技术上的完善问题，而非"一般化"或者除罪化的理由。

笔者认为，如欲修正我国刑法中军事犯罪惩治重心错位的问题，应从两方面入手：首先，增加规定军职罪立法的有关内容，这点笔者将在下文中予以详述。其次，对危害国防利益罪中的大部分法条竞合犯应予以"一般化"。

危害国防利益罪最大的一个特点即是法条竞合犯繁多，这就要求立法者在立法过程中必须贯彻体系性思维，瞻前顾后，做到相关内容协调一致、和谐有序。但很可惜，危害国防利益罪立法的一个缺陷即

---

〔1〕　参见田友方：《军事刑法若干问题的理论探讨》，载《当代法学》2004 年第 5 期。

是罪刑不协调，具体表现即为一些犯罪法定刑配置过轻。所谓法定刑配置过轻，是指和与之相竞合的普通犯罪相比较，危害国防利益犯罪的法定刑配置往往与其持平，甚或偏轻。依照军法从严的原则，军事犯罪理当从重处罚才是，但大部分危害国防利益犯罪的法定刑和与之相竞合的普通犯罪的法定刑是相同的。如《刑法》第 277 条规定的妨害公务罪与第 368 条规定的阻碍军人执行职务罪之间存在法条竞合关系，但两罪的法定刑都是处 3 年以下有期徒刑、拘役、管制或者罚金。又如《刑法》第 280 条规定的伪造、变造、买卖国家机关公文、证件、印章罪，盗窃、抢夺、毁灭国家机关公文、证件、印章罪，与《刑法》第 375 条规定的伪造、变造、买卖武装部队公文、证件、印章罪，盗窃、抢夺武装部队公文、证件、印章罪之间存在法条竞合关系，但两罪的基本法定刑都是处 3 年以下有期徒刑、拘役、管制或者剥夺政治权利，情节严重的，处 3 年以上 10 年以下有期徒刑。再如《刑法》第 279 条规定的招摇撞骗罪与第 372 条规定的冒充军人招摇撞骗罪之间存在法条竞合关系，但两罪基本的法定刑都是处 3 年以下有期徒刑、拘役、管制或者剥夺政治权利，情节严重的，处 3 年以上 10 年以下有期徒刑。

事实上，除破坏武器装备、军事设施、军事通信罪外，其他与普通犯罪存在竞合情形的危害国防利益犯罪如聚众冲击军事禁区罪，聚众扰乱军事管理区秩序罪，其法定刑和与之相竞合的聚众冲击国家机关罪，聚众扰乱社会秩序罪的法定刑相比，都存在上述问题。

问题是除了上述因罪刑持平导致的罪刑不协调外，个别危害国防利益犯罪的量刑情节、法定刑配置甚至干脆就是从轻。如依照《刑法》第 279 条第 2 款的规定，冒充人民警察招摇撞骗的，要按照招摇撞骗罪的法定刑从重处罚，而与之相竞合的冒充军人招摇撞骗罪条中则并没有冒充军人招摇撞骗的，需从重处罚的规定。又如，从《刑法》第 263 条第 6 项"冒充军警人员抢劫的"要从重处罚的规定来看，立法者对于侵犯军事机关与公安机关声誉犯罪行为的打击力度至少是持平的，但在这组内容相似的竞合规范中我们并没有看到相似力度的刑法保护。再如，《刑法》第 310 条规定了窝藏、包庇罪，立法者为之配置的基本法定刑为 3 年以下有期徒刑、拘役或者管制，情节严重的情形下，处 3 年以上 10 年以下有期徒刑。与之相竞合的《刑法》第 379 条规定了战时窝藏逃离部队军人罪，立法者则仅为之配置了 3 年以下有期徒刑的基本法定刑，根本没有加重法定刑的配置。这样的法定刑配置难免让人怀疑这些危害国防利益犯罪设置的合理性。如果说军法从严的话，那么这些犯罪的法定刑自应比与之相竞合的普通犯罪法定刑重才是，和与之相竞合普通犯罪的法定刑设置相同，甚至过轻，着实让人不解。而且如此之多的竞合情形的存在也给公民习法、守法，以及司法机关司法都造成了诸多不便。

需要注意的是，与普通犯罪竞合情形过多带来的危害国防利益犯罪不协调情形远不止法定刑配置的问题。个别危害国防利益罪和与之相竞合的普通犯罪相比甚至出现了行为方式上的缺失。如规定盗窃、抢夺武装部队公文、证件、印章罪的《刑法》375 条第 1 款与规定盗窃、抢夺、毁灭国家机关公文、证件、印章罪的第 280 条存在竞合，但仔细观察我们就会发现第 375 条第 1 款没有规定毁灭行为，明显是一个立法疏漏。对此漏洞，有学者提出了解决办法，主张一旦出现毁灭武装部队公文、证件、印章的行为可以适用《刑法》第 280 条，认定为毁灭国家机关公文、证件、印章罪。[1] 笔者认为，论者的观点颇有新意，不失为当下解决问题的一种思路。但即使如此也不能解决毁灭武装部队公文、证件、印章罪法定刑配置偏轻的问题。

在笔者看来，如果将来大规模修法的话，可以将这些罪名“一般化”，并在此基础上注明凡侵害国防利益的加重处罚即可。如可将阻碍军人执行职务罪归并到妨害公务罪中去。具体做法为在保持《刑法》第 277 条原有内容不变的情况下，增加一款规定：以暴力、威胁方法阻碍军人依法执行职务的，从重处罚。如此一来，既免去了法条竞合情形过多带来的罪刑不协调以及罪状有所疏漏的问题，又体现了军法从重的原则。[2]

需要注意的是，以上我们所说的仅仅是未来刑法修订时此类危害

---

〔1〕　参见张明楷：《刑法学（下）》（第六版），法律出版社 2021 年版，第 1550 页。

〔2〕　这样的做法可能带来的一个问题是使危害国防利益罪的内容过于单薄，具体设想是可从军人违反职责罪中分出一些罪名来予以充实，详见下文。

国防利益犯罪的处理方法，系远景规划。在确立了罪刑法定原则的今天，对于这些犯罪在量刑时我们自然仍需按照刑法条文的规定进行。但可以通过解释刑法或者在司法实务中通过法官自由裁量权的运用来对上述问题进行纠正。如对于那些和与之相竞合的普通犯罪相较，法定刑配置明显偏轻的危害国防利益罪，在不违反罪刑法定原则的情况下，可以通过解释刑法的办法来达到公平处理的目的。如可在审理战时窝藏逃离部队军人罪时，对于那些情节特别严重的情形按照窝藏罪的法定刑的第二个量刑档次处理，即在 3 年以上 10 年以下处刑，从而避免了重罪轻罚的尴尬。对于那些法定刑和与之相竞合的普通犯罪相较法定刑持平的危害国防利益罪则需要司法机关在适用这些法条时，适当运用酌定裁量情节来实现罪与刑之间的均衡。如对于阻碍军人执行职务的行为人，可比照那些情节与其类似但行为对象是军人以外的其他国家工作人员的妨害公务的行为酌情从重处理即是。

如后所言，现行《刑法》修订于 1997 年，短时间再次进行全面修订不具有现实可能性。当下，我国相关立法需求尚不明显，军职罪立法短时间内大规模修订的可能性也不是很大。即使偶有立法需求，以修正案的方式对之进行修订也足可敷用。是故，当下刑法典中这种军事犯罪惩治重心错位的现象将在一定时间内延续，但可以预料的是，一旦未来经过实战检验，军职罪立法不敷所用时，其大规模修订必将提上议事日程。届时，我们衷心希望这种"弱相对军人犯主义"的立法局面能够得以纠正。

三、关于立法内容

1997 年《刑法》修订时，《暂行条例》略经修改后被纳入刑法典第十章"军人违反职责罪"中，自第 420 条起，至第 451 条止，总计 32 个条文，31 个罪名。与其他分则章节不同的是，军人违反职责罪一章既有总则性规定，又有具体罪刑条款的分则性规定。其中，总则性规定共计 4 条：第 420 条军职罪的概念；第 449 条战时缓刑制度；第 450 条军职罪的适用范围；第 451 条战时概念的界定。此外，军职罪还有具体罪刑条款 28 条，计 31 个罪名，包括 23 个独立罪名，8 个选择性罪名。具体说来：①第 421 条的战时违抗命令罪；②第 422 条的隐瞒、谎报军情罪，拒传、假传军令罪；③第 423 条的投降罪；④第 424 条的战时临阵脱逃罪；⑤第 425 条的擅离、玩忽军事职守罪；⑥第 426 条的阻碍执行军事职务罪；⑦第 427 条的指使部属违反职责罪；⑧第 428 条的违令作战消极罪；⑨第 429 条的拒不救援友邻部队罪；⑩第 430 条的军人叛逃罪；⑪第 431 条的非法获取军事秘密罪，为境外窃取、刺探、收买、非法提供军事秘密罪；⑫第 432 条的故意泄露军事秘密罪、过失泄露军事秘密罪；⑬第 433 条的战时造谣惑众罪；⑭第 434 条的战时自伤罪；⑮第 435 条的逃离部队罪；⑯第 436 条的武器装备肇事罪；⑰第 437 条的擅自改变武器装备编配用途罪；⑱第 438 条的盗窃、抢夺武器装备、军用物资罪等；⑲第 439 条的非法出让、转卖武器装备罪；⑳第 440 条的遗弃武器装备罪；㉑第 441 的遗失武器装备罪；㉒第 442 条的擅自出卖、转让军队房地产罪；㉓第 443 条的虐待部属罪；㉔第 444 条的遗弃伤病军人罪；㉕第 445 条的战时拒不救治伤病军人罪；㉖第 446 条的战时残害居民、掠夺居民财物罪；㉗第 447 条的私放俘虏罪；㉘第 448 条的虐待俘虏罪。

与《暂行条例》相比，军职罪一章在条文数上增加了 6 条，罪名数增加了 11 个，总计 31 个罪名。从该章罪名的来源看，大致有三种情况：①直接来源于原《暂行条例》的罪名，这样的罪名总计有 20 个；②在附属刑法规范条款的基础上改编而来的罪名，这样的罪名总计有 5 个；③因时代变革、国情、军情变化，而新增设的罪名，这样的罪名总计有 6 个。正如田友方教授所言，以上三种来源的罪名中，第一种罪名源于原《暂行条例》，显然并非新增设的罪名。第二种罪名实际上也不是新增设的罪名，早在刑法典修改之前，这些罪名在有关军事法律法规已有明文规定，新刑法只不过在其原有规定基础上加以修改后归并到军职罪一章来而已。据此，实际上只有来源于第三种情形的 6 个罪名才是真正意义上刑法新增设的罪名，是军职罪犯罪化的表征。以此为标准，我们不难发现一个事实：1997 年《刑法》修订时，对军职罪采取的策略是在保持原状的基础上，略有增删，并未像普通刑法的修订那样，大规模地实行犯罪化。亦即，立法者主要采用的是编纂的方法，通过这种方法将军职罪散落在各处的罪名归并在刑法分则第十章中。正是因为如此，1997 年《刑法》中军人违反职责罪的内容相对于原《暂行条例》而言并未发生明显的变化，只不过是在保持原有内容相对稳定的前提下，相当有限地扩大了其犯罪圈。如果从军事需要的角度来看，就会发现军职罪的犯罪圈虽然相对于原《暂行条例》的内容有所扩大，但基本上延续了《暂行条例》既有的立法方式，不过是简单增加了 6 个新罪名而已，并没有能在现代军法理念所允许的空间范围内、在军事必要的限度内，对军人违反职责罪的调控范围予以大规模拓展。与英美法系国家相比，因其采用军事犯罪与违反军纪一体化的立法模式，故其军事犯罪的调控范围要大于我国。与大陆法系国家相比，尽管其军事犯罪概念与我国军职罪概念相比大致相似，但其军事犯罪的调控范围也要大于我国。[1] 此外，军职罪立法对一些概念、制度、罪刑规范的表述上也存在一些问题，对军人人权的保障与军事利益的保护皆有影响，具体说来：

1. 不利于保障军人人权之处

一是总则性规定较为粗疏，个别概念、制度表述不够准确，一些重要制度尚付阙如。前述已及，1997 年《刑法》修订时，原作为单行立法的《暂行条例》被整体迁移到第十章军职罪中来。这就使得军职罪不可能有太大的立法空间。道理很简单，如果军职罪占据的立法内容过多，就会跟分则其他章节比例不相协调。尽管理论上，军职罪应当在现代军法理念的指导之下，结合军事需要，对军职罪作出一些特殊规定，如规定军职罪的适用范围、管辖、一些特殊的军事刑罚种类、制度、执行命令行为的规定、特殊情况下的紧急处置措施规定，等等。但因在我们国家，军职罪并未单独立法，而是被纳入刑法典，放置在刑法分则的最后一章，在定位上属于分则。由其分则位置决定，军职罪一章不适宜规定过多的总则性内容。理论上，这些总则性条文应当放置到刑法典总则中去。一般认为，刑法典总则是对刑法分则具体规定内容的抽象，军职罪的一些总则性规定不具有普遍性，故只能以粗疏立法的方式规定一些必不可少的内容。如军人违反职责罪的定义、军人违反职责罪的适用范围、战时缓刑制度、战时概念的界

---

〔1〕 参见田友方：《军事刑法若干问题的理论探讨》，载《当代法学》2004 年第 5 期。

定，等等。即便如此，由其分则位置决定，也难免挂一漏万。如前文中，我们已经反复提到的一些概念不周延的事实，实在是不得已而为之。"本法所称战时"只能写成"本章所称战时"，"本法适用于"只能写成"本章适用于"。必须指出的是，有些错误尽管旧法时代已经存在并被发现，但此次修订时仍然没有对之进行改正，如战时缓刑制度将被判处拘役犯罪军人遗漏于外的问题。此外，还有一些失误是我们稍加留意即可避免的，如战时是军职罪许多犯罪的构成要件要素，《刑法》第451条对战时概念进行了界定，但这一概念却只规定了战时的起点，没有规定战时的终点。这可能会导致战时结束的时间及战时法律适用的不确定性，一旦这种缺陷被一些居心叵测者利用，将战时进行无止境地延长，就会导致军人的正当权利被不必要地限制或剥夺。此外，从《刑法》第451条的规定来看，有的战时情形适用于全国地区和所有国民，而有的战时情形只适用于部分地区和部分国民，如果把仅仅适用于部分地区、部分国民的战时情形推而广之地适用于全国的所有地区、所有国民，就会导致战时状态的扩大化，致使军人权利受到不必要的侵犯。[1] 即使上述问题可以通过解释的方法予以解决，但与发达国家相比，我们国家的军职罪立法中欠缺一些军人正当化行为的规定，典型的如军人执行命令行为的缺失。前述已及，军人以执行命令为天职。理论上，军人执行合法命令的行为当然不构成犯罪，军人执行违法命令的行为由军人的伦理困境所决定，应阻却、减轻责任。正因为如此，世界各国军事刑法无不将军人执行命令行为作为正当化事由加以规定，以实现军事刑法的指引功能。同时规定，即便军人执行了违法命令，亦应当视情形将其作为责任阻却、减轻事由加以处理。藉此来肯定军人执行命令行为的合法性，同时，明确军人执行违法命令行为的刑事责任，以更好地保护军人的基本人权，避免将其陷于两难的伦理境地。但我国刑法未将执行命令的行为作为一项正当化事由予以规定，而是在《刑法》第421条规定了战时违抗命令罪，这不利于保障军人的人权。

---

〔1〕　参见王祥山、倪新枝：《新刑法关于战时犯罪规定的不足及完善》，载《西安政治学院学报》2002年第4期。

二是关于破坏军人关系的犯罪规定不够完善。军人关系，即指军人上下级之间的部属关系，或者同级、同事之间的关系。现代军事专业主义要求，首先，军人之间的上下级部属关系必须清晰，并且富有效率，这也正是军队实行军衔制的原因之所在，只有上下级关系清晰有效，才可以保证军政与军令系统的畅通，实现上令下从的节制。其次，军人之间的同级或者同事关系必须注重和谐、友爱。"岂曰无衣，与子同袍。王于兴师，修我戈矛。与子同仇。"军人之间的袍泽情感必须得以维系，唯此方能提高军队的凝聚力与战斗力。正因为如此，现代国家的军事刑法普遍将破坏良好军人关系的行为规定为犯罪。[1]必须强调的是，我们所要设置的破坏军人关系的犯罪，是在现代军法理念指导之下而创设，必须限定在军事必要的限度内，不得无端加重军人的刑事义务负担，绝不能构建一张严密的让军人"透不过气来"的刑事法网。[2]正因为如此，我们反对那种以"军事专业主义"为名，无端加重军人刑事义务负担的做法。军人乃着军装之公民，除因履行军事职责之所必须外，其刑事义务负担应与普通公民相等。有学者认为我们国家现行刑法中关于破坏军人关系的犯罪罪名过少，只有虐待部属罪与战时违抗命令罪两项，根本不能满足军事司法实践的需要。不管是英美法系，还是大陆法系，都将军人平时违抗命令的行为，甚至消极抵抗或怠慢命令的行为，纳入了规制范围。此外，考虑到部队内部可能发生的匿名指控、诽谤、陷害、威胁、恐吓、胁迫、侮辱、殴打、斗殴或伤害等行为，也会破坏军人之间的良好关系，故这些行为也普遍被各国的刑法典纳入规制范围。以《意大利军事刑法典》为例，诸如违抗命令罪、滥用职权罪、伤害罪、决斗罪、殴打罪、威胁罪、侵辱罪、诽谤罪等，都被视为破坏军人关系的犯罪纳入其规制范围。上述罪名，在我们的军职罪中都尚付阙如，如果我们放任不管，必然会动摇上令下从的军令关系，危及我军的领导统御制度，伤害军队的团队精神与袍泽情感。因此，我国未来军职罪修法，

---

〔1〕 参见田友方：《军事刑法若干问题的理论探讨》，载《当代法学》2004年第5期。
〔2〕 黄风译：《意大利军事刑法典》，中国政法大学出版社1998年版，"前言"第4页。

应将上述行为全部实行犯罪化，以维护我军良好的军人关系，更好地保护国家的军事利益。[1]对该学者的观点，笔者认为没有必要。如按照论者的逻辑，举凡军人之间发生的侵害人身权利、民主权利的犯罪，如故意伤害罪、侮辱罪、诽谤罪、报复陷害罪，甚至危害社会管理秩序罪中的聚众斗殴罪等，都必须纳入军职罪的惩治范围。这样的做法必然会导致如下局面：其一，令军职罪中的法条竞合犯数量激增。其二，违反现代军法理念，加重军人的刑事义务负担。事实上，这些行为与军事需要并无特别关联，将之放在普通刑事犯罪中加以规制已经足够。《意大利军事刑法典》诞生于墨索里尼政权统治的法西斯时代，规定这些内容为了落实极端的军事专业主义，故其犯罪圈才会有如此之广，无所不包，至今读之仍令人毛骨悚然。这与现代军法理念的要求相距甚远，我们没有必要紧随其后。综合权衡之下，笔者认为我国刑法典中关于破坏军人关系的犯罪增加规定一个压制控告、申诉罪就足够了，具体理由如下：

军队是一个奉行精英主义的价值体系，阶层严密的社会组织。在军队中，军阶高低与权力大小是成正比的。军阶低者需服从军阶高者的命令，是谓节制。[2]为了培养军人上令下从的服从意识，树立上级权威，老兵"欺负"新兵似乎成了各国军队中不成文的规定，入门的必修课程之一。在此问题上，即使在一些军事理念先进的国家也不例外。如美国的西点军校在其入学必修课中即有所谓的"兽营训练"，藉此来强化军人的服从意识。正因为如此，为了避免军人的正当权利被无端侵害，现代各国纷纷建立了军人诉愿制度，我们国家也不例外。《纪律条令》第239条规定，控告和申诉是军人的民主权利。第240~250条则具体规定了控告人、申诉人、被控告、被申诉人享有的一系列权利、义务及控告与申诉的程序。刑法是后盾法、保障法。为了保证军人诉愿制度落到实处，更好地保护军人权利。二战结束以来，一些国家和地区在其制定的军事刑法中亦纷纷将压制军人申诉的

---

〔1〕　田友方：《军事刑法若干问题的理论探讨》，载《当代法学》2004年第5期。

〔2〕　参见杨万郁：《论军事法益在刑法保护法益上之地位》，"台湾国防管理学院法律研究所"2001年硕士论文，第34页。

行为予以犯罪化。如《德意志联邦共和国军事刑法》在第 35 条规定了压制申诉罪，并规定该罪处罚未遂犯；《瑞士联邦军事刑法》在第 68 条也规定了同样的罪名，并规定即使行为人情节轻微的，亦应处纪律罚；我国台湾地区的"陆海空军刑法"在第 46 条规定了阻挠部属陈情罪，甚至规定不审查或者转呈该陈情的，同样成立本罪。

我国军事法学界要么一味论述军事行政法从严的一面，[1] 要么强调军事行政与公共行政分属两个不同的系统，"甚至'军事行政法'这一名称也是值得商榷的。"[2] 对军人诉愿权利的行使则言之甚少。中国人民解放军是人民的军队，讲究政治、经济、军事三大民主。既然作为前置立法的《纪律条令》有此要求，作为后盾立法的刑法理当将压制军人控告、申诉的行为纳入规制范围。从而可以更好地保护军人的民主权利，激发军人自觉的服从牺牲精神。

三是存在将主观罪过完全不同的犯罪规定在同一条文中并配置了相同法定刑的现象。如《刑法》第 432 条将故意泄露军事秘密罪与过失泄露军事秘密罪规定在同一条文中，而且规定了相同的法定刑。我们都知道，罪过是刑事责任的主观根据，行为人主观方面是故意还是过失，反映了行为人主观恶性的不同，进而会直接影响到犯罪社会危害性的大小和刑罚目的的难易，因而刑法理当对故意犯罪与过失犯罪规定轻重不同的刑罚才对，否则，在军法从严原则下，易将过失犯罪加重处罚。又如，《刑法》第 425 条将擅离军事职守罪与玩忽军事职守罪规定在同一条文中，并为之配置了相同的法定刑。表面看来，本条没有任何疏漏之处，实则不然。如果对擅离军事职守与玩忽军事职守的主观方面进行仔细研究的话，就会发现这种立法方式也是不可取的。必须说明的是，有学者主张擅离、玩忽军事职守罪的主观方面是过失，认为擅离军事职守的行为人对违反指挥和值班、值勤规章制度，擅离岗位的行为都是故意实施的，但并不希望或者放任因此而可能造成的危害后果，所以根据《刑法》第 14 条的规定，不属于故意犯罪。擅离军事职守的行为人对可能造成的危害后果抱有侥幸心理，

〔1〕 参见徐丹彤：《浅论军事行政法从严原则》，载《武警学院学报》2003 年第 6 期。
〔2〕 曹莹、朱世宏：《军事行政性质辨析》，载《西安政治学院学报》2003 年第 6 期。

以为不会发生,所以根据《刑法》第15条的规定,属于过于轻信的过失犯罪。玩忽军事职守的行为在行为人的主观心理状态上比擅离职守更为复杂,有的是因疏忽大意没有预见可能造成的危害后果,有的是虽然已经预见到可能造成危害后果,但轻信能够避免,所以根据《刑法》第15条的规定,分别属于疏忽大意或者过于轻信两种过失心理状态。[1]我们认为,论者关于玩忽军事职守心态的结论是正确的,但关于擅离军事职守心态的论断则有失偏颇。故意是与过失相对应的,理论上,如果一个行为过失实施都成立犯罪,那么故意实施的行为同样应当成立犯罪。问题即在于此。如果将擅离军事职守罪的主观罪过限定于过失,就会难于处理故意的擅离军事职守的行为,不一定合适。因此,我们认为本罪虽然是选择性罪名,但实际上是两个罪名,即擅离军事职守罪与玩忽军事职守罪,宜将前者的责任形式认定为故意,将后者的责任形式认定为过失。[2] 如此理论前提能够成立,则宜将擅离军事职守罪与玩忽军事职守罪从同一法条中分离出来,从而为之配置不同的法定刑。

四是阻碍执行军事职务罪与阻碍军人执行职务罪罪状表述不协调。根据《刑法》第368条的规定,一般主体以暴力、威胁方法阻碍军人依法执行职务的,构成阻碍军人执行职务罪。与之竞合的《刑法》第426条则规定,军人以暴力、威胁方法,阻碍指挥人员或者值班、值勤人员执行职务的,成立阻碍执行军事职务罪。根据一些学者的论证,阻碍军人执行职务罪的对象是所有军人,而阻碍执行军事职务罪的对象则仅限于指挥人员、值班、值勤人员。并由此得出的一个推论:当军人阻碍其他军人依法执行职务时,如果被阻碍者是指挥或者值班、值勤人员以外的其他军人,则应以阻碍军人执行职务罪论处;如果被阻碍执行职务的是指挥人员或者值班、值勤人员,则应以阻碍执行军事职务罪论处。[3] 该论者论证的形式逻辑固然合理,推

---

〔1〕 黄林异、王小鸣:《军人违反职责罪》,中国人民公安大学出版社2003年版,第65~66页。

〔2〕 参见张明楷:《刑法学(下)》(第六版),法律出版社2021年版,第1671页。

〔3〕 参见黄林异主编:《危害国防利益罪》,中国人民公安大学出版社2003年版,第55~56页。

论也属正确，但却总让人怀疑有什么地方出了问题。何以同样是军人阻碍军人依法执行职务的行为，会依照被阻碍者身份的差异按不同的犯罪论处？难道是阻碍指挥、值班、值勤人员依法执行职务行为的社会危害性要比阻碍一般军人依法执行职务行为的社会危害性要大？假若被阻碍的一般军人执行的是特殊任务时其社会危害性与阻碍一般指挥、值班、值勤人员职务行为的社会危害性又该如何比较？在笔者看来，这种立法设计并无任何必要之处。不管军人阻碍的是指挥、值班、值勤军人，还是其他军人，其社会危害性都差不多，强行区分不过徒增烦恼。在上文的内容中我们已经谈及对于一般主体阻碍军人执行职务的行为完全可以依托妨害公务罪的规定来予以惩治。即在妨害公务罪中增加一款"以暴力、威胁方法阻碍军人依法执行职务的，从重处罚"的规定即可。如果基于维护军队内务关系的需要，觉得军人阻碍其他军人执行职务的行为确有必要在军职罪中予以规制需要给予从重处罚的话，本着立法协调的原则，只需规定军人以暴力、威胁或者其他方法阻碍其他军人依法执行职务的行为，成立阻碍军事职务罪即可。对被阻碍者进行指挥、值班、值勤人员与其他人员的区分，并在此基础上规定为不同犯罪没有必要也没有理由。

2. 不利于保护军事利益之处

一是关于特殊情况下紧急处置措施的规定存在缺陷。前述已及，最新修订的《纪律条令》第238条规定，当发现军人有临阵脱逃、投敌叛变以及严重暴力犯罪行为，来不及请示报告的情况下，应当采取紧急措施对其行为予以制止。在未对本条进行修订之前，《纪律条令》仅规定战时情况下，方可采取紧急措施予以制止，故彼时理论上多将本条规定称为战时以伤、杀手段制止犯罪的紧急措施，并将这一行为的性质视为正当防卫。[1] 如后所言，紧急处置措施应为法令行为的一种，并非正当防卫。其与正当防卫最大的区别在于：正当防卫是一种权利，可以行使，也可以放弃；而紧急措施则是军人的一种职责，必须按照《纪律条令》的规定妥善行使，否则可能成立渎职。正因为

---

〔1〕 参见龙宗智：《浅析战时以伤杀手段制止犯罪的紧急措施》，载《现代法学》1986年第4期。

如此，本条规定的立法主旨在于保护国家的军事利益。本条规定在内容上虽不同于《意大利军事刑法典》中的战时即决行为的规定，但也有异曲同工之效。理论上，这里的紧急处置措施轻者可表现为强行解除违纪者的武装，在对其实施人身控制后，押送军事司法机关或者军事指挥机关处理；重者则可表现为对违纪者实施杀、伤身体的行为。亦即，在符合比例原则的情况下不排除对违纪者实施战时即决行为。[1] 如是一来，本条规定应属于违法性阻却事由，内在地隐含了对违纪者健康权，直至生命权的处置。如此重要的事项，规定在由中央军委制定的《纪律条令》这一军事法规内是不合适的。因此，我们建议未来军职罪立法修订时将之移置到刑法典内，从国家基本法律规定的层面对之加以肯定，从而保障《纪律条令》的有关规定落到实处，使刑法成为国家军事利益保护的坚强后盾，促进军事专业主义目标的实现。

二是关于武器装备犯罪的规定存在一些问题。首先，遗漏了一些犯罪行为方式。军队是武器装备的所有者，军人作为武器装备的管理者、使用者，其违反职责侵害武器装备管理制度的行为可能表现为以下几种方式：非法出卖、转让、遗弃、遗失、肇事或者擅自改变武器装备的编配用途等，对此，军职罪立法规定了非法出卖、转让武器装备罪、遗弃武器装备罪、遗失武器装备罪、武器装备肇事罪、擅自改变武器装备编配用途罪等罪名予以规制自无疑问。而盗窃、抢劫、抢夺、破坏武器装备、过失损坏武器装备的行为则既可能由军人实施也可能由普通公民实施，但军职罪立法只在《刑法》第438条第1款就军人盗窃、抢夺武器装备的行为进行了规定。这就意味着以下两点：其一，军人抢劫武器装备的，如其抢劫的是枪支、弹药、爆炸物的，或可认定为《刑法》第127条规定的抢劫枪支、弹药、爆炸物、危险物质罪；或者依照当然解释的道理，将其认定为抢夺武器装备罪。其二，如军人抢劫的系枪支、弹药、爆炸物、危险物质以外的武器装

---

〔1〕　参见龙宗智：《浅析战时以伤杀手段制止犯罪的紧急措施》，载《现代法学》1986年第4期；冉巨火：《也论战时以伤杀手段制止犯罪的紧急措施——兼与龙宗智先生商榷》，载《法学杂志》2010年第9期。

备，则意味着只能依据当然解释认定为抢夺武器装备罪。反过来，如普通公民盗窃、抢夺、抢劫枪支、弹药、爆炸物、危险物质的，可认定为盗窃、抢夺、抢劫枪支、弹药、爆炸物、危险物质罪；如普通公民盗窃、抢夺、抢劫的是部队的枪支、弹药、爆炸物、危险物质以外的其他武器装备，则将面临没有相应罪名予以规制的尴尬。

其次，个别条文规定存在歧义。前述已及，《刑法》第 438 条第 2 款规定"盗窃、抢夺枪支、弹药、爆炸物的，依照本法第 127 条的规定处罚"。本条立法旨意何在，学界就此聚讼纷纭。有人认为该款的规定意味着：对于军人盗窃、抢夺枪支、弹药、爆炸物的行为，应以第 438 条的盗窃、抢夺武器装备、军用物资罪，但在刑罚问题上要视犯罪的具体情形的不同，决定适用《刑法》第 127 条第 1 款还是第 2 款的法定刑。[1] 也有人认为本款规定意味着：对于军人盗窃、抢夺部队的枪支、弹药、爆炸物的行为，应以第 127 条的盗窃、抢夺枪支、弹药、爆炸物、危险物质罪，并适用第 127 条第 2 款的法定刑从重处罚。[2] 还有人认为，本款规定意味着：对于军人盗窃、抢夺部队的枪支、弹药、爆炸物的行为，应认定为第 438 条的盗窃、抢夺武器装备、军用物资罪，但应适用第 127 条第 2 款的法定刑从重处罚。[3] 上述争议问题的存在，不利于对军事利益的保护。

笔者认为，欲彻底解决上述问题只有一个办法，那就是将普通公民与军人都能实施的盗窃、抢劫、抢夺、破坏武器装备的行为统统归并到危害国防利益罪中进行规制，并将其法定刑调高，至少要与盗窃、抢夺、抢劫枪支、弹药、爆炸物的法定刑相协调。并将这里的武器装备限定为《刑法》第 127 条中规定的枪支、弹药、爆炸物以外的武器装备。如此一来，双方各得其所，上述问题也就不复存在。

三是关于战争犯罪的规定有待丰富。所谓战争罪，是指在国际性

---

〔1〕 安世光：《盗窃、抢夺武器装备罪的立法趣旨探析》，载《人民法院报》2000 年 9 月 25 日，第 3 版。

〔2〕 参见张明楷：《刑法学（下）》（第六版），法律出版社 2021 年版，第 1676 页。

〔3〕 参见冉巨火：《刑法第四百三十八条第二款的理解与适用》，载《河南警察学院学报》2014 年 6 期。

或非国际性武装冲突中，严重违反武装冲突法规或惯例所实施的行为。[1] 我国是《日内瓦四公约》及其两个附加议定书的签署国，为了展示我国负责任大国的形象，根据有约必守的国际法原则，我国有义务遵守上述条约中关于战争犯罪的规定，并将之内化为我国刑法中的具体罪刑条文。如后所言，关于战争犯罪的惩治有国际惩治和国内惩治两种途径。从可行性上来讲，适用国内法来对战争犯罪进行惩治更具有可行性。但并不是所有的战争犯罪都被规定在我国刑法之中。理论上，似乎在对战争犯罪实施国内惩治时，我们可以直接援引国际条约中的有关规定来对战犯进行惩处。但这样的做法有悖我国法制的协调统一，并不合适。比较妥当的做法应该是将这些战争犯罪纳入我们国家的刑法典，使之内化为我们国家法律的一部分。这不仅有利于我国法制的协调统一，而且可以为我们将来实施战争犯罪的国内惩治提供法律上的行使依据，使国际条约中有关战争犯罪的内容落到实处。理论上认为，我国的军职罪规定了一些战争犯罪，如遗弃伤病军人罪，战时残害居民、掠夺居民财物罪，战时拒不救治伤病军人罪，虐待俘虏罪，等等。[2] 但上述规定存在一定的缺陷，具体说来：首先，欠缺限制作战方法和作战手段战争罪的规定。如滥用损敌手段罪、非法使用保护标记、旗帜罪等，这些罪名在我们国家刑法中尚付阙如。其次，从这些条文具体内容的规定来看，也存在一些缺陷。[3] 如战时拒不救治伤病军人罪的行为对象没有扩大至敌方人员，战俘也没有被规定为军职罪适用对象，[4] 战争犯罪的规定没有考虑到对待原则，等等。正因为如此，笔者认为未来军职罪如予完善，确有增加战争犯罪规定的必要。

如上所述，笔者认为：未来军职罪进行修订时，在具体内容上，

---

〔1〕 参见马克昌、杨春洗、吕继贵主编：《刑法学全书》，上海科学技术文献出版社1993年版，第774页。

〔2〕 参见黄芳：《国际犯罪国内立法研究》，中国方正出版社2001年版，第169页。

〔3〕 参见田龙海、常璐：《惩治战争罪的国内军事立法问题研究》，载《当代法学》2007年第4期。

〔4〕 参见聂立泽、苑民丽：《略论我国军职犯罪的立法得失》，载《河北法学》2001年第1期。

总则性条文中应增加军人执行命令行为、特殊情况下紧急处置措施等内容的规定；完善战时、军人等概念及战时缓刑制度的规定。在具体的罪刑规范上，应注意完善武器装备类犯罪的规定；将主观罪过不同的罪名从同一条文中分离出来；协调阻碍执行军事职务罪与阻碍军人执行职务罪的相关规定。同时，增设破坏军人关系的犯罪和一些战争类犯罪的规定。必要时，可将一些犯罪分置到危害国防利益罪中去。如此一来，不仅可以丰富军职罪的立法内容，还可使危害国防利益罪的内容有所增加，解决了危害国防利益犯罪"一般化"后，立法内容过于单薄的问题。使军事刑法在立法体例上与理想中的相对军人犯主义更加接近。

第三章

体系化设计下军职罪修改的路径选择

第一节　科学抉择军职罪修改的模式

一、单一刑法修正案模式的确立及其利弊评析

（一）单一刑法修正案模式的确立

纵观我们国家前后两部刑法典的修改历程，其修改模式不外有三种：一为单行刑法模式；二为附属刑法模式；三为刑法修正案模式。不可否认，以单行刑法、附属刑法模式对刑法典进行修正的方式较为灵活，针对性较强，技术上也比较容易掌握，且不受时间的限制，等等。正是因为存在着上述这些优势，在 1979 年《刑法》修正的过程中，单行刑法和附属刑法模式成为最主要的形式。[1] 同时，鉴于当时附属刑法的比照性规定存在的一些缺陷，不少学者建议在附属刑法中直接规定罪状与法定刑，其意在使附属刑法成为真正意义上的定罪量刑根据。[2] 自 1981 年至 1995 年，我国最高立法机关先后通过了

---

〔1〕 参见黄太云：《立法解读：刑法修正案及刑法立法解释》，人民法院出版社 2006年版，第 2 页。

〔2〕 参见陈兴良主编：《经济刑法学（总论）》，中国社会科学出版社 1990 年版，第65 页。

24 部单行刑事法规，并在 107 部民事、经济、行政、军事、环境与资源保护、社会保障等方面的法律中创设了大量的附属刑法规范。通过这些单行刑事法规和附属刑法规范，我们实现了对 1979 年《刑法》的修改与完善。这些修改与完善适应了我国改革开放后社会形势急剧变化的需要，对指导和规范我们国家的刑事司法实践活动起到了重要作用。[1]

尽管如此，上述修改模式的广泛运用使得刑法的渊源日益朝分散化的方向行进，1979 年《刑法》的体系性亦由此被打破，刑事立法的碎片化现象增多。在制定一部统一、完备的刑法典指导思想的指引下，最高立法机关将包括《暂行条例》在内的 24 部单行刑事法规，以及一些民事、经济、行政法律中的一些依照、比照的附属刑法条款，悉数纳入了 1997 年《刑法》。[2] 自此之后，我国刑事立法开始日益朝着集中性、统一性的方向发展，意在实现以一部刑法典囊括所有犯罪的目标，刑法典之外再无真正意义上的刑法规范。[3] 对此，日本学者曾有过精当的描述："在中国，至少在现阶段，所有的刑罚法规都集中在刑法典之中，而在刑法典之外则几乎看不见，因此，在中国不存在日本所谓的行政刑法。"[4]

1997 年《刑法》诞生后不久，东南亚金融危机发生，为了及时应对司法实践中的逃汇、非法买卖外汇、骗购外汇等犯罪行为，在既有立法经验的指导下，立法机关对 1997 年《刑法》的第一次修正同样采用了单行刑法模式。这一骤然间的立法使得刑法修正问题重新回归人们的视野。结合 1979 年《刑法》修正过程中的一些经验，我们开始发现单行刑法模式存在一定的缺点，不宜大规模使用。具体表现在：其一，立法随意性较大。不可否认，单行刑法具有立法灵活的优

---

〔1〕 参见高铭暄、马克昌主编：《刑法学》（第十版），北京大学出版社、高等教育出版社 2022 年版，第 10 页。

〔2〕 王汉斌：《关于〈中华人民共和国刑法（修订草案）〉的说明》，载高铭暄、赵秉志编：《新中国刑法立法文献资料总览》（中），中国人民公安大学出版社 1998 年版，第 1544 页。

〔3〕 参见张明楷：《刑事立法的发展方向》，载《中国法学》2006 年第 4 期。

〔4〕 ［日］西原春夫：《日本刑法与中国刑法的本质差别》，黎宏译，载赵秉志主编：《刑法评论》（第 7 卷），法律出版社 2005 年版，第 123 页。

势，但同时我们必须承认，单行刑法往往多是囿于司法实践中的某一时期的迫切需要，属于缺什么补什么，这就容易导致立法内容之间缺乏彼此照应，出现罪刑结构失调的现象。头痛医头、脚痛医脚；只见树木，不见森林。往往某处缺陷被弥补之后，另一处缺陷随之诞生。此起彼伏，防不胜防。[1]其二，容易造成刑事立法的碎片化。单行刑法、附属刑法与刑法典毕竟属于不同的刑法渊源，由于缺乏体系上的归纳，使得刑法规范整体较为凌乱，碎片化现象随之诞生。其三，不利于公民守法与司法机关司法。这实际上是刑事立法碎片化的一个必然后果。单行刑法、附属刑法固然可以及时因应社会之所急需，但单行刑法、附属刑法是刑法典之外的单独刑法渊源，制定时易发生未能联系刑法典相关概念、制度、原则之弊，碎片化现象在所难免，加之渊源上的多头并进，这些都会影响到人们对刑法的学习与掌握、理解与适用，致令守法与司法皆为不便。

1999年6月，第九届全国人大常委会召开了第十次会议。在此次会议上，国务院提出了《关于惩治违反会计法犯罪的决定（草案）》及《关于惩治期货犯罪的决定（草案）》两部议案。同期，最高人民检察院等一些部门提出了修改1997年《刑法》第168条的徇私舞弊造成破产、亏损罪的建议。此种情况下，如果我们采用传统的单行刑法修正模式就会面临同时出台两部单行刑法的问题。如果此次单行刑法的修正成为既定事实，可以预料1997年《刑法》有可能会重蹈1979年《刑法》的命运——不断有新的单行刑法诞生，刑法典的内容将日益凌乱，体系将逐渐破碎。经过慎重考虑，立法机关认为，一部统一、完备的刑法典的存在不仅便于公民习法，也便于司法机关司法。1999年10月18日，全国人大常委会委员长会议最终决定采取修正案的方式对刑法进行修改。决定在修改的方式上，除了对部分犯罪的罪状进行修改补充外，把新增加条文列在内容相近的条文之后，作为该条的之一、之二。如此一来，即可在不改变1997年《刑法》条

---

[1] 参见赵秉志主编：《新刑法教程》，中国人民大学出版社1997年版，第33页。

文总数量的基础上，维护刑法典外观、形式上的完整性与稳定性。[1]自此，刑法修正案模式成为 1997 年《刑法》修改的唯一模式。迄今为止，已经先后诞生了 12 部刑法修正案。其中，2015 年 8 月 29 日最高立法机关在《刑法修正案（九）》第 50 条、第 51 条中，对"军人违反职责罪"一章中的阻碍执行军事职务罪、战时造谣惑众罪进行了修改，废除了两罪的死刑。本次修正在修改模式上，采用的同样是刑法修正案的模式。

"以史为鉴，可知兴替"，自 1979 年《刑法》诞生至今，我们先后经历了刑法典确立到单行刑法、附属刑法泛滥到刑法典重新整合到单行刑法出台到刑法修正案模式确立并延续至今的一个完整过程。分析刑法典的修改模式在我国的变动历史，从中我们不仅可以看到立法者对单行刑法、附属刑法泛滥给刑法体系造成混乱的担忧与恐惧，更可以看到立法者为保持刑法典的体系所做出的决心与努力。既然单行刑法与附属刑法对刑法典体系造成如此大的冲击，所以立法者自然主张将修正案模式作为今后刑法典修改的唯一模式。亦即，至少要保持刑法典外观上的体系性与完整性，除了 1998 年 12 月 29 日的单行刑法之外，刑法典之外再无刑法的其他渊源，附属刑法成为单纯的比照、依照规定，不再配设法定刑。

（二）单一刑法修正案模式的利弊评析

前述已及，出于对单行刑法、附属刑法泛滥的隐忧，立法者思虑再三之后，最终决定将刑法修正案模式确立为当下我们国家刑法典修改的唯一模式。单一刑法修正案模式得到了学界一些学者们的支持。如高铭暄教授即认为，采用刑法修正案的方式，"将使我国这部统一的刑法典不断完善，松柏长青。"[2] "从刑法修法模式上讲，修正案模式作为在我国刑事立法实践中大获成功的立法模式日益走向成熟。"[3] 赵秉志教授也认为，近 20 年来刑法的立法实践表明刑法修

---

[1] 参见黄太云：《立法解读：刑法修正案及刑法立法解释》，人民法院出版社 2006 年版，第 3 页。

[2] 高铭暄：《20 年来我国刑事立法的回顾与展望》，载《中国法学》1998 年第 6 期。

[3] 高铭暄：《走向完善的中国刑事立法》，载《法制日报》2011 年 5 月 18 日，第 11 版。

正案模式具有不容否认的积极价值，既能保证刑法立法的灵活性，还能充分维护刑法立法的统一性，又能提升刑法的适用效率。[1]"以刑法修正案的方式局部修改完善刑法典，程序灵活，针对性强；同时修正案内容要纳入刑法典，不改变刑法典原有的顺序，又能够充实刑法典。"[2] 魏东教授甚至主张将刑法修正案模式确定为我国刑法典修订的唯一的合法模式。[3]

采用单一刑法的修正案模式对刑法典进行修改存在如下优点：首先，有利于保持刑法典在结构和内容上的完整性。单一刑法修正案模式不同于单行刑法模式。单行刑法主要是以"决定""规定""补充规定""条例"以及"暂行条例"等名称颁布的，适用于某一类人或某一类犯罪的特别规定。单行刑法在外观形式上是独立于刑法典本身的一种单独的刑法渊源，单行刑法与刑法典之间是特别法与普通法的关系。正因为如此，在单行刑法中完全可能会出现就同一行为与刑法典同时进行双重规定的现象。与单行刑法模式不同，刑法修正案在立法技术上采用的是"增删法"，即将修改、补充、删除的内容直接在刑法典相关位置予以注明。如此一来，就可以在不损害现行刑法典整体结构的前提下，从形式上保证刑法典的完整性，正常情况下不会出现就同一行为进行双重规定的立法现象。其次，有利于保持刑法典立法内容上的社会适应性。单一刑法修正案模式的运用不仅可以使刑法典保持结构和形式上的稳定性，同时还可以使之在立法内容上与社会需求及时对应，随着社会需求的变化适时对刑法的立法内容做出相应的修改与补充，从而满足国家预防和惩治犯罪的需要。再次，有利于维护刑法体系的统一性。所谓刑法的体系，是指刑法典的组成和结构。1997年《刑法》在体系上由总则、分则、附则三个部分构成。前述已及，以刑法修正案模式对刑法典进行修订时采取的是"增删法"，并不改变刑法条文的原来顺序，自然也不会造成刑法体系上的混乱。同时，因修正案模式系在刑法典框架下对刑法进行修正，相对

---

[1] 参见赵秉志：《中国刑法立法晚近20年之回眸与前瞻》，载《中国法学》2017年第5期。

[2] 赵秉志：《略谈〈反恐怖法〉的立法定位》，载《法制资讯》2014年第6期。

[3] 参见魏东：《刑法修正案观察与检讨》，载《法治研究》2013年第2期。

于单行刑法的修改模式，立法者必须思前想后，更加慎重。这当然就更有利于保持刑法典的体系性。又次，有利于公民习法和守法。刑法修正案模式最大的优点在于：可以将我们国家的刑法规范全部归纳于现行刑法典中，刑法典之外再无刑法，避免了单行刑法过多带来的渊源混乱局面，有利于公民习法、守法。最后，有利于司法机关统一适用刑法。前述已及，不管在内容上还是形式上，单行刑法都是独立于刑法典的。这就意味着在司法过程中，单行刑法可以单独或者和刑法典一起被引用。由是一来，可能带来司法上的混乱。与之不同，如前所述，刑法修正案模式的运用可以使刑法典至少在形式上保持其统一性、完整性，避免普通刑法与特别刑法两种不同的渊源并驾齐驱局面的出现，无疑对司法机关统一适用刑法具有相当大的便利。[1]

尽管如此，并非所有学者都支持将刑法修正案作为刑法典修改的唯一模式。如张明楷教授即认为集中性、统一性的立法方式存在缺陷，立法者应根据犯罪性质、内容、危害程度的不同及其与相关法律的关系，将不同的犯罪分别规定在不同的内容中。对于那些相对稳定、变易性不大但危害严重的犯罪宜规定在刑法典中；对于那些具体类型较多，难以简短描述的类罪宜规定在单行刑法中；与经济、行政法密切相关的经济与行政犯罪宜规定在附属刑法中。[2]梁根林教授认为当下中国社会已经进入法定犯、行政犯时代，犯罪结构已经由传统上的自然犯为主体过渡到以法定犯、行政犯为主体。1997年《刑法》先天不足，已经到了其生命周期的后期阶段，立法者应借此全面修订的机会打破刑法典单轨立法模式，建构刑法典与行政刑法并行的双轨立法模式。主张"完备刑法常典（即刑法典——笔者注），紧缩刑法特典（即单行刑法——笔者注），强化刑法附典（即附属刑法——笔者注）"。[3]黄京平、彭辅顺教授认为刑法修正案模式在适用上绝对不是万能型的，有些情况下以刑法修正案模式来对刑法典进

---

〔1〕 参见黄京平、彭辅顺：《刑法修正案的若干思考》，载《政法论丛》2004年第3期。

〔2〕 参见张明楷：《刑事立法的发展方向》，载《中国法学》2006年第4期。

〔3〕 参见梁根林：《刑法修正：维度、策略、评价与反思》，载《法学研究》2017年第1期。

行修订是不太合适的。如当不能按犯罪客体将要增加的新罪归类到刑法典分则体系中去时，此时就应制定单行刑法。如果再考虑到刑法修正案模式并不能完全克服单行刑法适用效果上的局限性，就会发现以刑法修正案模式取代单行刑法模式同样存在不足，自然也就不能将其作为刑法典修订的唯一模式，特定条件下仍需以单行刑法模式来对之修正，必要时甚至仍需对刑法典进行全面修订。[1]

采用单一刑法修正案模式对刑法典修订存在如下问题：首先，单一刑法修正案模式同样会破坏刑法典在结构和内容上的完整性。当要增加的新犯罪行为不能按犯罪客体归类到刑法典中，即刑法典中不存在其相对应的位置时，强行将其纳入刑法典势必会破坏刑法典的结构与内容。如 1999 年《刑法修正案》第 1 条增加的第 162 条之一隐匿、故意销毁会计凭证、会计账簿、财务会计报告罪与纳入的类罪名妨害公司、企业的管理秩序罪间并不存在包容与被包容的关系。会计账簿、凭证、财务会计报告不但是公司、企业管理中常见的财务凭证，国家机关、事业单位、人民团体中也存在这些财务凭证。将之归类到妨害公司、企业的管理秩序罪一节中并不合适。[2] 其次，会使刑法典丧失权威性与稳定性。刑法是国家的基本法，必须保持安定性，并藉此获得其权威性。刑法典如欲保持安定性，理论上应当只规定自然犯。当下中国社会已经进入法定犯、行政犯时代，犯罪结构已经由传统上的自然犯为主体过渡到法定犯、行政犯为主体。如果要保持刑法典的社会适应性，继续采取单一刑法修正案模式意味着刑法修改频率的增加，从而破坏刑法典的稳定性与权威性。[3] 再次，刑法修正案同样会破坏刑法典的体系性。如同单行刑法修正模式一样，刑法修正案模式其实同样是以个别改进、局部修正等打补丁的形式为其基本形式，以应急立法、被动回应等急救式立法为其基本特征。在对刑法典

---

〔1〕 参见黄京平、彭辅顺：《刑法修正案的若干思考》，载《政法论丛》2004 年第 3 期。

〔2〕 参见卢勤忠：《我国刑法修正案立法的问题及对策》，载《南京大学学报（哲学·人文科学·社会科学版）》2009 年第 3 期。

〔3〕 参见梁根林：《刑法修正：维度、策略、评价与反思》，载《法学研究》2017 年第 1 期。

进行修正时顾头不顾尾、前后不协调的情形同样会发生，修改后的条文与其他条文之间未必一定会保持前后逻辑上的一致性。又次，单一刑法修正案模式同样会造成公民守法的不便，不利于刑法预防功能的实现。既然刑法修正案模式同样会造成刑法典内容上的凌乱与体系上的破碎，照样会存在前后逻辑不一致的情形，则必然不利于公民守法，不利于刑法预防功能的实现。最后，单一刑法修正案模式同样会导致司法上的不便。单一刑法修正案模式如果保持的只是刑法典形式上的稳定性，经过修正后的刑法典却在内容与体系上存在不应有的混乱，必然不利于司法机关的司法。如废除嫖宿幼女罪后，司法人员面临的一个直接难题即引诱幼女卖淫者究竟应认定为引诱幼女卖淫罪，还是强奸罪的教唆犯？

针对上述单一刑法修正案模式优劣的比较，笔者试着做如下评论：首先，如不采取体系化思维，任何一种刑法修改模式都存在弊端。如前所述，单一刑法修正案模式的每一点优势反过来都是其劣势。是故，在我们看来刑法典若要保持其内容和体系上的完整性，要点并不是是否采取了单一刑法修正案模式，而在于立法者在对刑法典修改时是否贯彻了体系化的思维模式。如是，即使采取单行刑法，甚至附属刑法模式，也不会破坏刑法典内容与体系上的完整性。如否，即使采取了单一刑法修正案模式，我们得到的也只是一部徒具体系化外表，内里却支离破碎的刑法典。这正如大陆法系习惯于以法典的形式征表法律的体系性，但这并不意味着没有法典的英美法系不存在体系性思维一样。事实上，英美法系同样存在着体系性思维，只不过这种体系性是通过前后判例的一致性来达致。但我们不能因其法典形式的欠缺，否认英美法系的体系性思维的存在。

其次，当下单一刑法修正案模式最大的问题在于不利于保持刑法典的稳定性。原因在于：1997年《刑法》修改时，为避免单行刑法、附属刑法泛滥造成的后果，立法者力图将所有的单行刑法、附属刑法经过整合后悉数纳入刑法典。这种统一性、集中性的立法方式固然实现了刑法典形式上的统一、完备，但因其将自然犯与经济犯罪、行政犯罪等法定犯集中规定在一起，而法定犯的社会危害性变易极大，如欲跟社会变化保持同步，必须频繁进行修改。如此一来，势必导致刑法典整体缺乏稳定性。这也正是一些学者主张刑法典只规定自然犯，以保持其稳定性，将法定犯、行政犯等变易性较大的犯罪规定在单行刑法、附属刑法中的主要原因。事实上，即使将法定犯、行政犯以单行刑法、附属刑法的形式加以规定，也同样面临频繁修改的问题，只不过因其已经从刑法典中分离出来了，不会连带造成刑法典的频繁修改而已。这是由法定犯、行政犯的自身属性决定的。

再次，打破单一刑法修正案模式有无必要性是双方争议的焦点问题。受立法者的非至上性、成文法的滞后性等各种主客观条件的限制，理想中的完美刑法典永不存在。每一代人面对的刑法典都或多或少存在缺憾，幻想着制定出一部系统、完备的刑法典，在此基础上坚持体系化的修改，松柏长青，只能是一个梦想。既然如此，刑法典只有不断修改才能保持其社会适应性。从局部微调，到全面修改，是每一部刑法典都无法逃脱的命运。现行刑法典同样如是。单一刑法修正案模式的支持者与反对者之间存在的争议问题其实是：现行刑法典是否已经系统、完备？如果认为现行刑法典在体系、结构、内容上已经比较系统、完备，未来一段时期内我们对刑法典的修改与完善不过是局部的微调，"小改"，则以修正案模式对之继续加以修改是没有任何问题的。[1] 如果认为现行刑法典已经进入其生命周期的后期，只有对其进行大幅修订，即"大改"，才能勉强维持其生命力，则必然认为单一刑法修正案模式已经山穷水尽、难以为继。[2]

最后，打破单一刑法修正案模式有无可行性是争议双方，尤其是分散立法支持者没有充分考虑的问题。对此问题，我们将放在下面的内容中，结合军职罪的修改模式来一并探讨。

二、当下军职罪的修改必须维持修正案模式

（一）采取单行刑法模式是军职罪立法未来的发展目标

前述已及，世界范围内军职罪立法大致存在如下三种模式：一是

---

〔1〕 参见高铭暄、马克昌主编：《刑法学》（第十版），北京大学出版社、高等教育出版社2022年版，第13页。

〔2〕 参见梁根林：《刑法修正：维度、策略、评价与反思》，载《法学研究》2017年第1期。

单行刑法模式，即在国家刑法典之外另行制定专门的军事刑法典，对军人的各种违反职责的行为，连带法定刑，一并作出详细的处罚规定。这方面的典型如《德国军事刑法典》《意大利军事刑法典》《韩国军事刑法典》，等都是如此。二是与其他军事法合体模式，即将军人违反职责的犯罪与其他军事法一并规定在一起。如《加拿大国防法》实际上是将军职罪与国防法合并规定在一起的；《美国统一军事司法典》实际上是将军职罪与程序法合并规定在一起的。三是与普通犯罪合体模式，即将军职罪与普通犯罪统一规定在国家的刑法典当中。这方面的典型如《俄罗斯刑法典》《越南刑法典》《南斯拉夫刑法典》，包括我国刑法典等，皆是如此。[1]

新中国成立以来，我国军职罪的立法模式历经反复。20世纪50年代起草的《中国人民解放军暂行军法条例（草案）》《中国人民解放军军事刑罚暂行条例（草案）》以及《中华人民共和国军事刑法（草案）》等皆是采取的单行刑法模式。1981年全国人大常委会通过的《暂行条例》采取的也是单行刑法模式。1997年《暂行条例》纳入刑法典之前，军队有关部门根据第八届全国人大常委会立法规划起草，并由军委主席签署议案，提请全国人大常委会审议表决的《中华人民共和国惩治军人违反职责犯罪条例（草案）》，采用的仍是单行刑法的模式。[2] 1997年《刑法》修订时，在制定一部"统一、完备"的刑法典立法指导思想下，军职罪被纳入了刑法典。二十多年来，尽管军职罪纳入刑法典已经成为既成事实，但关于军职罪立法模式的争议并没有随之沉寂，不断有学者呼吁军职罪应从刑法典中分立出来，采取单行刑法的立法模式。

如张明楷教授认为，军职罪在性质上属于比较严重的犯罪，不适合规定在附属刑法中，同时军职罪犯罪类型较多，规定在刑法典中会显得比较冗长，有损刑法典的简短价值，如果再考虑到军职罪需规定

---

〔1〕 参见黄林异、王小鸣：《军人违反职责罪》，中国人民公安大学出版社2003年版，第5页。

〔2〕 参见张建田：《关于军人违反职责罪的立法沿革与完善》，载氏著：《中国军事法学研究的历史回顾》（第二版），法律出版社2014年版，第661页。

一些特殊对策的事实，军职罪宜采取单行刑法的立法模式。[1]

梁根林教授认为，军事刑法采取单行刑法的立法模式是当今世界多数国家的立法通例。作为军事刑法的军人违反职责罪应当从刑法典中独立出来，以还原其特别刑法的本来面目。[2]

张建田教授认为，从长远目标来看，未来军职罪宜采取单行刑法的立法模式。具体原因包括：首先，这是由军职罪内容的特定性和复杂性所决定的。军职罪采取单行刑法的立法模式，可以较好地满足惩治军人违反职责的特殊需要，规定一些普通刑法中不宜规定的内容，而且可以有效减少军职罪立法与普通刑法之间的法律冲突。其次，军职罪采取单行刑法的立法模式可以更好地服务我国军事司法实践。在我国，军人犯罪实行的是属人管辖，军事司法机关虽然在宪法设计上属于国家司法机关，但在编制上属军队编制序列。与普通司法机关相比，军事司法机关在犯罪惩治及刑罚适用中，相对独立的特点较多。军人违反职责罪采取单行刑法的立法模式，有助于军事司法机关依法办案、及时办案。再次，军职罪采取单行刑法的立法模式有利于与其他法律规定相衔接。我国《引渡法》第8条中规定，有引渡请求所指如果纯属军事犯罪的，应当拒绝引渡的规定。但这里的军事犯罪是指哪些犯罪，现行刑法中并未规定。如军职罪采取单行刑法的立法模式就可以在其中予以明确，从而与《引渡法》的规定相衔接、对应。最后，军职罪采取单行刑法的立法模式可以完善我国的一些刑法制度。与外国军事刑法制度相比较，军职罪有许多需要完善的地方，诸如军职罪特征不鲜明，罪名条款偏少，休眠条款所占比例过高，拉高死刑比例，与逐步削减死刑改革趋势不相适应等，军职罪如采取单行刑法的立法模式，即可对上述缺陷予以弥补。[3]

蔺春来教授认为，制定独立的单行刑法是军职罪立法发展的最佳选择。首先，军事刑法理论无法在统一的立法模式下充分发展。不仅

---

[1]　参见张明楷：《刑事立法的发展方向》，载《中国法学》2006年第4期。

[2]　参见梁根林：《刑法修正：维度、策略、评价与反思》，载《法学研究》2017年第1期。

[3]　参见张建田：《关于军人违反职责罪的立法沿革与完善》，载氏著《中国军事法学研究的历史回顾》（第二版），法律出版社2014年版，第661~662页。

刑法总则的理论无法完全适用在军职罪中，而且军职罪与其他分则章节之间在罪名、法定刑之间还存在矛盾和冲突。在刑法的理念上，军职罪完全不同于普通刑法。在与其他部门法的关系上，刑法具有补充性、保障性；军职罪则不然，军事利益的重要性使得几乎所有的义务关系都由军职罪立法直接保障；在刑罚的运用上，普通刑法既关注一般预防，又关注特殊预防，而军职罪更为关注一般预防。其次，军职罪制定单行刑法是司法实践的要求。军职罪很大一部分犯罪为战时犯罪，此时宪政秩序出现混乱，必须有新的规则来维护国家、社会和军队的秩序，军职罪采取单行刑法模式是较为科学的选择；军职罪规定在刑法典中，意味着需要最高人民法院、最高人民检察院对其做出解释，但军职罪具有很强的专业性。军职罪如采取单行刑法的立法模式，则可以授予军事法院、检察院以司法解释权，从而解决这一问题。[1]

对上述学者的观点，笔者表示赞同。长远来看，军职罪宜采取单行刑法的立法模式。除上述学者的论据外，我们还可以再补充如下几点理由：

首先，这是由军民分治的社会事实决定的。人类的军事行为起源于原始社会人类与自然（主要是野兽）的抗争，之后经历了新石器时代准军事阶段的发展。大约在原始社会的末期，随着私有制、阶级、国家的出现，战争也发展成为一项经常性的职业，与此同时，作为专门从事战争、军事活动的职业武装力量团体——军队也随之出现。自此人类社会出现了军事社会与民间社会的职业分工：军队成为国家战争、军事活动的主要承担者，以牺牲某些权益为代价，专门负责为全体国民提供一个和平稳定的生产、生活环境；与之相应，普通国民则成为国家物质生产、生活资料的提供者，在军队提供的和平环境下，专事社会生产活动，同时负责履行一些必需的军事支持义务。因各自分工的不同，军事社会与民间社会奉行不同的行为规范。军事社会奉行以秩序为核心价值的行为规范；普通社会奉行以自由为核心价值的

---

[1] 蔺春来、郭玉梅：《制定独立的军事刑法是军事刑法发展的最佳选择》，载《西安政治学院学报》2006 年第 2 期。

行为规范。正因如此，军职罪规范与普通刑法规范相比较，差异性较大。如军职罪立法会违反人类的求生本能，规定战时自伤罪等单纯军事犯罪；普通刑法则没有类似规定。又如为了督促军人更好地履行自己的职责，军职罪立法中设置了更多的义务性规范，纯正不作为犯数量明显要多于普通刑法。再如军职罪立法为了最大化地降低非战斗减员，化消极因素为积极因素，特殊情况下允许军人戴罪立功；普通刑法则无此规定。

　　其次，军职罪纳入刑法典会带来一些立法技术上的问题。如上所述，正是因为军职罪规范与普通刑法规范奉行不同的价值体系、是两套不同的行为规范，因此，如果强行把军职罪纳入刑法典会导致一些立法技术上的问题。具体表现在：①刑法分则的分类原理会被打破。军职罪以外的其他章节均是以犯罪侵犯的同类客体作为分类标准，而军职罪则是因主体的不同被纳入刑法典。本来军事利益按其重要程度应当排列在危害国家安全罪后较为合适，但因牵涉到军人的特殊主体问题，无法找到恰当位置，只好安排在第十章。②会导致法条竞合现象增多。普通犯罪所侵犯的客体一般只是社会关系的普通部分，而军职罪所侵犯的客体是社会关系的特殊部分，这就导致军职罪与普通犯罪之间法条竞合现象增多，增加司法认定中的困难。如军人盗窃军用物资的行为，既成立盗窃军用物资罪，又成立普通的盗窃罪。但随着社会的发展，军民通用的物资越来越多，此时盗窃军用物资罪的认定就会成为军事司法实践中的一个难题。③会带来刑罚适用上的不一致。如军职罪中没有规定管制刑、罚金刑，但军人同样会触犯普通犯罪，一旦当军人所触犯的普通犯罪论罪当处这两种刑种时，就会带来适用上的尴尬。④会拉大死刑适用比例。军职罪中死刑条款配置较多，如并入刑法典会给国际社会以我国刑罚较严酷的口实。事实上，其他国家军事刑法并非没有死刑，但因其往往采取单列形式，不会拉大国家刑法典的死刑适用比例问题。⑤会导致一些法律术语表述上的不严谨。如《刑法》第451条"本章所称战时"的表述，单纯在军职罪一章中看来没有任何问题。但一旦考虑到刑法其他章节中还有战时犯罪的规定，就会发现战时概念不周延的问题。又如，考虑到我们国家境外驻军、作战的问题，故《刑法》第7条第2款规定了军人境外犯罪属人管辖，但适用这一条款的不仅有军人，还有国家工作人员，不得已立法者在该款中规定，国家工作人员和军人在我国领域外犯本法规定之罪的，适用本法。但这样的规定会带来如下困惑：军人是不是国家工作人员？如认为不是，为何军人利用职务便利贪污公共财产的，会成立贪污罪。如认为是，为何作并列规定？⑥会造成立法资源上的浪费。军职罪的适用主体是军人，刑法典是普通刑法，适用于一般主体，将只适用于特定主体的法律放置到刑法典中势必会造成立法资源上的浪费。[1]

（二）维持刑法修正案模式是军职罪修改的现实选择

如前所述，从长远来看，军职罪宜采取单行刑法的立法模式。但这大体上只是从必要性角度进行的考虑，军职罪的修改是我们当下要进行的一项工作。如未来刑法彻底修订，条件具备，可顺势而为将军职罪从刑法典中分立出来。但就当下军职罪的修改而言，单独立法的条件还不具备，宜采取修正案模式对军职罪进行修改。这是因为：

首先，军职罪从刑法典中分立出来不具备现实性。现行刑法是在我国改革开放近二十年，社会主义市场经济体制基本确立的背景下制定的，是对 1979 年《刑法》施行以来中国刑事立法和司法实践经验的总结，是在 1979 年《刑法》以及其后施行的单行刑法和附属刑法的基础上增修完成的，基本上实现了我国刑法的统一性和完备性。刑法是国家的基本法律，必须保持稳定性，不宜朝令夕改。这就决定了在今后相当一段时期内，现行刑法的修改和补充都将是微调性质的，不会再进行大规模的修改与完善。[2] 应当承认，目前把军职罪从现行刑法中分离出来进行单独立法是不现实的。立法成本高不说，其他各方面的条件也不是很具备。因此，在军职罪的立法取向上我们必须立足国情、着眼现实、从长计议、循序渐进、等待时机。[3]

----

〔1〕 参见冉巨火：《论军职罪的立法模式》，载《河南警察学院学报》2011 年第 6 期。

〔2〕 参见高铭暄、马克昌主编：《刑法学》（第十版），北京大学出版社、高等教育出版社 2022 年版，第 13 页。类似观点参见李希慧主编：《刑法修改研究》，武汉大学出版社 2011 年版，第 39 页。

〔3〕 参见张建田：《关于军人违反职责罪的立法沿革与完善》，载氏著《中国军事法学研究的历史回顾》（第二版），法律出版社 2014 年版，第 662 页。

事实上，即使就军职罪自身的修订准备而言，也没有达到完全充分的程度。①实践依据不足。不可否认，军职罪立法存在一些问题。但如前所述，自《暂行条例》并入刑法典以来，军职罪在军事司法实践中的适用率并不是很高，个别条款甚至没有使用过，成为名副其实的"休眠条款"。此外，军职罪并入刑法典的事实也使得军队有关部门缺乏调研、修改军职罪的热情，即使偶有修改建议提出，往往也因实践经验缺乏而未能得以采纳。如2009年全国人大常委会法工委曾建议军队有关部门提出减少军职罪死刑的意见，军队有关部门展开了调研，并提出了保留死刑、经修改后保留死刑、取消死刑、取消死刑并对条文作修改、取消整个条款并入其他章节、倾向保留死刑罪名等意见若干，但终缺乏司法实践的验证。[1] ②理论准备不足。自军职罪并入刑法典以来，军内外学者对于军职罪的关注极少。地方学者因缺乏必要的资料和对军队情况的不了解等原因，对军职罪的研究内容不感兴趣；军队学者则因军职罪已经并入刑法典而对军职罪的研究缺乏足够的兴趣。近二十年来，普通刑法学的研究成果硕果累累、汗牛充栋；相比之下，军职罪方面的理论研究文章寥若晨星、难得一见。正因为如此，我们认为当下军职罪全面修订的机会尚未到来。正如1979年越自卫反击战推动了《暂行条例》的诞生一样，或许经历战争的考验，军职罪才会迎来全面修订的机会。但当下军职罪立法需要的只是"小改"，而非"大动"，更非抛开现行刑法典去实行单独立法。此种情况下，通过修正案模式对之加以小修小补，足以敷实践所需。

其次，军职罪并入刑法典是官方力导的结果。如前所述，《暂行条例》在纳入刑法典之前原计划采取单行刑法的立法模式，并于1995年12月7日经军委主席签署议案，由中央军委以《中华人民共和国惩治军人违反职责犯罪条例（草案）》的名称正式提请第八届全国人大常委会第17次会议审议。[2] 委员们一致认为，条例草案比

---

　　[1]　参见张建田：《关于军人违反职责罪的立法沿革与完善》，载氏著《中国军事法学研究的历史回顾》（第二版），法律出版社2014年版，第662页。

　　[2]　参见黄林昇、王小鸣：《军人违反职责罪》，中国人民公安大学出版社2003年版，第288页。

较成熟，建议修改后尽快通过。根据张建田先生的记述，彼时，刑法正在修改中。全国人大常委会法律委员会和全国人大法工委于 1996 年 10 月 18 日就《暂行条例》编入刑法一章，并将《暂行条例》内容基本照搬到新修订的《刑法（修订草案）》中征求军队意见。因事前缺乏必要的沟通，对军委呈报并已经经过一读的《军职罪条例（草案）》如何处理也未做任何说明，军队有关部门对此反映较强烈，不同意并入方案，并就此阐述了理由：一是这种做法大幅度删除了《军职罪条例（草案）》的内容，削弱了打击军内犯罪活动的力度；二是这种做法没有充分考虑部队适用的特殊问题，影响了条例的完整性和科学性，不利于官兵学习和掌握；三是改变了军职罪条例作为特别法的地位。军职罪侵犯的客体、行为、执法机关、原则均具有特殊性，宜制定单行刑法。1996 年 12 月 3 日全国人大常委会副委员长王汉斌带领全国人大法律委员会、全国人大常委会法工委的有关领导同志到军委办公厅，与军委领导就军职罪并入刑法典问题进行了协商，承诺只要军队同志同意将军职罪并入刑法典，军队需要规定、增加的内容都可以做出规定，今后军职罪的条文如果需要修改，可以由全国人大常委会修改，不需要通过全国人大。此外，可以在刑法分则中增设"危害国防利益罪"一章。1996 年 12 月 24 日，第八届全国人大常委会第 23 次会议审议了刑法修订草案。1996 年 12 月 26 日，军委法制局根据军委领导同志的批示精神，邀请解放军总政治部保卫部、解放军军事法院、军事检察院的领导和有关同志召开了座谈会，针对原军委呈报的条例草案是否编入刑法的问题进行了认真研究，并于 27 日向军委提出处理意见。1997 年 3 月通过修订后的《刑法》正式将军职罪作分则第十章纳入其中。在内容上，除了增删个别条款外，基本沿用了《暂行条例》的条文和罪名。同时在刑法典分则第七章中增设了"危害国防利益罪"。从时间上来看，"军职罪并入刑法典的过程显得过于仓促，研究论证不够……"[1] 一旦军职罪并入刑法典已成事实后，再要求军职罪从刑法典中分离出来，在立法者眼中有开历

---

[1] 张建田：《关于军人违反职责罪的立法沿革与完善》，载氏著《中国军事法学研究的历史回顾》（第二版），法律出版社 2014 年版，第 645~646 页。

史倒车之嫌，难度会相当大。

再次，刑法修正案模式得到了立法者的认可。我们国家历史上一贯有制定大一统法典的传统。1999 年我国的第一部《刑法修正案》诞生后，因其契合了刑事立法集中性的发展方向，故此单一刑法修正案模式旋即得到了立法者认可，并将其作为了今后刑法修改的唯一模式。亦即，除 1998 年的《关于惩治骗购外汇、逃汇、非法买卖外汇犯罪的决定》这一单行刑法外，刑法典之外不再制定单行刑法，附属刑法只做依照、比照性规定，不再让其具有实质内容。迄今为止，已经先后诞生了 12 部刑法修正案。

立法者持这样的态度并非毫无理由。相较于 1979 年刑法典、单行刑法、附属刑法三轨制并行导致的混乱局面，立法者必然更青睐于单一刑法修正案模式。正如单一刑法修正案模式支持者所谈到的那样，至少这一模式使得刑法典保持了形式上的完整性。至于说立法过程中，因思虑不周而产生的一些不够体系化的内容，诸如前面提到的嫖宿幼女罪废除后引发的一系列问题，并非刑法修正案模式所独有。如前所述，只要我们在刑法修改过程中不采取体系化思维，则不管是单一刑法修正案模式，还是单行刑法模式，抑或是附属刑法模式，这种失误的产生都在所难免。如果说在单一刑法修正案模式下，刑法的修改是在刑法典的既有体系内进行，立法者深思熟虑后，尚且出现这样的结果。可以预料，如果采取分散式的立法模式，这样的失误又将有多少？

或许唯一能够说服立法者的是单一刑法修正案模式所导致的刑法典频繁修改，由此带来的刑法典安定性问题。但如前所述，当代社会，法定犯、行政犯的日益增多是一个不争的事实。刑法典安定与否，取决于法定犯、行政犯是否纳入了刑法典中。当下我国刑法典较频繁修改的原因在于立法者将法定犯、行政犯纳入了刑法典。即使将那些法定犯、行政犯从刑法典中分立出去，另行制定单行刑法、附属刑法。但只要我们想使该法定犯、行政犯保持社会适应性就必须不断地修改单行刑法、附属刑法，只不过不再对刑法典进行修改了而已，而这对立法者而言，工作量非但不见减少，反而有增多之嫌。亦即，不管是将法定犯、行政犯放置在刑法典中，还是将其放置在单行刑法、附属刑法中，都需要不断修改，才能维持其社会适应性。既然如此，两相盘算的结果自然是先用刑法修正案模式对刑法典进行修订，直到体系上不忍卒读之时，即是刑法典全面修订之日。但现在立法者是没有动力对刑法典进行全面修订的，军职罪单独立法的机会自然也就没有到来。

第二节　坚持立法论与司法论相结合

军职罪立法存在碎片化的缺陷，需要对其进行体系化的修改与完善。1997 年《刑法》修订后基本实现了刑事立法的统一性、完备性，短时间内不可能进行全面修订。以单一刑法修正案模式对刑法典进行修改是未来较长一段时间内刑法典修改、完善的主要路径。由是决定了将军职罪从刑法典中分立出来，采取单行刑法的立法模式对之进行全面修订只能是未来的一个长远目标。维持单一刑法修正案模式是当下军职罪修改的现实选择。这就意味着当下军职罪的修改是在现行刑法典体系框架下进行的"小修""小补"，不可能面面俱到。对于那些立法不便修改之处进行解释，坚持立法论与司法论相结合，是军职罪立法修改与完善必须考虑的现实路径。

一、军职罪的修改必须坚持立法论与司法论相结合

（一）立法论在军职罪修改中的功能

"所谓立法论，就是对立法者做工作，是为说服立法者而进行的活动。"[1] 在前面的内容中，为了论证军职罪修改及军职罪修改体系化设计的必要性时，我们反复论述了军职罪立法存在的一些缺陷。要对这些缺陷进行修改与完善，必须运用立、改、废等手段。而立、改、废这些手段的运用都需要从立法论的角度去论证、设计。

1. 弥补立法漏洞

与其他国家相比，我们国家军职罪的立法内容略显粗疏。从条文

---

〔1〕［日］平野龙一：《刑法的基础》，黎宏译，中国政法大学出版社 2016 年版，第191 页。

数量上来看，仅有 32 条。这就决定了军职罪立法在修改时必须增加规定一些内容，弥补立法上的漏洞。典型的如军人执行命令行为的规定。前述已及，军人以服从命令为天职，"三大纪律、八项注意"的第一条即是"一切行动听指挥"。军人的职业伦理要求军人必须服从命令，一般情况下，军人服从命令属于法令行为，阻却违法。但当军人明知上级下达的是一项违法命令，仍然予以执行的，此时，军人执行命令的行为属于违法阻却事由，还是责任阻却事由？要否承担、减轻责任？如认为其属于责任阻却、减轻事由？其与《内务条令》第38 条及《刑法》第 421 条的规定如何协调？依据《内务条令》第 38 条的规定，部属对命令必须坚决执行，即使认为命令有不符合实际之处，只是可以提出建议，但在上级首长未改变命令时，该命令仍须坚决执行。依据《刑法》第 421 条的规定，军人战时违抗命令，对作战造成危害的，成立战时违抗命令罪。据此，军人执行命令行为应属于违法阻却事由，将其认定为责任阻却事由显然与这两条的规定相违背。这就需要我们在该规定的内容上进行精心设计。此外，执行命令的行为属于总则性规定，应放置在刑法典总则中，作为总则性条文加以对待。问题是：与军人执行命令行为相关联的还有普通主体的法令行为，出于协调性考虑，该条是否也要对这些内容作出一揽子规定？这同样需要我们在立法设计上加以研究。如果考虑到该条内容属于违法或者责任阻却、减轻事由的事实，在位置上似应置于第 21 条紧急避险之后，这样的位置是否合适？这仍然需要我们在立法上予以精心设计。

2. 消除立法缺陷

前述已及，《暂行条例》并入刑法典是在立法者强力主导之下完成的。在并入刑法典之前，《暂行条例》原计划采取单行刑法的立法模式，即制定《中华人民共和国惩治军人违反职责犯罪条例》。从1996 年 12 月决定将《暂行条例》并入刑法典，到 1997 年 3 月刑法典的通过，只有短短几个月的时间。军队有关部门历经多年精心起草的《中华人民共和国惩治军人违反职责罪条例（草案）》在修订中根本没有得到体现。规定在 1997 年《刑法》第十章的"军人违反职责罪"，"其内容除了增删个别条款外，基本沿用了原《暂行条例》

的条文和罪名。"〔1〕与刑法其他章节之间也缺乏必要的沟通、协调。这就使得军职罪一些立法内容先天不足,不可避免地存在一些缺陷。

如根据刑法条文的规定,一般公民盗窃枪支、弹药、爆炸物的,成立第 127 条的盗窃、抢夺枪支、弹药、爆炸物罪,该罪有两款法定刑,第 1 款为基本法定刑,第 2 款为加重法定刑,规定一般公民盗窃、抢夺国家机关、军警人员枪支、弹药、爆炸物的,应从重处罚。依据《刑法》第 438 条第 2 款的规定,军人盗窃、抢夺武器装备的,成立盗窃、抢夺武器装备罪。同时第 438 条第 2 款规定,盗窃、抢夺枪支、弹药、爆炸物的,依照《刑法》第 127 条的规定处罚。如前所述,这样的规定至少会有如下两个问题难以解决:其一,军人抢劫武器装备的行为应如何处理?因军职罪没有将抢劫武器装备罪的行为规定为犯罪,此时面临两个选择:要么认定为第 438 条的抢夺武器装备罪,要么认定为第 127 条第 2 款的抢劫枪支、弹药、爆炸物罪,两者的法定刑最高都可配置到死刑。于是,如何选择就成了一个两难的问题,通过刑法解释也无法得出合理结论。其二,《刑法》第 438 条第 2 款"依照本法第 127 条的规定处罚"在司法实践如何理解操作?如军人盗窃部队枪支的,是认定为第 438 条的盗窃武器装备罪,依照《刑法》第 127 条第 2 款盗窃枪支罪的加重法定刑处罚。抑或是认定为第 438 条的盗窃武器装备罪,依照第 127 条第 1 款盗窃枪支罪的基本法定刑处罚?还是认定为第 127 条的盗窃枪支罪,依照第 127 条第 2 款的加重法定刑处罚。理论上存在不同观点,至今争议不休。〔2〕实际上,上述问题只要立法者在立法时稍加注意,将"依照本法第 127条规定处罚"改为"依照本法第 127 条规定定罪处罚"即可避免。

3. 提供废止理由

自《暂行条例》并入刑法典以来,我国的刑事政策经历了由"严打"到"宽严相济"的变化,军法理念亦与时俱进,"军人乃着军装之公民"的口号日益深入人心。此种情况下,军职罪立法内容中的一

---

〔1〕 张建田:《关于军人违反职责罪的立法沿革与完善》,载氏著《中国军事法学研究的历史回顾》(第二版),法律出版社 2014 年版,第 646 页。

〔2〕 参见冉巨火:《刑法第四百三十八条第二款的理解与适用》,载《河南警察学院学报》2014 年第 6 期。

些不太合理的地方暴露出来，一些不合时宜的罪名、刑罚亟待废止。为什么废止？如何废止？废止后有无其他替代措施？这些都需要从立法论的角度进行论证。如《刑法修正案（九）》废除了阻碍执行军事职务罪与战时造谣惑众罪两个犯罪的死刑。在《刑法修正案（九）》立法之初，废与不废就成为立法者必须认真加以研究的问题。对此，立法者给出了其思考、论证的全过程。

之所以取消阻碍执行军事职务罪的死刑，主要是因为考虑到如下内容：首先，出于罪刑均衡的考虑。本罪与《刑法》第368条规定的阻碍军人执行职务罪、阻碍军事行动罪相比，没有什么本质性区别，但刑罚设置上却相差悬殊，不够平衡。就犯罪对象而言，尽管刑法条文规定本罪的对象是"指挥、值班、值勤人员"，阻碍军人执行职务罪的对象是"军人"，但两者针对的对象都是军人，本质上并无区别。与阻碍军事行动罪相比，本罪侵犯的是指挥、值班、值勤秩序，后者侵犯的是部队的军事行动，二者虽略有不同，但性质相近。从刑罚设置上看，阻碍军人执行职务罪的最高人民法院定刑为3年有期徒刑，阻碍军事行动罪的最高人民法院定刑为5年有期徒刑，而本罪的最高人民法院定刑为死刑，三者最高人民法院定刑的差距过大。其次，本罪适用死刑不具有正当性。军人违反职责罪中许多犯罪之所以配置有死刑，是因为这些犯罪都可能直接或间接导致作战失利，进而关系到国家的生死存亡。本罪的目的是阻碍执行军事职务，并不是积极追求作战失利，造成的后果是指挥人员或值班、值勤人员无法正常履行职责。在健全的军事指挥体系和值班制度下，因阻碍执行职务直接导致作战失利的情形难以出现，即使间接导致作战失利，其罪责也达不到必须适用死刑的程度。再次，本罪存在死刑虚置的情形。司法实践中，阻碍执行军事职务罪多年来没有判处死刑，取消该罪死刑对审判实践没有影响。退一步讲，即使取消死刑后，本罪最高仍然可以判处无期徒刑，足以达到威慑犯罪分子，罪刑均衡的目的。最后，本罪严重情形可以其他死刑罪名处置。《刑法修正案（九）》虽然取消了阻碍执行军事职务罪的死刑，却仍然保留了故意杀人、故意伤害等罪的死刑。这样的立法保留意味着，未来司法实践中，如出现暴力阻碍军人执行军事职务，确需判处死刑的情形，还可以依照刑法故意杀人、故意伤害等罪的规定判处行为人死刑。[1]

之所以取消战时造谣惑众罪的死刑，主要是因为：首先，本罪严重情形可以由其他罪名处置。《刑法修正案（九）（草案）》在审议过程中，曾有意见指出行为人如在战时造谣惑众，一旦动摇军心，就可能关系到国家的生死存亡，故对战时造谣惑众罪不宜取消死刑。立法机关最终决定取消该罪的死刑，理由为战时造谣惑众罪适用死刑的条件是勾结敌人造谣惑众，而战时勾结敌人造谣惑众，动摇军心的性质是投敌叛变，行为人主观上有投敌变节的故意，客观上实施了为敌效劳的叛变行为，可以《刑法》第108条投敌叛变罪论处。其次，出于罪刑均衡的考虑。取消死刑后，本罪的最高刑罚为无期徒刑，与《刑法》第378条规定的战时造谣扰乱军心罪的最高刑罚10年有期徒刑相比，仍能够体现军法从严的精神。最后，本罪存在死刑虚置情形。司法实践中，本罪多年来都没有判处过死刑，取消该罪死刑对审判实践没有影响。[2]

（二）司法论在军职罪修改中的功能

所谓司法论，即利用各种解释方法对现行刑事立法进行解释，以帮助司法机关正确适用刑法。1997年《刑法》颁布之后，我国的刑法研究进入以司法为中心的研究状态。通过合理解释刑法，可以弥补军职罪立法不必要的漏洞，克服军职罪立法表述上的缺陷，保证军职罪立法的社会适应性。

1. 弥补军职罪立法不必要的漏洞

诚如张明楷教授所言，刑法的漏洞不可避免。罪刑法定原则之所以成为刑法的生命，正是源于刑法的漏洞。在罪刑法定原则之下，我们无论怎样解释刑法分则的条文，都会存在一些漏洞。这些漏洞之所以存在，一方面，可能是由于立法者能力上的非至上性导致的，另一

〔1〕 参见最高人民法院研究室、最高人民法院刑法修改工作小组办公室编著：《〈刑法修正案（九）〉条文及配套司法解释理解与适用》，人民法院出版社2015年版，第403~404页。

〔2〕 参见最高人民法院研究室、最高人民法院刑法修改工作小组办公室编著：《〈刑法修正案（九）〉条文及配套司法解释理解与适用》，人民法院出版社2015年版，第404~405页。

方面，也可能是由于刑法所使用文字的相对确定性造成的。罪刑法定原则不允许超越刑法用语文义射程范围内的类推解释，有些漏洞恰恰可能不在刑法用语文义射程范围内。此时，解释者就不得不承认法律漏洞的存在，罪刑法定原则也恰恰因此而具有了存在的意义。必须指出的是，这样的说法并不意味着罪刑法定原则确立后，刑法的漏洞越多越好。刑法漏洞过多同样是罪刑法定原则的失败。这是因为：首先，罪刑法定原则的思想基础是民主主义与尊重人权主义，当刑法漏洞过多，导致一些法益难以受到刑法的保护时，必然会违反民主主义的要求。其次，刑法漏洞过多会刺激司法工作人员产生类推的欲望，最终可能会以类推的方式来解决定罪量刑问题。最后，刑法漏洞过多会损害刑法的正义性。这是因为漏洞过多就会意味着相同的行为不能得到相同的处理，甚至轻罪重罚，重罪不罚。正因为如此，刑法需要解释，从而减少和避免刑法的漏洞。同时，也要防止因解释不当而增加刑法上的漏洞。[1]

　　根据上述论述，我们可将军职罪中的漏洞分为两种情形：一种情况是为不可避免的漏洞。即由于立法者的非至上性，受制于成文刑法条文的字面含义与罪刑法定原则，在解释范围内没有办法弥补的漏洞。此种漏洞只能由立法者以修改刑法的方式予以解决。只不过由于论域所限，张明楷教授将这种漏洞限定于刑法分则中的漏洞，实际上刑法总则中同样存在这种漏洞。如考虑到战时违抗命令罪的存在，就会推导出军人战时拒绝执行上级命令的一切行为都成立犯罪的结论。此种情况下，如欲弥补该漏洞只有在刑法典总则中增加规定军人执行违法命令阻却、减轻责任。另一种情况是可以避免的漏洞。即通过解释可以弥补的漏洞，此种漏洞当下并不需要立即进行立法上的完善，完全可以交给刑法解释去解决。如《刑法》第 431 条第 2 款规定，军人为境外的机构、组织、人员窃取、刺探、收买、非法提供军事秘密的，成立为境外窃取、刺探、收买、非法提供军事秘密罪。与之相竞合的《刑法》第 111 条规定，一般公民为境外的机构、组织、人员窃

---

〔1〕　参见张明楷：《刑法分则的解释原理（第二版）》（上），中国人民大学出版社2011 年版，第 209~211 页。

取、刺探、收买、非法提供国家秘密、情报的，成立为境外窃取、刺探、收买、非法提供国家秘密、情报罪。相比之下，会发现前一犯罪在行为对象上比后一犯罪多了"情报"二字，此时如军人为境外窃取、刺探、收买、非法提供情报的，似乎就面临着无法惩治的漏洞问题。对此 我们认为可以通过刑法解释的办法予以解决。方案有二：其一，既然两法条之间存在法条竞合关系，可将此特别法条无法惩治的行为解释为第111条中的为境外窃取、刺探、收买、非法提供情报罪；其二，承认刑法用语的相对性，将为境外窃取、刺探、收买、非法提供军事秘密罪中的军事秘密做扩大解释，认为包括军事情报。不管哪种方法，都不至于使《刑法》第431条面临无法避免的漏洞。

2. 克服军职罪立法表述上的缺陷

刑法表述上的缺陷在所难免。首先，这是由于文字本身的缺陷造成的。罪刑法定奉行成文法主义，要求刑法的渊源只能是立法机关制定的成文刑法。这意味着成文文字是刑法条文表达正义理念的唯一工具。但是成文文字是人类所有的符号中最为复杂的一种。这是因为：其一，文字的含义会发生流变，由其核心意义向边缘地带不断扩展，进而使文字的外延发生模糊现象；其二，文字往往具有多种含义；其三，由于社会生活的不断发展、填充，法律所使用的文字含义并非固定不变，而是会不断增加新的含义；其四，文字具有有限性，言不尽义的现象始终存在。正因为如此，尽管立法者在制定刑法时，可能会以文字的形式对许多概念进行科学的界定。但一般情况下，科学的定义总是要比日常文字含义狭窄，这也就导致刑法上的概念实际上并没有那么精确、真实。是故成文刑法的文字永远存在疑问，需要解释者对之不断进行解释。[1]

其次，这是人类理性认知能力的有限性造成的。在人类哲学发展史上，理性主义者曾经将人类理性无限夸大。持此观点者认为只有理性才具有实在性，是唯一可靠的认识方法。只凭理性人类就能重构社会，道德观念、法律、宗教不过是人类思考、演绎所得出的结果。所

---

[1] 参见张明楷：《刑法分则的解释原理（第二版）》（上），中国人民大学出版社2011年版，第4页。

谓法典不过是人类对未来会出现的事件的预测与概括。只要通过理性的努力，立法者就可以制定出来一部包罗万象、逻辑统一、完美无缺的法典。在这一思想指导之下，演绎法在法律适用中得以被全面推广。"在他们看来，所有的要求都可由理性独立完成，似乎过去从未有过立法。唯一需要做的就是调动起国内最有力的理性，通过运用这一理性获取一部完美的法典。并使那些具有较弱理性的人臣服于法律内容……"[1] 问题在于：立法者是人，受制于立法者自身能力与其他主客观条件，完美无缺的刑法典只能是人类一个美好的梦想。"我们的时代已不再有人相信这一点。谁在起草法律时就能够避免与某年无法估计的、已生效的法规相抵触？谁又可能完全预见全部的构成事实，它们藏身于无尽多变的海洋中，何曾有一次被全部冲上沙滩？"[2] "认为立法者能够透过规范对于每个案件都预先制定出完整、终局之决定的想法，已被证实是一种错觉、幻象。法律必须使用到的概念是不精确的，而法律的规定也不会是完整的。"[3]

　　只要我们还承认刑法文字的缺陷、承认人类理性认知能力的有限性，就会发现刑法的缺陷在所难免。如《刑法》第451条规定，本章所称战时，是指国家宣布进入战争状态、部队受领作战任务或者遭敌突然袭击时。部队执行戒严任务或者处置突发性事件时，以战时论。从字面含义上来看，战时这一概念仅适用于刑法分则第十章"军人违反职责罪"。如前所述，这种问题造成的原因在于从时间顺序上来看，军职罪并入刑法典在前，危害国防利益罪并入刑法典在后，彼时危害国家安全罪中的资敌罪罪状中虽存在"战时"一语的表述，但因其并未在危害国家安全罪中大规模使用，故并未引起立法者的注意，于是《刑法》第451条使用了"本章所称战时"的表述。此种情况下，解释者可以采取补正解释的办法，将这里的"本章所称"解释为"本

---

〔1〕［美］罗斯科·庞德：《法律史解释》，曹玉堂、杨知译，华夏出版社1989年版，第13页。

〔2〕［德］拉德布鲁赫：《法学导论》，米健译，中国大百科全书出版社1997年版，第106页。

〔3〕［德］Ingerborg Puppe：《法律思维小学堂》，蔡圣伟译，台北元照出版公司2010年版，第91页。转引自张明楷：《刑法分则的解释原理（第二版）》（上），中国人民大学出版社2011年版，第7页。

法所称"。[1] 类似的,《刑法》第 7 条规定, 国家工作人员和军人在我国领域外犯刑法规定之罪的, 适用本法。本条将军人与国家工作人员并列规定的做法, 貌似说明军人并非国家工作人员, 事实当然并非如此。对此, 我们认为同样可以通过补正解释的方式来说明本条存在立法错误, 立法者不过是考虑到未来我军境外作战、驻军的可能, 故而在属人管辖条款中写入了军人适用严格的属人管辖原则, 但其真实意思并非强调军人不是国家工作人员, 藉此去除本条规定带来的刑法适用上的混乱。

3. 保证军职罪立法的社会适应性

刑罚事关人的财产、自由甚至生命的剥夺, 因此, 刑法必须具有一定的稳定性。刑法典的频繁修改会使刑法缺少应有的权威性、严肃性, 而且会弱化刑法的行为规制机能, 不仅不利于国民遵守法律, 而且也不利于国民信仰法律。[2] 刑法调整的社会生活永远处于运动无休的状态, 正因为如此, 梅因才悲哀地发出如下感叹: 法律具有滞后性, 法律似乎永远落后于人类社会的需求, 也许我们曾经非常接近地到达过法律与社会需求之间缺口的接合处, 但现实发展的趋势是: 这一缺口最终还是要被重新打开。[3] 究其原因无非在于法律是稳定的, 而社会生活却是不断变化的, 更遑论在行政犯、法定犯日益增多的时代成文刑法所面临的尴尬。在此意义上, 我们也可以说, 刑法典一经颁布, 即已过时。

成文刑法典的滞后性, 造成刑法规范与其调整的社会生活之间会或多或少地产生脱节。而刑法典的修订是一项极其严肃的立法活动。从其修订过程来看, 各方往往要经过反复斗争, 最终方可达成妥协。而这往往意味着需要极其漫长的时间。这就使得在刑法的修改问题上, "即使有敏感的立法者, 也无敏捷的立法者"。[4] 当刑法规范相

---

〔1〕 参见张明楷:《刑法分则的解释原理(第二版)》(下), 中国人民大学出版社 2011 年版, 第 776 页。

〔2〕 参见李洁:《论罪刑法定的实现》, 清华大学出版社 2006 年版, 第 126 页以下。

〔3〕 [英] 梅因:《古代法》, 沈景一译, 商务印书馆 1959 年版, 第 15 页。

〔4〕 徐国栋:《民法基本原则解释——成文法局限性之克服》, 中国政法大学出版社 1992 年版, 第 142 页。

对于社会发展已经滞后而刑法典的修改又不能及时提上议事日程时，就必须以解释的方式去加以完善。正如霍姆斯法官在谈到法律的滞后性时所言，"我们在处理像美国宪法中规定的这些文字时，我们必须认识到，现实生活是流变的，即使是最伟大的制宪者也无法完全预见到这种变化。对于他们来说，能够认识到并且希望他们已经创立了一种机制就足够了……摆在我们面前的案子应该结合我们的生活经历，而不是仅仅根据100年前先人所说的那样去理解"，[1] "任何时代都必须重新书写自己的法学"，[2] 军职罪立法亦是如此。

如《刑法修正案（十一）》出台前，《刑法》第450条规定的军职罪适用范围为："本章适用于中国人民解放军、武装警察部队的现役军官、警官、文职干部、士兵、具有军籍的学员以及执行军事任务的预备役人员和其他人员。"近些年来，随着军民融合发展战略在军事人力资源领域的展开，军队开始大量招聘文职人员。根据《文职人员条例》第2条的规定，这里的文职人员是指在军队编制岗位依法履行职责的非服兵役人员，故实践中一般将其称为非现役文职人员。与《刑法》第450条中规定的"文职干部"不同之处在于：此类人员没有军籍。虽然如此，但确需要其"在军队编制岗位依法履行职责"。这样的规定意味着文职人员与现役军人一样，可能在履行职责过程中，违反军职罪的有关规定，侵害国家的军事利益，具有纳入军职罪适用范围的必要。但如何纳入？非现役文职人员毕竟不同于第450条中的文职干部。对此，在《刑法修正案（十一）》通过前，有学者主张可以以刑法解释的方式将《刑法》第450条规定中的"其他人员"做扩大解释，进而将其纳入军职罪的管辖范围中来。[3] 法律的生命不仅在于逻辑，而且在于生活。法律文本具有开放性的特点，不断发展的社会生活事实会自动给法律文本填充新的含义，从而使法律

---

〔1〕 ［美］克里斯托弗·沃尔夫：《司法能动主义——自由的保障还是安全的威胁?》（修订版），黄金荣译，中国政法大学出版社2004年版，第56页。

〔2〕 ［德］古斯塔夫·拉德布鲁赫：《法律智慧警句集》，舒国滢译，中国法制出版社2001年版，第137页。

〔3〕 参见蔺春来：《文职人员职责履行中的刑事责任》，载《西安政治学院学报》2007年第5期。

具有自己的生命力。[1] 对此观点，笔者表示赞同。既然军队人力管理的实践已经使得非现役文职人员成为军职罪的适格主体，将之解释为《刑法》第450条中的"其他人员"并没有超出刑法条文的字面含义，此时我们只需要通过解释对此种状态予以确认即可。

（三）结论：立法论与司法论相结合是军职罪修改的必由之路

陈兴良教授通过对中国刑法学研究40年（1978—2018年）历程的回顾得出结论：以1997年《刑法》的颁行为标志，可将我国的刑法学研究分为两个阶段：一是立法论阶段，二是司法论阶段。所谓立法论阶段，是指在1997年《刑法》颁布之前，我国的刑法研究是一种以立法为中心的研究，其目的在于修改刑法。所谓司法论阶段，是指在1997年《刑法》颁布之后，我国的刑法研究进入以司法为中心的研究状态；其目的在于帮助司法机关正确适用刑法。立法论的刑法学研究与司法论的刑法学研究区别有如下几点：①研究目的不同。司法论以帮助司法机关正确适用刑法为其主要目的，关注的是刑法适用方面存在的各种疑难问题；立法论以帮助立法机关修改为其主要目的，关注的是刑事立法方面存在的各种问题。②研究方法不同。司法论采取的是法解释学方法；立法论采取的是价值分析方法。③服务对象不同。司法论面向司法实务人员等与刑事司法活动相关的人员；立法论面向立法者。④研究的持续性不同。立法论一般只服务于特定的刑事立法时期，具有阶段性的特征；司法论可以长期积累，具有持续性的特征。[2]

笔者认为，陈兴良教授的上述分析客观地回顾了我国刑法学的研究历程，但正如陈兴良教授所言，司法论的刑法学研究是建立在刑法规范的基本完善的基础之上。应当说，不论是在结构上，还是在内容上，现行刑法比1979年《刑法》都要完善和完备得多。但即便如此，

---

〔1〕 参见张明楷：《刑法分则的解释原理（第二版）》（上），中国人民大学出版社2011年版，第6页。

〔2〕 参见陈兴良：《中国刑法学研究40年（1978—2018年）》，载《武汉大学学报（哲学社会科学版）》2018年第2期。

在新刑法颁行以后，刑法的修订工作仍然需要持续进行。[1] 道理很简单，刑法乃人造之物，不可避免地存在缺陷，前述已及，并不是所有的刑法缺陷都可以通过刑法解释的方法来予以完善。这是因为：首先，刑法的漏洞不可避免。正如张明楷教授所言，希望刑法没有漏洞不过是天真的幻想。只要我们实行罪刑法定原则，只要我们肯定刑法的渊源仅限于成文法，只要我们否认类推解释，刑法条文就必然存在漏洞。[2] 其次，刑法具有滞后性。刑法典由成文文字固定，具有滞后效应。随着时代的发展，随着人类社会的进步，刑法规范中总会出现不合时宜之处，此时就需要运用立法手段予以废止或者删除。《刑法修正案（八）》与《刑法修正案（九）》先后对 22 项死刑罪名的废除即证实了这一点。综合上述论断，陈兴良教授的真实意思其实是在 1997 年《刑法》颁行之后，刑法学研究的主要任务是实现立法论向司法论的转变，但立法论研究并非丧失了用武之地，并不排除立法论研究在今后某一特定时期、特定刑法规范上的运用。刑法的完善需要立法论与司法论的结合。

军职罪恰恰是这样一个既需要重视立法论研究，又需要重视司法论研究的规范群。首先，军职罪需要加强立法论研究。前述已及，军职罪在并入刑法典之时系立法者强力推导的结果，宏观上，军职罪并入刑法典的立法模式是否合适？军人犯与军事犯并重的立法体例是否存在问题？微观上，军职罪的概念、制度、规范的设计是否合理？与分则其他章节的规定是否匹配？这些问题在并入之初我们没有进行仔细研究，匆忙之间即将其并入刑法典。而且，最终并入刑法典的并不是在原《暂行条例》基础上反复修改、论证的《中华人民共和国惩治军人违反职责犯罪条例（草案）》，而是基本上沿用了原《暂行条例》的条文和罪名。易言之，军职罪在纳入刑法典之时基本舍弃了建立在原《暂行条例》基础之上的立法论成果。正因如此，军职罪纳入刑法典之时就存在一些碎片化现象。原《暂行条例》中固有的一些缺

---

〔1〕 参见陈兴良：《中国刑法学研究 40 年（1978—2018 年）》，载《武汉大学学报（哲学社会科学版）》2018 年第 2 期。

〔2〕 参见张明楷：《刑法分则的解释原理（第二版）》（上），中国人民大学出版社2011 年版，第 209~210 页。

陷、不足被悉数带入 1997 年《刑法》，并没有实现刑法典应有的体系性、逻辑性、严谨性与科学性。而要修正这些错误就必须得研究与军职罪有关的立法论内容。其次，军职罪需要加强司法论研究。尽管如此，军职罪并入刑法典已然成为事实，短时间内国家不会对现行刑法典进行全面修订，一味地关注军职罪立法缺陷无助于问题的解决。此种情况下，就需要我们注重司法论的研究。加强对现有军职罪规范的解释，阐发蕴含在军职罪规范文字之中的语义内容，同时避免不应有的漏洞，尽可能地对军职罪规范中没有明文规定的行为提供可资适用的，具有参照性的规则。

综上，军职罪在并入刑法典之初就在立法技术、内容等方面存在一些司法论无法予以解决的缺陷，而要彻底解决这些问题，就必须加强立法论方面的研究；同时，由于军职罪并入刑法典已然成为事实，短时间内不可能进行全面修订，为了在司法实践中更好地适用军职罪现有规范，军职罪的修改不能只考虑诸如要否单行立法，这样的立法论方面的问题，同时必须着眼军事司法实践中的一些难题，如前述的如何将非现役文职人员在不修改刑法的情况下，纳入军职罪的适用范围。在此意义上，军职罪的修改必须坚持立法论与司法论相结合。必须说明的是：司法论的主要方法是对刑法条文进行解释，而刑法的解释从效力上可分为立法解释、司法解释与学理解释三种。故在前面对司法论功能的论述中，我们起手即是从刑法解释的角度入手进行的论证。亦即，司法论与解释论表述的实际上是同一个意思。

二、军职罪的修改如何做到立法论与司法论相结合

军职罪的修改必须坚持立法论与司法论相结合，这就意味着军职罪的修改必须同时注重刑法修改与解释两种手段的综合运用。刑法解释包括立法解释、司法解释与学理解释。刑法修改与刑法解释综合运用、合理搭配的前提是厘清刑法修改、立法解释、司法解释、学理解释之间各自的功能定位，在此基础上确定刑法修改、立法解释、司法解释、学理解释在军职罪修改中的各自的启动规则，唯此方可使四者在各司其职、各尽其责、各安其位的基础上，形成合力，更好地服务于军职罪立法修改与完善的宏伟目标。此外，现行刑法颁行以来，关

于军职罪的修改与司法解释中存在一些不适当的做法，亟待纠正。本部分拟对这些问题一并予以探讨。

（一）刑法修改的功能与定位

刑法属于全国人民代表大会制定的国家基本法律。根据《宪法》第 67 条第 3 项的规定，全国人大常务委员会在全国人民代表大会闭会期间，有权对刑法进行部分的补充和修改，但是不得同刑法的基本原则相抵触。现行刑法颁行后，全国人大常委会正是据此通过了 1 部单行刑法和 12 部刑法修正案来对刑法进行修正。从以往的修订内容来看，既有对刑法总则的修改，又有对刑法分则的修改；既有对罪状的修改，又有对法定刑的调整；既有对构成要件的修改，又有新增罪名的规定。从修订方法上来看，既有对条文的修改、增加，也有对既有条文的删除。从修改模式上来看，除《关于惩治骗购外汇、逃汇、非法买卖外汇犯罪的决定》外，均是以刑法修正案模式对刑法进行的修改。

关于刑法修改功能与定位，理论上现在争议比较大的问题是全国人大常委会是否享有刑法修正案的立法权。对此存在两种观点：第一种观点为彻底否定说。持这种观点的学者认为全国人大常委会没有刑法修正案的立法权。具体理由为：刑法修正案不同于单行刑法，刑法修正案的通过程序应与刑法典的通过程序一样，由全国人民代表大会审议。反之，如果由全国人大常委会审议和通过刑法修正案，不仅与刑法修正案的普通法典地位不相称，而且与刑法典通过程序所要求的严格性、民主性和代表性不符合，此外，由全国人大常委会行使刑法修正案的立法权易将全国人大的刑事立法权架空，所以应当由全国人大通过刑法修正案，由全国人大常委会进行立法解释较为合适。第二种观点为部分否定说。持这种观点的学者认为全国人大常委会无权采用刑法修正案创设新罪，该项权力属于全国人民代表大会。创设新罪之外的立法权全国人大常委会是享有的，但即便如此，全国人大常委会在修改刑法中既有罪名时也应慎重行使其权力，不宜频繁进行。否则，会发生全国人大常委会部分修改权侵蚀全国人民代表大会制定权的危险。[1]

对此问题，笔者同意陈兴良教授的观点。根据《宪法》第 67 条的规定，不管是对全国人大制定的基本法律，还是全国人大制定的普通法律，全国人大常委会都有广义上的修改权。但全国人大常委会修改权的行使有两个条件的限制：①只能对刑法典进行部分补充和修改；②修改时不得同法律的基本原则相抵触。就第一个限制条件而言，上述学说争议的关键之处在于全国人大常委会是否对刑法典进行了大修大改。原则上，只要不是对刑法进行全面修改，而是做中等程度以下的修改，应当说是属于全国人大常委会立法权限范围的。就第二个限制条件而言，这里的基本原则不限于刑法规定的三大基本原则，还应包括刑法的基本制度。全国人大常委会在刑法修正案中完全有增设新罪的权力。否则，就会出现全国人大在单行刑法中有权规定新罪，但在修正案中无法增加规定新罪的不合理现象。[2]

（二）立法解释的功能与定位

所谓立法解释，就是由最高立法机关对刑法条文的含义进行的解释。[3]《宪法》第 67 条第 4 项规定，解释法律属于全国人大常委会行使的职权之一。根据第五届全国人大常委会于 1981 年 6 月 10 日通过的《关于加强法律解释工作的决议》的规定，凡是关于法律、法令条文本身需要进一步明确界限或作补充规定的情形，由全国人大常委会进行解释或用法令加以规定。此后，《立法法》第 48 条规定，当法律出现以下任一情况时由全国人大常委会予以解释：一是法律规定需要进一步明确具体含义的；二是法律制定后出现新情况，需要明确适用法律依据的。自 1997 年《刑法》颁行以来，全国人大常委会先后多次出台立法解释，对渎职罪的主体、信用卡的概念及一些刑法条文的规定做出过释义。

有学者反对立法解释。主要理由包括：首先，立法解释不符合法

---

[1] 参见赵秉志主编：《刑法修正案最新理解适用》，中国法制出版社 2009 年版，第 245~246 页。
[2] 参见陈兴良：《刑法修正案方式的立法考察》，载《法商研究》2016 年第 3 期。
[3] 参见高铭暄、马克昌主编：《刑法学》（第十版），北京大学出版社、高等教育出版社 2022 年版，第 19 页。

治原则。法治原则要求法律的制定者、执行者与裁判者必须分离。如果立法机关过多地就刑法条文进行立法解释，就有立法者介入司法活动之嫌。其次，以立法解释不是司法为由对上述论断进行反驳没有意义。根据相关法律规定，刑法条文需要进一步明确界限的问题属于立法解释的范围，如何具体应用刑法条文的问题属于司法解释的范围。以此来对立法解释与司法解释进行区分根本不具有可操作性，刑法条文需要明确界限的问题与具体应用刑法条文的问题不可能得到区分。最后，有违反罪刑法定原则之嫌。人们之所以乐于欢迎立法解释，其潜在层次的需求其实是想通过立法解释使类推解释臻至"合法化"。[1]

对此，笔者认为上述学者的观点存在如下问题：首先，立法解释有其存在的现实根据。诚如论者所言，刑法条文需要明确界限的问题与具体应用法律的问题难以得到区分。司法实践中，确实也存在着最高人民法院、最高人民检察院就同一刑法条文存在不同意见，之后报请全国人大常委会裁决的情形。但这正是立法解释存在现实根据，而非废止立法解释的理由。否则，一旦废止立法解释后最高人民法院、最高人民检察院再有争议时就会出现无人居中裁断的情形。对此，笔者的设想是：既然两者难以区分，甚至不可能得到区分，那么干脆不再区分。通过制度上的设计，来避免区分的困难。原则上，立法解释必须保持一定的克制态度，让最高人民法院、最高人民检察院先对刑法条文进行解释。一旦最高人民法院、最高人民检察院对条文解释发生争议时，再由立法机关对之居中裁决。如此一来，既发挥了立法解释的作用，又避免了立法解释与司法解释界限难以区分的问题。其次，废止立法解释同样有违法治原则。如果认为进行立法解释有违法治原则，会导致立法介入司法情形的发生。问题在于如果废止了立法解释只保留司法解释的话，就意味着将法律的解释权完全赋予了司法机关，会发生司法介入立法活动的情形。产生论者所谓的立法权与司法权合一后的另一恶果："人民的生命、自由和财产就会陷于专断的

---

〔1〕 参见张明楷：《立法解释的疑问——以刑法立法解释为中心》，载《清华法学》2007年第1期。

法官的控制之中。"〔1〕这同样有违法治原则。最后，不管是立法解释，还是司法解释，都必须遵守罪刑法定原则，这是自然之理。是故立法机关并非对司法机关的任何解释要求都可以应允，违背罪刑法定原则，超出刑法条文字面含义的解释即使是立法解释也不得做出。此种情况下，问题的关键在于如何完善区分技术，将类推解释剔除出去，而不能因其存在此种可能的情形，就将立法解释予以废止。

（三）司法解释的功能与定位

司法解释，即由最高司法机关对刑法的含义做出的解释。〔2〕在我们国家有权进行司法解释的是最高人民法院和最高人民检察院。根据第五届全国人大常委会于 1981 年 6 月 10 日通过的《关于加强法律解释工作的决议》的规定，最高人民法院对审判工作中具体应用法律、法令的问题进行解释；最高人民检察院对检察工作中具体应用法律、法令的问题进行解释。最高人民法院、最高人民检察院的解释如果有原则性分歧，则报请全国人大常委会解释或决定。《人民法院组织法》第 32 条与《最高人民检察院司法解释工作规定》第 2 条对上述问题也作出了相同的规定。《立法法》第 104 条重申了上述最高人民法院、最高人民检察院的司法解释权，同时对其作了程序上的规定：司法解释应主要针对具体法律条文，并须符合立法的目的、原则和原意；司法解释自公布之日起 30 日内，报全国人大常委会备案。

根据有关学者统计，截止到 2016 年 9 月，最高人民法院、最高人民检察院颁布的现行有效的司法解释共计 422 件。〔3〕如此庞大的规模，引起了一些学者的深思。有学者认为，司法解释泛化存在如下弊端：使刑法条文含义固定化，不利于发现其真实含义；导致二审终审制形同虚设；浪费资源，司法解释表述形式与刑法一模一样，仍需对之进行二次解释；司法解释同样会发生解释错误的情形，会将最高

---

〔1〕 布莱克斯通语。转引自张明楷：《立法解释的疑问——以刑法立法解释为中心》，载《清华法学》2007 年第 1 期。

〔2〕 参见高铭暄、马克昌主编：《刑法学》（第十版），北京大学出版社、高等教育出版社 2022 年版，第 20 页。

〔3〕 参见李立众：《刑法一本通——中华人民共和国刑法总成》（第十三版），法律出版社 2017 年版，第 422 页。

司法机关的错误放大为全国的错误；因下级司法机关须受上级司法机关的监督、审查，导致下级司法机关对上级司法机关的错误司法解释只能唯命是从，导致司法解释的效力与权威超过刑法典的效力与权威等不正常现象发生，等等。[1] 对此，笔者认为，诚如论者所言，司法解释确实在一定程度上存在上述问题，但司法解释的存在有其合理性。首先，这是由我国粗疏立法的现状造成的。在立法宜粗不宜细的方针指导下，我们国家刑法条文规定的一般都比较抽象，致使法官自由裁量权扩大，不同的法官对同一刑法条文的理解可能不一致，为了解决同案不同判问题，司法解释自然有其存在的必要性。其次，这是由社会转型期的一些客观事实决定的。当下，我国正处于社会转型阶段，一些新的犯罪不断出现，经济犯、行政犯等法定犯日益增多，法官办案水平虽有了提高，但仍然不能满足司法实践的需要，这也为司法解释的频繁出台提供了一个客观的条件。最后，这是司法责任制的实施带来的负面效应。司法责任制的实行固然有助于提高法官、检察官的责任心，但同时带来的一个负面效应就是使得法官、检察官在面对疑难案件时不敢也不愿大胆行使自由裁量权，向上级司法机关索要司法解释成为常态。事实上，即使持上述观点的学者，也并不主张取消司法解释，而是认为最高人民法院、最高人民检察院对司法解释应持克制态度，不可以轻易做出司法解释，或者竞相出台司法解释；下级司法机关可以自行处理的事项，上级司法机关没有必要做出司法解释；司法解释的内容是否合理，应以是否发现了刑法条文的真实含义，是否符合刑法条文的法益保护目的，是否符合体系解释的原则，是否使案件得到妥当处理为标准；而非以是否符合多数的意见，是否符合专家学者的观点，是否取得有关国家机关赞成为依据。司法解释不是法律，在社会生活事实日益变化的今天，不宜抱着追求稳定的态度，对已颁布的不合时宜的司法解释应及时修订。[2] 对该学者的这一观点，笔者完全赞同。

---

〔1〕　参见张明楷：《刑法分则的解释原理》（上），中国人民大学出版社 2011 年版，第 6~22 页。

〔2〕　参见张明楷：《刑法分则的解释原理》（上），中国人民大学出版社 2011 年版，第 22~24 页。

（四）学理解释的功能与定位

所谓学理解释，就是由教学科研单位或者专家学者等从学理上对刑法条文的含义所做的解释。[1] 刑法的学理解释不具有法律效力，但这并不意味着学理解释没有任何作用。正确的学理解释对于刑事司法实践和立法工作具有重要的参考价值。事实上，诸多的司法解释与立法解释正是在学理解释的推动、影响下做出的。这正是学理解释价值之所在。正因为如此，学理解释要力争为立法解释、司法解释提供理论依据，而不能事事要求有权机关先做出立法解释或者司法解释。如果刑法学者一旦遇到难题就要求有权机关做出立法解释或者司法解释，刑法学研究就会畏缩不前，也失去了其存在的意义。

笔者认为，学理解释在刑法解释中处于基础地位。首先，与立法解释、司法解释不同，学理解释的产生过程相对要简单一些。学理解释只要内容正确即可指导实践，而不是必须转化为有权解释才可指导实践。这就意味着相较于有权解释，学理解释少了一个繁琐的转化过程。其次，学理解释具有超然性。与立法解释、司法解释不同，学理解释并不必然发生在刑法适用过程中。实际上，只要存在刑法规范，学理解释即可对之进行理论和逻辑上的演绎、阐明。正因为如此，学理解释与法官的"前见"不同，法官的"前见"具有职业化特征，而学理解释则因不与个案具有关联性，具有超然性特征。再次，尽管学理解释没有法律上的效力，但其通常以学术论文、专著、教科书等形式表现于外，但正因如此，刑法的学理解释往往立法解释和司法解释更能给予社会基本的法律资源。合理的学理解释并不需要转化为有权解释，只要其符合罪刑法定原则，就可以直接用来指导刑事司法实践。[2] 最后，不管是学理解释，还是有权解释，都必须得遵守罪刑法定原则。易言之，在不得违反罪刑法定原则这点上，有权解释并不比学理解释存在任何优越之处。学理解释上不能得出的结论，有权解释也不能得出。学理解释不得类推，有权解释同样不得类推。这意

---

[1] 参见高铭暄、马克昌主编：《刑法学》（第十版），北京大学出版社、高等教育出版社 2022 年版，第 20 页。

[2] 参见张明楷：《刑法分则的解释原理（第二版）》（上），中国人民大学出版社 2011 年版，第 26 页。

味着，除了效力问题外，有权解释并不比学理解释享有任何优势。[1]
既然学理解释的产生不需要经过严格的程序，生产周期较短，耗费社
会资源较少；超然于具体案件之外，内容往往比较全面，兼顾各方的
利益；表现形式多种多样，资源较为丰富，获取途径更为便利；同时
在解释方法上，立法解释、司法解释并不比学理解释存在任何优势，
同样必须遵循罪刑法定原则。这就使得学理解释在刑法解释中处于基
础地位。学理解释者应当为立法解释、司法解释提供理论依据，而不
能事先要求有权机关做出解释，否则，可能会导致如下不利后果：首
先，一旦立法解释、司法解释不当，就会导致全国性的司法适用不
当；其次，导致刑法学研究的萎缩。如果刑法学者一遇到难题就要求
有权机关做出有权解释，学者们还研究什么？刑法学怎么能发展
呢？[2] 学理解释的基础性地位决定着：当面临疑难案件时，司法机
关首先应当想到的是寻求正确的学理解释，大胆行使自己的自由裁量
权，而非寻求所谓的立法解释、司法解释，从而可以使案件的处理更
为快捷、方便、公正。

前述已及，我们认为尽管司法解释存在一定的弊端，但考虑到刑
法规范的粗疏性及社会转型期，经济犯、行政犯等法定犯不断增多的
事实，我们赞同张明楷教授的观点——最高人民法院、最高人民检察
院的司法解释有保留的必要，但应进行克制。但凡可由下级司法机关
依据学理解释自行处理的问题，没有必要做出司法解释。如根据《刑
法》第 435 条的规定，军人违反兵役法规，逃离部队，情节严重的，
成立逃离部队罪。从文理解释的角度而言，本条并没有将军人逃离部
队的时间限定于战时，军人平时逃离部队，情节严重的，也应适用本
条，成立逃离部队罪。在此意义上，2000 年 12 月 5 日最高人民法院、
最高人民检察院作出的《关于对军人非战时逃离部队的行为能否定罪
问题的批复》——"军人违反兵役法规，在非战时逃离部队，情节严
重的，应当依照《刑法》第 435 条的规定定罪处罚"——便有画蛇添

---

〔1〕 参见张明楷：《刑法分则的解释原理（第二版）》（上），中国人民大学出版社
2011 年版，第 26 页。

〔2〕 参见张明楷：《刑法分则的解释原理（第二版）》（上），中国人民大学出版社
2011 年版，第 25 页。

足之嫌。"即使有关部门反复请示如何理解《刑法》第435条,也没有必要以司法解释的形式做出解释"。[1]

(五) 刑法修改、刑法解释的启动规则

前面我们论述了刑法修改、立法解释、司法解释、学理解释各自的功能与定位,阐述了刑法修改、立法解释、司法解释、学理解释各自的作用与职责是什么。在此基础上,军职罪修改如欲坚持立法论与司法论相结合,必须得设置好刑法修改、立法解释、司法解释、学理解释启动的原则与顺序。即面对军职罪立法存在的问题与缺陷,刑法修改、立法解释、司法解释、学理解释之间如何启动?何者为先?何者居后?设立启动规则的目的在于定分止争,防止立法权、立法解释权、司法解释权之间的相互僭越,实现刑法立法修改与刑法解释之间的和谐共生。

笔者认为,在军职罪立法修改与完善的问题上,刑法修改、立法解释、司法解释、学理解释的启动原则与顺序应为:①刑法修改与刑法解释的顺序上,原则上刑法修改具有最后手段性,能通过刑法解释解决的问题,坚决不修改刑法;②在立法解释与司法解释的顺序上,原则上立法解释必须保持克制,除非最高人民法院、最高人民检察院通过的司法解释存在冲突情形外,坚决不启动立法解释;③司法解释的发动原则也必须进行克制,能由下级法院法官、检察官通过学理解释的手段进行合理解决的问题,坚决不启动司法解释。这样一来,在军职罪立法修改与完善的问题上,刑法修改、立法解释、司法解释、学理解释依次启动的顺序为:①学理解释。原则上能使用学理解释解决的问题,尽量不启动司法解释。②司法解释。当学理解释分歧较大时,启动司法解释。③立法解释。原则上能使用司法解释解决的问题,尽量不启动立法解释。只有在司法解释有冲突的情况下,方可启动立法解释。④刑法修改。刑法修改具有最后手段性,原则上能使用立法解释解决的问题,尽量不启动刑法修改。除非立法解释的使用有违罪刑法定原则,方可启动刑法修改。这样的启动原则与顺序的设计

---

[1] 张明楷:《刑法分则的解释原理 (第二版)》(上),中国人民大学出版社2011年版,第22页。

理由在于以下几点：

第一，这是由军职罪并入刑法典的事实决定的。前述已及，军职罪并入刑法典已然成为事实，短时间内不存在刑法典全面修订的可能性。不管是军职罪也好，刑法典中的其他犯罪也罢，未来几年的修改规模只能是小修小补。可以预料，未来相当长的一段时间内，军职罪从刑法典中分立出来，实施单独立法几乎不可能。刑法典是国家的基本法律，必须保持一定的稳定性，频繁修改，将会使刑法典丧失其安定性，其权威性也必然大打折扣。故原则上能通过刑法解释予以解决的问题，尽量不要动用刑法修改的手段去解决。在此问题上，必须坚持理性立法，纠正刑法万能论的倾向。特别需要注意的是：网络时代刑法作为最后的制裁手段必须保持独立性，不可盲目屈从于"社会民意"，尤其是"网络民意"。不得不承认，当下网络民意的形成和汇集往往具有情绪化和盲目化的特征，易被伪造和诱导。网络民意来得快，去得也快；而刑事立法必须作垂范久远的长远考虑。否则，其造成的损害将会更大且更为长久。在清代及以前很长一段时间内，我们国家的法律体系的特征表现为民刑合一、以刑为主。立法上长期的民刑混搭关系滋生出刑法万能主义的观念，时至今日这种观念仍然存在于普通民众，甚至于部分专家学者心中，即对刑法存在着过高的期望与希冀。一旦面临某种危害严重的行为，首先想到的是动用刑法手段予以解决，忽视其他手段的运用，浪费有限的立法资源。

第二，这是由立法解释与司法解释区分的困境造成的。前述已及，尽管法律规则表述相当清晰：立法解释对法律、法令条文本身需要进一步明确界限的问题予以解释，司法解释对审判和检察工作中如何具体应用法律的问题进行解释。但刑法条文需要明确界限的问题与具体应用法律的问题不可能得到区分。既然如此，我们不妨不再进行区分，而是先由最高人民法院、最高人民检察院启动司法解释，只有当最高人民法院、最高人民检察院的司法解释有原则性分歧，方可报请全国人大常委会制定立法解释。如此不仅可以避免上述立法解释与司法解释界限难以区分的问题，而且还可以充分发挥全国人大常委会的积极作用。在二元多极的刑法解释体制下，达到限制立法解释权，又同时起到监督最高人民法院、最高人民检察院司法解释权行使的法治目的。

第三，这是由学理解释的基础地位决定的。学理解释虽不具有法律效力，但却对司法实践活动具有参考作用，是立法解释、司法解释的理论依据。学理解释的产生不需要严格的程序，这就决定了学理解释资源上的丰富性，形式上的多样性，获取途径上的方便性。正因如此，法官、检察官在具体办案过程中，首先应尝试着用学理解释去解决自己所面临的实际问题。如此一来，即可尽量避免立法解释、司法解释泛化带来的消极影响。依照我们前述的设计，立法解释的启动居于司法解释之后，只有当最高人民法院、最高人民检察院的司法解释具有原则性的分歧时，才需要动用立法解释居中予以裁判。照此，即可间接缩减立法解释的规模与数量。此外，司法解释的发动原则上也必须进行克制，能由下级法院法官、检察官通过学理解释的手段进行合理解决的问题，坚决不启动司法解释。

（六）军职罪修改与解释中存在的一些问题[1]

1. 立法权的僭越问题

现行刑法颁行以来，涉及军职罪的立法修改似乎只有一次，即《刑法修正案（九）》中关于阻碍执行军事职务罪与战时造谣惑众罪死刑的废除。其实不然，军职罪的立法内容曾被以其他方式修改过，只不过没有引起人们的注意而已。当下，关于军职罪修改存在问题主要表现为如下两点：

（1）立法主体上的僭越。如前所述，为了消除剥夺军衔司法适用上的混乱局面，中央军委于 2000 年 11 月 28 日专门下发了《关于剥夺犯罪军人军衔的规定》，指出凡军人犯罪被依法判处 3 年以上有期徒刑、无期徒刑、死刑或者剥夺政治权利的，不论其是军官还是士兵，一律由军事法院判决剥夺其军衔。不难看出，这实际上是以中央军委的名义，在军事法规中对剥夺军衔刑附加刑性质的肯定。依照《立法法》的规定，犯罪与刑罚事项属于法律绝对保留事项，军事法规无权对犯罪与刑罚事项作出规定。即使认为剥夺军官军衔是对《军官军衔条例》等有关规定的重申，但剥夺犯罪士兵军衔的规定绝对属

---

[1] 这里的军职罪修改指的是立法修改。——笔者注

于刑罚创制事项，违反了犯罪与刑罚事项法律保留的原则。

（2）司法解释权对立法权的僭越。如《刑法》第 430 条规定，军人在履行公务期间，擅离岗位，叛逃境外或者在境外叛逃，危害国家军事利益的，成立军人叛逃罪。对于什么是本罪中的危害国家军事利益，最高人民检察院、解放军总政治部联合下发的《军人违反职责罪案件立案标准的规定》第 11 条指出，军人叛逃涉嫌下列情形之一的，应予立案："因反对国家政权和社会主义制度而出逃的……"必须承认，军人叛逃到境外，何种情况下属于危害国家军事利益确实很难判断，军队保卫部门也很难调查、取证。与军人叛逃罪相对应的法条竞合犯叛逃罪在修订前也面临同样的问题。正因为如此，《刑法修正案（八）》将叛逃罪中的原条文第 1 款"国家机关工作人员在履行公务期间，擅离岗位，叛逃境外或者在境外叛逃，危害中华人民共和国国家安全的"修订为"国家机关工作人员在履行公务期间，擅离岗位，叛逃境外或者在境外叛逃的"，删去了"危害中华人民共和国国家安全"一语，从而避免了这一适用上的尴尬。

《军人违反职责罪案件立案标准的规定》似乎没有注意到这一问题，而是将具备上述情形之一规定为军人叛逃罪的成立条件。问题在于：上述情形实际上是在《刑法》第 430 条规定的基础上，附加了一个动机要素——反对国家政权和社会主义制度。一般认为，动机是指刺激犯罪人实施犯罪行为以达到犯罪目的的内心冲动或者内心起因。只有当特定的动机是犯罪的责任要素时，不具有特定的动机，才不成立此种犯罪。责任要素之外的动机只是影响量刑，但不影响犯罪的成立。以动机为责任要素的犯罪其典型是投降罪，根据《刑法》第 423 条的规定，军人只有出于贪生怕死的动机，在战场上自动放下武器投降敌人的，方成立投降罪；并非出于贪生怕死这一动机的，不可能成立投降罪。规定军人叛逃罪的第 430 条并未要求军人叛逃必须出于反对国家政权和社会主义制度的动机，《军人违反职责罪案件立案标准的规定》却将其规定为军人叛逃罪的成立标准，毫无疑问，这种动机的添附已经超出了刑法解释的功能与定位，属于对刑法规范的立法修改，是不折不扣的准立法。

2. 司法解释权的僭越问题

自新刑法生效以来，关于军职罪的正式司法解释一共有三件：第一件为2000年12月5日最高人民法院、最高人民检察院联合下发的《关于对军人非战时逃离部队的行为能否定罪处罚问题的批复》。第二件为2002年10月31日解放军总政治部下发的《关于军人违反职责罪案件立案标准的规定（试行）》。第三件为2013年2月26日最高人民检察院、解放军总政治部联合下发的《军人违反职责罪案件立案标准的规定》。上述三件司法解释中，其中第二件已经被第三件所取代，故当下关于军职罪的有效司法解释共两件。关于军职罪司法解释存在的问题主要有如下几点：

（1）解释主体上的僭越。根据《立法法》和第五届全国人大常委会通过的《关于加强法律解释工作的决议》的规定，只有最高人民法院、最高人民检察院才有司法解释权，但在军事司法实践中，解放军军事法院、军事检察院甚至解放军总政治部实际上都在行使着司法解释权。如在军事刑事司法工作中，针对下级军事法院、检察院在司法实践中遇到的各种问题，解放军军事法院、军事检察院以书面或口头的形式做了一些解释，其形式不一而足，计有文件、复函、通知、答复、当面解释、电话解释等，这些解释虽然不是正式意义上的司法解释，但对我军的刑事审判工作具有指导意义，成为下级军事法院、检察院办理案件的依据。[1] 又如，传统上，我军的军事司法工作一直以来都被认定为军队政治工作的一部分，故在军事司法实践中，中国人民解放军总政治部可以自己的名义下发指导军事司法实践的"解释"。如2002年10月31日，解放军总政治部下发了《关于军人违反职责罪案件立案标准的规定（试行）》，该解释开头部分有"结合军队的司法实践，并征得最高人民法院、最高人民检察院和公安部同意"的说法。具体内容包括立案标准与附则两部分。其中，立案标准部分规定了战时违抗命令罪等31个罪名的立案标准；附则部分则对"军人""违反职责""武器装备""军用物资""直接经济损失""间

---

〔1〕 参见曹莹：《军事刑事立法的现状与发展趋势》，载《西安政治学院学报》2002年第6期。

接经济损失"等概念，及犯罪数额中的"不满""军事秘密等级"等的认定作出了规定。

如果说此规定只在军内印发，属于军事规章，尚属解放军总政治部指导全军的军事审判、军事检察工作的话，此后，最高人民检察院、解放军总政治部于 2013 年 2 月 26 日在上述文件的基础上联合下发的《军人违反职责罪案件立案标准的规定》（政检〔2013〕1 号）系以最高检与解放军总政治部的名义联合下发至各省级检察院与解放军各大单位，应当说，此时解放军总政治部实际上已经是在行使真正意义上的司法解释权了。

（2）解释形式与内容上的僭越。1997 年《刑法》颁行后，为了应对军事司法实践的需要，总政保卫部、解放军军事法院、军事检察院编印了《中华人民共和国刑法危害国防利益罪和军人违反职责罪注释》（解放军出版社 1999 年版）一书。问题在于：首先，该注释既非立法解释，又非司法解释；如认为其属于学理解释，但主编单位又是军队的司法机关，具有一定的权威性。事实上，该注释虽然没有表明印发军队各有关政法部门办案供其办案参考，但在军事司法实践中，其产生的效果与司法解释毫无二致。其次，如果说对军人违反职责罪内容的注释尚属部队法制教育事项，为军事司法机关职责之所在，对危害国防利益罪内容的注释显然已经超出了军事司法机关的权限范围。[1]

（3）存在不必要的司法解释。前述已及，2000 年 12 月 5 日最高人民法院、最高人民检察院联合下发了《关于对军人非战时逃离部队的行为能否定罪处罚问题的批复》。该批复出台的背景为《刑法》第435 条规定逃离部队罪的构成要件为"违反兵役法规，逃离部队，情节严重"，而 1998 年 12 月 29 日修订后的《兵役法》第 62 条第 1 款却规定"现役军人以逃避兵役为目的，拒绝履行职责或者逃离部队的，按照中央军事委员会的规定给予行政处分；战时逃离部队构成犯罪的，依法追究刑事责任"。这样一来，作为附属刑法的兵役法与作

---

〔1〕 参见张建田：《关于军人违反职责罪的立法沿革与完善》，载氏著《中国军事法学研究的历史回顾》（第二版），法律出版社 2014 年版，第 657~658 页。

为普通刑法的刑法典之间关于逃离部队罪的犯罪构成就出现了矛盾。刑法规定，只要军人违反兵役法规，逃离部队，情节严重的，就成立逃离部队罪，对于行为发生的时间并未作限定，而兵役法却规定军人只有战时逃离部队的才成立逃离部队罪。

对此冲突，司法实践中有人主张，刑法修订在前，兵役法修订在后，相较于刑法，兵役法应属于特别法。根据特别法优于普通法、后法优于前法的原则，此时应优先适用兵役法。军人平时逃离部队的，即使情节严重，但因其不符合《兵役法》第62条第1款的规定，不属于"战时逃离部队"，就不构成逃离部队罪。[1] 问题在于：逃离部队罪是军事司法实践中的常见、多发案件，这种观点给逃离部队罪的适用带来了困惑与干扰。为解决这一难题，解放军军事法院、军事检察院于1999年专门给最高人民法院、最高人民检察院递交了《关于军人非战时逃离部队情节严重的，能否适用刑法定罪处罚问题的请示》。最高人民法院、最高人民检察院以法释〔2000〕39号批复文件对此进行了正式答复，认为非军人战时逃离部队，情节严重的，成立逃离部队罪。此后，《兵役法》于2009年修正，对第62条的内容重新进行了修改，将"战时逃离部队构成犯罪的，依法追究刑事责任"改为"构成犯罪的，依法追究刑事责任"，消除了其与《刑法》第435条逃离部队罪条文之间的矛盾。

如前所述，《刑法》第435条本来就没有对逃离部队的时间进行限制，完全可以由军事司法机关在办理具体案件过程中依据学理解释予以解决，但最高人民法院、最高人民检察院却以批复的形式对之进行了答复，属于不必要的司法解释，超出了司法解释的功能与定位。

3. 问题之纠正

上述问题产生的原因在于：其一，这是由军职罪适用主体的特殊性与内容的专门性造成的。军职罪的适用主体是军人，具有特殊性；适用的内容是与军人职责的密切关联的事项，具有专门性。这就决定了军职罪的立法与解释具有很强的专业性，全国人大常委会、最高人

---

〔1〕 参见张建田：《刘某逃离部队构成犯罪》，载《检察日报》2000年10月17日，第4版。

民法院、最高人民检察院缺乏这方面的经验，只能交由部队内部自行负责。长期以来，军职罪的立法、解释活动被视为军队政治工作的一部分，通常是由解放军总政治部予以指导，解放军军事法院、军事检察院负责完成的，故会出现上述不规范现象。必须说明的是，根据中央军委于 2016 年 1 月 1 日印发并实施的《中央军委关于深化国防和军队改革的意见》，军委机关设置由总部制调整为多部门制，共设 15 个职能部门。军委政法委属于其中的一个部门，分管军队保卫、军事审判、军事检察等事项。上述问题，如不及时加以纠正，未来军事司法实践中有可能会出现以军委政法委、解放军军事法院、军事检察院名义发布类似的司法解释。

其二，这是在传统军法理念影响之下形成的。前述已及，传统军法理念认为，军事司法权渊源于军事统帅权，对军职人员犯罪行为的惩处往往被混同于军队内部的纪律惩戒。我军一向有将军事司法工作视为军队政治工作一部分的传统，与组织工作、宣传工作一样，需接受解放军总政治部的业务指导。因此，解放军军事法院、军事检察院在解放军总政治部指导之下出台一些"司法解释"将再正常不过。试想，如果连战时即时处决这种紧急情况下剥夺犯罪军人生命的行为都可以由中央军委在军事法规中予以规定，将剥夺军衔作为附加刑在军事法规中加以规定更是不在话下。

上述问题应予纠正。对此，笔者建议：第一，严格遵守相关法律的规定。依法治军不仅仅是一个空洞的口号，《宪法》、《立法法》及根据第五届全国人大常委会于 1981 年 6 月 10 日通过的《关于加强法律解释工作的决议》的规定中，关于立法与司法解释的相关规定必须得到遵守。司法解释不得入侵到立法领域中来，不能创设法律规范。有学者主张，解放军军事法院、军事检察院是国家设在军队的专门司法机关，是军队内部的最高审判机关和检察机关，对部队的实际情况较为熟悉。从以往军事司法实践的情况来看，解放军军事法院、军事检察院实际上已经在行使准司法解释权，故主张赋予解放军军事法院、军事检察院以军职罪的司法解释权。[1] 对此，笔者持反对意见。如上所述，尽管解放军军事法院、军事检察院行使军职罪的准司法权有其现实性，但并非存在的就是合理的，我们反对以现实性为由赋予其司法解释权的观点。在此问题上，我们主张可以由最高人民法院、最高人民检察院委托解放军军事法院、军事检察院代为调研、起草一些解释性文件，但在下发这些解释性文件时必须以最高人民法院、最高人民检察院的名义下发，唯此方可保证国家法治的统一性，确保依法治国、依法治军落到实处。

第二，严格遵守罪刑法定原则。首先，司法解释不是立法，不得创设犯罪与刑罚的规定。罪刑法定原则的基础是民主主义与尊重人权主义。民主主义要求犯罪与刑罚等重要事项只能由人民自己决定。社会现实决定不可能每一个国民都亲自参与立法，妥当的做法只能是国民代表组成的立法机关来制定刑法。这就意味着罪刑法定原则要求刑法的渊源只能是立法机关创制的成文刑法，立法者才是刑法的唯一创制者。司法解释者不是立法者，立法者可以在刑法典中规定携带凶器抢夺的，成立以抢劫罪定罪处罚，但司法解释绝对不可以在司法解释中将携带凶器盗窃的行为类推解释为抢劫罪。否则，司法者即是将自己等同于立法者，创设了新的罪刑规范。司法权即入侵了立法权的领域，这是不合适的。其次，在对刑法条文进行解释时，司法解释的解释结论不得超出刑法条文的字面含义。刑法的内容是由成文文字书写、固定的，国民也正是通过刑法用语所使用的成文文字来了解、熟悉刑法的禁止事项。这就要求人们在解释刑法条文时，只能在刑法条文文字可能具有的含义内进行解释。一旦超出了刑法条文的字面含义，就会超出国民的预测性，将国民原本认为不构成犯罪的行为作为犯罪予以处罚。如是则会产生两个后果：要么造成国民行为的萎缩；要么使得国民在不能预见的情况下受到刑罚处罚。军职罪的司法解释亦应如是，否则，即是违反了罪刑法定原则的类推解释。

---

[1] 参见曹莹：《军事刑事立法的现状与发展趋势》，载《西安政治学院学报》2002年第6期。

第四章

体系化设计下军职罪有关概念的完善

第一节 战时及其相关概念的完善

一、战时概念的缺陷

《刑法》第451条规定，"本章所称战时，是指国家宣布进入战争状态、部队受领作战任务或者遭敌突然袭击时。部队执行戒严任务或者处置突发性暴力事件时，以战时论。"此即刑法中关于战时概念的界定。

关于战时概念的缺陷，理论界多有探讨。如有学者指出，《刑法》第451条规定存在的问题主要有：①战时概念在适用上存在不周延的现象。从第451条的字面规定来看，这里的"战时"仅适用于刑法分则第十章军人违反职责罪。但刑法分则第七章危害国防利益罪中的一些犯罪，如战时拒绝、逃避征召、军事训练罪，战时拒绝、逃避服役罪，战时造谣扰乱军心罪，战时故意提供虚假敌情罪，战时窝藏逃离部队军人罪，战时拒绝军事征收、征用罪，战时拒绝、故意延误军事订货罪等，同样存在战时要素的规定。类似的，刑法分则第一章危害国家安全罪中的资敌罪也以战时为构成要素，只有战时供给敌人武器装备、军用物资资敌的，才成立资敌罪。如果说这里的"战时"仅适用于"本章"而非"本法",则意味着:如果将第451条战时的规定直接适用于这些内容,显然有悖于立法精神;如果不按照第451条的规定去解释执行,那么,前述刑法分则第十章之外的第七章、第一章中的"战时"要素该作何理解呢?"假设出现诸如戒严、抢险救灾等紧急任务时,无论是军队还是地方司法机关能否直接适用《刑法》第十章关于'战时'的犯罪条款,就是一个悬而未决的困扰。在国家一部刑法典中,同一用词却可能存在两种不同的适用范围,这不能不说是立法上的一个重大遗漏。"[1] ②与有关法律规定没有衔接到位。2004年《宪法修正案》将"戒严"修改为了"紧急状态";同时将"决定全国或者个别省、自治区、直辖市的戒严"修改为了"决定全国或者个别省、自治区、直辖市进入紧急状态",与宪法规定相较,《刑法》第451条关于战时的界定显然失之过窄。又如,2005年的《反分裂国家法》第8条规定,国务院、中央军委在紧急情况下可采取非和平方式或者其他必要措施,捍卫国家主权和领土完整,并及时向全国人大常委会报告。这样的规定意味着在一些紧急情况下,"国家宣布进入战争状态"的主体和范围已经发生了变化,需要我们在刑法中予以确认。[2]

也有学者认为,《刑法》第451条关于战时的表述有欠严谨,不够准确,具体表现在:①只规定了战时的开始时间而没有规定战时的结束时间。战时应当是一个时间段,有始必须得有终。战时的开始与结束在法律上都具有效力,只规定战时的起点而不规定战时的终点的做法,可能导致战时状态被无限延长。这种可能并非不存在,一旦这点为一些居心叵测之徒利用,对战时状态进行无限的延长,就会发生公民权利被不必要地限制或者剥夺的后果,这显然是不合乎法治理念的。②在效力规定上过于笼统、模糊。战时的效力既包括对人适用上的效力,又包括对地域适用上的效力。从第451规定内容来看,战时包括三种情形:一是国家宣布进入战争状态时;二是部队受领作战任

---

〔1〕 参见张建田:《新刑法的施行与军事司法实践》,载《法学研究》1999年第2期。

〔2〕 参见张建田:《关于军人违反职责罪的立法沿革与完善》,载氏著《中国军事法学研究的历史回顾》(第二版),法律出版社2014年版,第647页。

务或遭敌突然袭击时；三是部队执行戒严任务或者处置突发性暴力事件时。在其中有的是对全国范围内都有适用效力的情形，如国家宣布进入战争状态时；有的则属于只是对部分人和部分地区有效的情形，如部队执行戒严任务时。如果我们把只是适用于部分人、部分地区的战时情形适用于全国范围内所有的人和地区，就会导致战争状态不适当的扩大化，造成人力与物力浪费，甚至会让公民的宪法权利受到不必要的侵犯。[1]

还有一些学者主张，非战争军事行动亦应以"战时论"。非战争军事行动，是指为了防止战争，消除冲突，促进和平与稳定，支持行政当局，在公认的战争水平或国际法标准下，使用军事力量来完成那些非军事力量难以完成的任务的一种军事实践活动。[2] 关于非战争军事行动的种类，学界划分标准不尽统一，如有学者将非战争军事行动分为军事威慑行动、反恐维稳行动、边境封控行动、强制维和行动、海空安保行动、核生化防护与救护行动等。[3] 也有学者将非战争军事行动分为威慑与反威慑、军事冲突与危机控制、反恐与防暴三类。[4] 尽管学界对非战争军事行动的种类划分标准不一，但考虑到非战争军事行动是在公认的"战争"水平之下动用军事力量，采取的军事行动，是低于常规战争，但高于国家间日常和平竞争的低强度军事冲突中军事行动的进一步拓展，在军事战略中的地位已经与战争相当。故一些军事法学者主张应将非战争军事行动纳入以"战时论"的范畴。如有学者指出，2007 年颁布的《突发事件应对法》第 14、28条规定，中国人民解放军、武警部队和民兵组织依照法律法规以及国务院、中央军委的命令，参加突发事件的应急救援和处置工作，开展应急救援专门训练。这里的"突发事件"外延显然比《刑法》第 451条中的"突发性暴力事件"要宽泛得多。进入 21 世纪以来，我军的

---

〔1〕　参见王祥山、倪新枝：《新刑法关于战时犯罪规定的不足及完善》，载《西安政治学院学报》2002 年第 4 期。

〔2〕　参见朱之江：《论非战争军事行动》，载《南京政治学院学报》2003 年第 5 期。

〔3〕　参见刘小力、陈友献：《论非战争军事行动的本质特点》，载《国防大学学报》2007 年第 10 期。

〔4〕　参见朱运伟：《21 世纪军队的重要职能——非战争军事行动》，载《国防科技》2002 年第 12 期。

对外职能不断扩大，诸如参与国际救援、联合国维和行动、重大军事演习等，诸如此类的情况越来越多，但执行这些任务时是否属于以"战时论"的情形，第451条语焉不详。据此，第451条战时规定的内涵与外延均有待拓展。[1] 有学者坚持，部队执行抗震救灾任务也应以战时论。从汶川地震反映的情况来看，总计有13万解放军、武警官兵参与了灾区一线救援工作。为了完成这一艰巨的任务，部队从动员集结到兵力输送，从指挥控制到通信导航，从政治工作到伤员救治转移、物资油料等后勤保障工作，其实已经以接近战时体制的标准在高速运转。包括陆军、海军、空军等力量在内的20余个兵种参与了这场救援活动，一定程度上考验了各军兵种联合协同作战能力和联勤保障承受能力，使得救灾过程成为不断创造和改写各项军事纪录的过程。可以说其难度并不亚于一场中等规模的作战，对全体官兵心理、体力、意志等方面的考验也丝毫不逊于一场战争。既然如此，我们不妨把部队执行抗震、救灾任务也纳入《刑法》第451条以战时论的情形，将该条第2款修改为"部队执行戒严任务或者处置突发性事件时，以战时论"。如此一来，一方面可以战时标准对官兵进行奖励。另一方面也可以对抗震救灾过程中，军人违反职责的行为以战时临阵脱逃罪、战时造谣惑众、战时残害居民、掠夺居民财物罪等相关罪名予以惩处，从而可以更好地维护部队的军事秩序。[2] 有学者认为，近年来，我军经常执行一些诸如反恐维稳、封边控边、军事威慑、撤侨护送等非战争军事行动，因此类行动具有一定的对抗性和冲突性，可以考虑适用战时条款和特殊罪名，对这些行动中所涉及的一些实体问题进行处理。[3]

二、战时概念的完善

针对战时概念的上述缺陷，笔者认为可对《刑法》第451条做如

---

〔1〕 参见张建田：《关于军人违反职责罪的立法沿革与完善》，载氏著《中国军事法学研究的历史回顾》（第二版），法律出版社2014年版，第647页。

〔2〕 参见陈磊：《部队抗震救灾期间也应以"战时"论》，载《检察日报》2008年6月2日，第3版。

〔3〕 参见谢丹：《"非战争军事行动"法律问题的初步研究》，载《西安政治学院学报》2008年第3期。

下完善：

首先，将非战争军事行动的持续时间纳入"以战时论"的范畴。进入 21 世纪以来，世界范围内的恐怖主义、人道灾难、生态危机等非传统安全威胁日益增多，各国军队纷纷调整自己的军事战略，将非战争军事行动作为本国军事战略的重要组成部分。如美军强调，非战争军事行动和战争行动地位相当，军队必须具备"全维作战"能力，即不仅要在战争行动中，还要在非战争军事行动中，动用所掌握的一切手段，以最小的代价去完成受领的任何任务。俄罗斯虽无非战争军事行动的概念，但以特殊行动一语取而代之，主张必须把特殊行动看作是国家武装斗争的一个组成部分，是各个强力机构的一种独立的职能活动。在特殊行动中，通常采用非战斗的和非传统的方法来达到规定的目标。[1] 党的十九大报告指出，要统筹推进传统安全领域和新型安全领域军事斗争准备工作，发展新型作战力量和保障力量。以提高基于网络信息体系的联合作战能力、全域作战能力，有效塑造态势、管控危机、遏制战争、打赢战争。亦即，新形势下，军队不仅要做好战争行动准备工作，也要做好非战争军事行动准备工作，以应对新型安全领域的威胁。前述已及，非战争军事行动是公认的战争水平之下采取的军事行动。在新形势下，其战略地位与战争相当。既然如此，为了更好地保护国家军事利益，理当将非战争军事行动持续期间纳入"以战时论"的范畴。

其次，规定战时的终结时间。战时是刑法中的一个重要概念，主要体现在：①战时是一些犯罪的构成要件要素。典型的如战时违抗命令罪，战时临阵脱逃罪，战时造谣惑众罪，战时拒不救治伤病军人罪，战时残害居民、掠夺居民财物罪，资敌罪，战时拒绝逃避征召、军事训练罪，战时拒绝、逃避服役罪，战时故意提供虚假敌情罪，战时造谣扰乱军心罪，战时窝藏逃离部队军人罪，战时拒绝、故意延误军事订货罪，战时拒绝军事征收、征用罪等，均以战时为构成要件要素，欠缺此要件则不成立犯罪。②战时是一些构成要件要素判断的基础。除战时外，刑法中还有许多以战场、军事行动地区、临阵为构成

---

〔1〕 参见朱之江：《论非战争军事行动》，载《南京政治学院学报》2003 年第 5 期。

要件要素的犯罪。如投降罪，拒不救援友邻部队罪，战时拒不救治伤病军人罪以战场为构成要件要素；战时残害居民、掠夺居民财物罪以军事行动地区为构成件要素；战时临阵脱逃罪以临阵为构成要件要素，这些构成要件要素的判断均以战时概念的判断为其前提与基础。③战时是战时缓刑制度适用的必备条件。根据《刑法》第 449 条的规定，只有在战时方可允许被判处 3 年以下有期徒刑的犯罪军人戴罪立功。④战时是一些犯罪的法定从重处罚情节。具体表现在：其一，一些行为平时和战时都构成犯罪，但战时犯罪的法定刑更重。如擅离、玩忽军事职守罪平时的法定最高刑为 7 年有期徒刑，战时则为 5 年以上有期徒刑。故意、过失泄露军事秘密罪平时的法定最高刑为 10 年有期徒刑，战时则为 10 年以上有期徒刑或者无期徒刑。其二，一些行为平时和战时都构成犯罪，但刑法明文规定战时从重处罚。典型的如《刑法》第 426 条的阻碍执行军事职务罪，第 369 条的破坏武器装备、军事设施、军事通信罪。事实上，即使没有刑法条文的明文规定，战时在军事司法实践中也是一个十分重要的酌定量刑情节。既然如此，为了贯彻现代军法理念，更好地保护军人人权，《刑法》第 451 条理当增加规定战时的终结时间。此种立法方式域外已有成例可以参照。如《意大利战时军事刑法典》第 3 条即战时军事刑法的时间效力为"宣战之后和战争结束之前"。

再次，将"戒严"修改为"紧急状态"。一般认为，紧急状态是指具有一定危险程度的非正常情况下的社会状态，诸如战争、严重危及国家统一、安全或者社会公共安全的动乱、暴乱、骚乱、经济危机、严重自然灾害、传染病、重大灾害事故以及重大刑事犯罪，等等。所有这些社会正常生活受到威胁，或者法律实施受到严重阻碍的状况都可归纳于其中。[1] 前述已及，紧急状态与戒严既有联系，又有区别。紧急状态是政府在社会处于非正常情况下，依照宪法规定的程序宣布、实施的一种例外制度。戒严固然可以作为特别紧急状态下国家采取的一种应急措施，但紧急状态所使用的范围及采取的措施却

---

[1] 参见江必新：《紧急状态与行政法治》，载《法学研究》2004 年第 2 期。

远非戒严所能涵盖。[1] 宪法是母法。既然 2004 年《宪法修正案》已经将"戒严"修改为了"紧急状态",将"决定全国或者个别省、自治区、直辖市的戒严"修改为了"决定全国或者个别省、自治区、直辖市进入紧急状态"。作为子法的刑法自然也应随之修改,将"戒严"修改为"紧急状态"。

必须指出的是,根据 2005 年《反分裂国家法》第 8 条的规定,在紧急情况下国务院、中央军委可采取非和平方式或者其他必要措施,捍卫国家主权和领土完整,并及时向全国人大常委会报告。笔者认为这样的规定不过是意味着国务院和中央军委可以在紧急情况下临机处断,采取包括战争手段在内的一切必要措施,以捍卫国家主权领土完整。某种意义上,即是授予了国务院、中央军委不宣而战的权力。并非像前述一些学者所主张的那样,"国家宣布进入战争状态"的主体和范围已经发生了变化。采取非和平或者其他必要措施的前提是出现了紧急情况,所谓的紧急情况无非两种:要么是国家遭敌突然袭击,要么是其他紧急情况。如是前者,则属于《刑法》第 451 条中"遭敌突然袭击"所述的情形。如是后者,则国务院、中央军委会在第一时间给部队下达作战或者非战争军事行动任务。既然如此,上述两种情形事实上都将之归纳到"部队受领作战任务,或者遭敌突然袭击"的范畴中去,没有必要修改第 451 条中的"国家宣布进入战争状态"的内容。

此外,尽管前面笔者主张将非战争军事行动也纳入"以战时论"的范畴,但非战争军事行动不过是由紧急状态所引发,故没有必要在紧急状态之外对非战争军事行动另行规定。

又次,明确规定战时状态下人与地域的效力范围。前述已及,从《刑法》第 451 条规定的内容来看,在国家宣布进入战争状态的情形下,战时的效力对全国地区和全体国民都适用;在部队受领作战任务或遭敌突然袭击的情形下,或者部队执行戒严任务或者处置突发性暴力事件的情形下,战时的效力只是对部分国民和部分地区适用。诚如

---

[1] 参见丛文胜:《对我国宪法将"戒严"修改为"紧急状态"的理解》,载《国防》2004 年第 5 期。

论者所言，如果我们把仅适用于部分国民、部分地区的战时情形适用于全国范围内所有的地区和全体国民，就会导致战争状态不适当的扩大化，造成人力与物力的浪费，甚至可能会让公民的权利受到不必要的侵犯。[1] 正因为如此，必须对这两种情形进行划分。对此可以参酌台湾地区的立法例，台湾地区的"陆海空军刑法"第 11 条即规定，"本法关于战时之规定，适用于总统依宪法宣告之期间及地域。其因战争或叛乱发生而宣告戒严之期间及地域者，亦同。但宣战或戒严未经立法院同意或追认者，不在此限。战时犯本法之罪，纵经媾和、全部或局部有停火事实协定，仍依战时之规定处罚。但按其情节显然过重者，得减轻或者免除其刑。"此外，笔者认为，考虑到未来我军境外作战的可能，对战时所涉及之地域、人员规定不宜过窄，没有必要将其限定为我国领域内或者我国国民。

最后，关于修改的模式与路径。从体系化的角度来看，因刑法以战时为要素的犯罪不限于军人违反职责罪中的犯罪，还包括危害国防利益罪、危害国家安全罪的一些犯罪，据此，《刑法》第 451 条中"本章所称战时"这样的表述确实不太合适。应将其修改为"本法所称战时"。对此，有学者认为，对此不必修改刑法，可采取补正解释的方法，将这里的"本章所称"解释为"本法所称"[2] 对此，笔者认为如不考虑对第 451 条的内容进行立法修改的话，这样的做法完全可行。但如后所言，第 451 条的内容目前已经不再适应变化了的社会，故有必要对本条进行全面修正。补正解释不过是在立法修改之外采取的权宜之计，如决定对第 451 条的规定进行全面立法上的修改，自然应当也将本处立法失误为之一揽子解决。还有学者认为，应将《刑法》第 451 条从现在的位置移置到刑法总则中去。[3] 对此，笔者认为并无特别大的必要。前述已及，诚如论者所言，战时要素不仅存

〔1〕 参见王祥山、倪新枝：《新刑法关于战时犯罪规定的不足及完善》，载《西安政治学院学报》2002 年第 4 期。

〔2〕 参见张明楷：《刑法分则的解释原理（第二版）》（下），中国人民大学出版社 2011 年版，第 776 页。

〔3〕 参见陈兴良主编：《刑法疏议》，中国人民公安大学出版社 1997 年版，第 711 页；李宇先：《论我国刑法的"战时"要素》，载《中国军法》2002 年第 6 期。

在于军人违反职责罪中，在危害国防利益罪及危害国家安全罪中同样存在。据此，似乎应将本条规定放置到总则第五章其他规定中去方为妥当。但问题在于：首先，如此会导致《刑法》第451条空置。其次，事实上并无此必要。不是所有的"本法所称"的概念都需要放置到刑法总则中去。事实上，也存在着在刑法分则条文内容中设置"本法所称"的立法例。典型的如《刑法》第357条、第367条中关于毒品、淫秽物品的定义都是如此。修改第451条的规定，将之保留在原来的位置并不会影响本条内容的适用。

综上，笔者主张以修正案模式将《刑法》第451条的内容做如下修改：

本法所称战时，是指自国家宣布进入战争状态、部队受领作战任务或者遭敌突然袭击时起，到国家宣布战争状态结束时止的期间。

部队执行紧急状态任务或者处置突发性暴力事件的期间，以战时论。

战时只适用于与之有关的地区和人，国家宣布全国进入战争状态、进行全国总动员的情形除外。

第二节 军职罪适用范围的完善

一、军职罪适用范围概述

经《刑法修正案（十一）》修正后，现行《刑法》第450条规定，"本章适用于中国人民解放军的现役军官、文职干部、士兵及具有军籍的学员和中国人民武装警察部队的现役警官、文职干部、士兵及具有军籍的学员以及文职人员、执行军事任务的预备役人员和其他人员。"《刑法》第十章的主体是军人，故理论上一般认为本条即是对军人概念的规定。军人违反职责罪的犯罪主体与"本章的适用范围"是从不同的角度说明一个问题，其含义本质上是相同的。[1] 根据第 450 条的规定，可将军职罪的主体分为两类：现役军人和准军人。

（1）所谓现役军人，是指中国人民解放军、武装警察部队的现役军官和警官、文职干部、士兵和具有军籍的学员。

根据《现役军官法》第 2 条的规定：现役军官和警官，是指被任命为排级以上职务或者初级以上专业技术职务，并被授予相应军衔、警衔的现役军人。

根据《文职干部条例》第 2 条的规定：文职干部，是指被任命为初级以上专业技术职务或者办事员级以上职务，不授予军衔的现役军人。文职干部按照工作性质分为专业技术文职干部和非专业技术文职干部，是国家干部队伍的组成部分。

根据《中国人民解放军现役士兵服役条例》第 2 条的规定，现役士兵，是指依照法律规定，经兵役机关批准服现役，并被授予相应军衔的义务兵和士官。

具有军籍的学员，是指在军事院校学习，并履行了入伍手续的人员。

一般认为，现役军人资格的取得应当从公民依法被兵役机关正式批准入伍之日起，至其被武装部队批准退役、退休、离休或因受处分被除名、开除军籍之日止。[2]

（2）所谓准军人，是指文职人员、执行军事任务的预备役人员和其他人员。

根据《文职人员条例》第 2 条的规定，是指在军队编制岗位依法履行职责的非服兵役人员，是军队人员的组成部分，依法享有国家工作人员相应的权利、履行相应的义务。

根据《兵役法》第 6 条的规定，预备役人员，是指预编到现役部队或者编入预备役部队服预备役的人员。按其所担任的预备役职务分

---

〔1〕 参见黄林异、王小鸣：《军人违反职责罪》，中国人民公安大学出版社 2003 年版，第 7 页。

〔2〕 参见张建田、金桦楚：《军职罪主体认定问题的探讨》，载《法学研究》1984 年第 3 期。

为预备役军官和预备役士兵。

其他人员，是指在军队编制序列内的机关、部队、院校、医院、基地、仓库等单位工作的，没有军籍的正式职员，以及临时征用或者受委托执行军事任务的地方人员等。

执行军事任务，是指担任与军事活动有直接关系的具体工作，如参战、参训、随同部队执行任务、保障部队的正常工作等。[1]

上述人员虽不具有现役军人身份，但因其要么在军队编制岗位依法履行职责，要么在参与执行军事任务的过程中承担相应的军事职责，进而使其成为军人违反职责罪的主体。文职人员之所以能成为军人违反职责罪的主体系因其在军队编制岗位依法履行职责所致，故其军职罪的主体资格应自其被军队招录聘用之日起，至其退出军队之日止；预备役人员和其他人员之所以能成为军人违反职责罪的主体系因其执行军事任务所致，故其军职罪主体资格应自其开始执行军事任务时起，至军事任务执行完毕之日为止。[2]

二、军职罪适用范围存在的问题

1. 是否将军职罪的适用范围扩大到军事单位？

对此，有学者认为根据《刑法》第450条的规定，军职罪的犯罪主体只能是单位，但军职罪中有些犯罪同样具有贪利性，可能由军队有关单位实施。如理论上，擅自改变武器装备编配用途罪和擅自出卖军队房地产罪两个犯罪就不排除由单位实施的可能性。如果只以相应犯罪追究直接责任人员的刑事责任，单位因为其犯罪行为所获得的利益就无法以刑罚的方式予以收缴。同时军事行政处罚也都是针对自然人，即军人个体设置的，并无罚款这一处罚形式。此时，就会出现军队以单位形式如旅、团等形式实施的犯罪得不到相应的处罚，违反了刑法平等适用刑法的原则。此外，将军职罪的适用范围扩大到单位主体并没有什么特别的障碍。1987年公布实施的《海关法》就规定国

---

〔1〕　参见黄林异、王小鸣：《军人违反职责罪》，中国人民公安大学出版社2003年版，第8页。

〔2〕　参见钱寿根、王继主编：《军事刑法学》，国防大学出版社2007年版，第327页。

家机关可以成为单位犯罪的主体，现行刑法继受了这点。刑法总则中关于单位犯罪的规定中并没有将国有企业与国家机关排除在外，军事机关又属于国家机关，既然如此，普通单位实施的贪利性犯罪在现行刑法规定之下尚可运用双罚制予以惩治，将军事单位实施的，危害性更大的贪利性犯罪排除在单位犯罪之外显失公平。这样的立法设计意味着如下不合理的结论：在军事单位跟地方单位共同实施单位犯罪时，依照刑法条文的规定，可能会出现普通单位受到刑罚处罚，而军事单位却未受刑罚处罚的情形。退一步讲，即使关于国家机关不能成为经济犯罪主体的理论观点是正确的，但军职罪中存在军事单位成建制地实施非经济犯罪的情形。如理论上完全可能出现成建制的叛逃、投降、掠夺无辜居民财物等行为。因对国家机关无法适用刑罚，进而得出国家机关不能成立单位犯罪的观点，从根本上来说，是因为现行刑罚体制不完善而得出的无可奈何的结论。对此问题，我们应该积极想办法予以解决，如可以考虑创设新的刑罚方法来予以解决，而不能采取遇到问题就绕开走的策略。根据《纪律条令》的有关规定，可以以集体立功、授予荣誉称号等形式对军事单位予以褒奖，顺理成章的逻辑自然是也可以通过剥夺其曾经的荣誉，或者定罪免刑等方式对上述单位来进行惩治，以实现刑罚的目的。至于所谓对军事机关定罪会影响军事机关权威的说法理论上站不住脚。赏罚分明是严明军纪的需要，不对上述军事机关给予适当的刑罚，反而会损害军事权威的树立。[1]

对此观点，笔者认为有待商榷。首先，不存在所谓军事机关犯罪所得无法追缴的问题。诚如论者所言，军职罪的适用范围中不存在军事机关的规定，但这并不意味着军事机关实施了贪利性犯罪其犯罪所得无法追缴。对此，2014年4月24日全国人大常委会通过的《关于〈中华人民共和国刑法〉第30条的解释》便指出，单位犯罪具有法定性，如果公司、企事业、机关、团体实施了刑法规定的危害社会的行为，但刑法分则和其他法律并没有规定该行为成立单位犯罪的，此

---

〔1〕 参见蔺春来:《军人违反职责罪犯罪主体立法的不足》,载《西安政治学院学报》2005年第1期。

时，可对组织、策划、实施者依法追究其刑事责任。亦即，此种情况下不过是组织者、策划者、实施者以使军事机关非法占有为目的实施犯罪行为。既然如此，不仅可以以相关犯罪追究组织者、策划者、实施者的刑事责任，还可以以同样的理由将军事机关因犯罪所得的财物予以追缴，这并不存在任何障碍，自然也不会出现论者所谓的违反平等适用刑法的原则。其次，不存在将军事机关排斥在贪利性犯罪之外的问题。1997年《刑法》修订时军职罪已经纳入了刑法典，作为刑法分则中的一章，军职罪同样受刑法总则内容的制约。诚如论者所言，刑法条文并没有将国家机关排除在单位犯罪主体之外。既然如此，军事机关同样属于国家机关，当然能够成立现行刑法中规定的单位犯罪，即便是军事机关与普通单位共同实施贪利性犯罪，逻辑上，二者当然会成立该犯罪的共同犯罪，并不会因军职罪中没有规定单位犯罪进而导致军事机关不构成单位犯罪的情形。比如军事机关与普通单位共同受贿的，自然会成立单位受贿罪的共同犯罪，对军事机关同样应当适用单位受贿罪的法定刑，不存在普通单位受处罚，而军事机关没有受处罚的情形。最后，军职罪没有规定单位犯罪的必要。不可否认，军事单位可能成建制的实施叛逃、投降、掠夺无辜居民财物等行为。此种情况下，可能会涉及建制单位的军人共同犯罪的问题，或者涉及军人执行命令的行为。如前所述，此种情况下以相应犯罪追究组织者、策划者、实施者的责任即可圆满解决其刑事责任问题，并无认定单位犯罪的必要。更无需为了所谓的解决军事单位实施非经济犯罪的问题，而去创设新的刑罚方法。理论上，既然我们对军事单位给予集体立功、授予荣誉称号等是通过行政手段的形式赋予的，那我们自然也可以通过行政手段给予其处分，直至将其建制撤销，并无上升为刑罚手段的必要。这不仅不会影响军事机关的权威，而且可以更好地树立军事机关赏罚分明的形象。

综上，笔者认为并无将军职罪的适用范围扩大到军事单位的必要。

2. 是否以修订刑法或者立法解释的方式将军职罪的适用范围扩大到非现役文职人员

世界范围内的军队文职人员制度是伴随着军衔制度的产生而建立

的。早在二百多年前，随着炮兵开始在战场上作为一个成熟的技术兵种发挥作用时，专门为炮兵从事技术工作的文职人员开始出现。两次世界大战过程中，随着军事科学技术的迅猛发展，世界各国军队开始大量雇用文职人员。20世纪上半叶，现代意义上的军队文职人员制度日渐确立并走向成熟。当今时代下，文职人员已经成为世界各军事大国武装力量的重要组成部分。军队的装备的现代化程度越高，军队文职人员所占比例也越大。相关统计数据显示，美军文职人员比例为53.5%，英军文职人员比例为50%，俄军文职人员比例为25%，法军文职人员比例为17%，印军文职人员比例为14%。[1]

为优化我军人力资源结构，减少现役军人员额，把有限的现役干部名额留给一线指挥作战岗位，我军在科学总结历年来干部制度实践经验的基础上，在人力资源领域贯彻军民融合发展战略，借鉴外军相关做法，于2005年开始施行文职人员制度。因其没有军籍，却需要在军队编制岗位上依法履行职责，故实践中一般将其称之为非现役文职人员。可以预料的是，未来随着我军装备科技水平的进步，非现役文职人员在我军中的比例也会越来越高。事实上，这一趋势早就有所呈现。数据显示，我军自2005年首次招聘非现役文职人员以来，截止到2009年5月26日，全军即已累计招聘文职人员两万多名。其中，具有博士、硕士研究生学历的占16.5%。[2]

1997年《刑法》修订时，我军还没有建立非现役文职人员制度，故非现役文职人员并没有被纳入军人违反职责罪的适用范围中来。近年来，随着非现役文职人员制度的建立，一些问题开始慢慢显现。反映在军人违反职责罪的适用上，即非现役文职人员虽然没有军籍，但却在军队编制岗位从事管理工作或者专业技术工作，履行一定的军事职责，有触犯军人违反职责罪的可能。如根据《文职人员条例》第10条的规定，文职人员主要履行下列职责：①根据所任岗位，从事行政事务等管理工作，教育教学、科学研究、工程技术、医疗卫生等专

---

〔1〕 参见周洲：《解读"第二军人"——世界军队文职人员情况面面观》，载《政工学刊》2017年第8期。

〔2〕 参见王书峰、于春光：《全军招聘文职人员已逾两万》，载《解放军报》2009年5月28日，第1版。

业技术工作，操作维护、勤务保障等专业技能工作；②根据需要，参加军事训练和战备值勤；③根据需要，在作战和有作战背景的军事行动中承担支援保障任务，以及参加非战争军事行动；④法律法规规定的其他职责。第 11 条规定：文职人员应当履行下列义务：①忠于中国共产党，忠于社会主义，忠于祖国，忠于人民，努力为国防和军队建设服务；②遵守宪法、法律法规和军队有关规章制度；③服从命令，听从指挥，遵守纪律，保守秘密，发扬军队优良传统，维护军队良好形象；④认真履职尽责，团结协作，勤奋敬业，努力提高工作质量和效率；⑤学习和掌握履行职责所需要的科学文化、专业知识和技术技能，提高职业能力；⑥清正廉洁，公道正派，恪守职业道德，模范遵守社会公德、家庭美德；⑦根据需要，依法转服现役；⑧法律法规规定的其他义务。这充分说明同样文职人员同现役军人一样是在军队编制岗位改造职责，可能会在履行职责的过程中，违反军人违反职责罪的有关规定，侵害国家的军事利益，故有将其纳入军人违反职责罪适用范围的必要。[1]

将非现役文职人员纳入军职罪的适用范围其途径有二：一是直接修改《刑法》第 450 条的规定。如有学者即认为，《文职人员条例》只是规定了非现役文职人员的合同关系，如双方因履行聘用合同发生争议只能依民事途径来解决，第 450 条对军人违反职责罪的适用范围规定并不明确，依据该条规定并不能将非现役文职人员涵盖进去，故

---

〔1〕　在《刑法修正案（十一）》对《刑法》第 450 条规定进行修正前，已经有学者指出非现役文职人员需纳入军职罪的主体范围。其主要理由为：①非现役文职人员在军队编制岗位工作，尽管没有军籍，但已经实际承担了同现役军人一样的军事职责。②非现役文职人员在履行职责过程中，同样也可能出现违背其职责的事项，侵害国家的军事利益，且造成的社会危害程度并不比现役军人低。③非现役文职人员并非刑法分则第九章规定的国家机关工作人员，这意味着对非现役文职人员的渎职行为无法适用渎职罪予以惩处。④如同现役军人一样，非现役文职人员同样会在战时等紧急情况下履行职责。面对血与火的考验，如果只是利用非刑罚手段对非现役文职人员的渎职行为予以规制，达不到维护非常时期军事秩序的效果。即便可以按照刑法条文中的普通犯罪来予以惩治，恐怕也难以全面实现对军事利益的保护。⑤军事司法实践中，完全存在现役军人与非现役文职人员共同实施军人违反职责罪的情况，在其承担的军职职责完全相同的情况下，即共同正犯的情况下，如果只能把非现役文职人员的正犯行为当作现役军人所实施的军职犯罪的共犯来处理，意味着违反了平等适用刑法原则。参见蔺春来：《文职人员职责履行中的刑事责任》，载《西安政治学院学报》2007 年第 5 期。

主张以刑事立法的形式在第 450 条中明确将非现役文职人员涵盖进军职罪适用范围的范畴，以满足军事司法实践的需要。[1] 二是对《刑法》第 450 条的规定进行解释。如有学者即认为，因非现役文职人员事实上已经在军队编制岗位上履行与现役军人相同的职责，且其同样有违背职责的可能，危害国家的军事利益。既然如此，就有必要将非现役文职人员纳入军职罪的适用范围，否则，必然会出现不利于保护国家军事利益的情形，违背平等适用刑法的原则。但考虑到以修正刑法的方式对本条进行修改，当下不仅没有可行性，而且立法成本过高，事实上也无此必要，既然全国人大常委会有立法解释权，通过立法解释的方式，将非现役文职人员囊括进《刑法》第 450 条规定中的"其他人员"就可以满足军事司法实践的需要了。[2]

原则上，笔者同意后一种观点。前述已及，法律的生命不仅在于逻辑，而且在于生活。法律文本具有开放性的特点，毋庸人类代劳，社会生活事实会自动给法律文本不断填充新的含义，从而实现法律文本的自我更新。[3] 正因为如此，我们说，"一个词的通常的意义是在逐渐发展的，在事实的不断出现中形成。"[4] 既然军队人力资源管理的实践已经使得非现役文职人员成为军职罪的适格主体，就需要将之纳入军职罪的适用范围。需要注意的是，尽管笔者认为将非现役文职人员纳入军职罪的适用范围确有必要，但同时笔者认为未必一定要采取修改刑法或者立法解释的方式。从技术上来看，对此问题采取学理解释的方式就可以了。前述已及，在军职罪修改的问题上我们认为必须坚持立法论与司法论相结合。原则上刑法修改具有最后手段性，能通过刑法解释解决的问题，坚决不修改刑法。将非现役文职人员解释为执行军事任务的其他人员并不违反罪刑法定原则，丝毫不存在技术

---

〔1〕 参见王登峰：《论刑事法律中的"军职人"与"军内"人员》，载《山西煤炭管理干部学院学报》2014 年第 4 期。

〔2〕 参见蔺春来：《文职人员职责履行中的刑事责任》，载《西安政治学院学报》2007 年第 5 期。

〔3〕 参见张明楷：《刑法分则的解释原理（第二版）》（上），中国人民大学出版社 2011 年版，第 6 页。

〔4〕 ［法］基佐：《欧洲文明史——自罗马帝国败落起到法国革命》，程洪逵译，商务印书馆 1998 年版，第 7 页。

上的障碍。具体说来：①从词语的含义来看，将非现役文职人员解释为《刑法》第450条中的"其他人员"并没有超出刑法条文的字面含义，完全在刑法文义的射程范围内；②从概念的相互关系上来看，将非现役文职人员解释为第450条中的"其他人员"没有提升概念的位阶；③从着重点上来看，将非现役文职人员解释为第450条中的"其他人员"仍然是对刑法规范本身的逻辑解释，而非对事实的比较；④从论理方法上来看，将非现役文职人员解释为第450条中的"其他人员"不过是扩张性地划定了其他人员的概念，使应受刑罚处罚的非现役文职人员违背军人职责的行为包含在了该概念之中，而非类推适用；⑤从实质上而言，将非现役文职人员解释为第450条中的"其他人员"并没有超出国民的预测可能性。

此外，将非现役文职人员纳入军职罪的适用范围已经得到了理论界的支持，在学理解释上并没有反对的声音，既然大家对此能够达成共识，又何必非得劳烦立法解释？否则，一旦司法实践中遇到难题就要求有权机关做出有权解释，那么，刑法学者存在的意义在哪里？要知学理解释在刑法的解释体系中处于基础地位，学理解释应当成为有权解释的理论依据。刑法学者不能遇到难题就伸手向有权机关要求有权解释，然后再将有权解释的内容录入自己的论著。[1] 既然学理解释能够对这一问题予以完美解决，此种情况下，立法者以修正案的模式或者以立法解释的方式对之进行明确实无必要。

3. 是否将军职罪的适用范围扩大到境外军职人员？

对此，有如下两个问题需要探讨：

（1）是否将我国台湾地区的军职人员纳入军职罪的适用范围？对此，有学者认为因为历史原因，《刑法》在台湾地区并未施行。如果发生台湾地区军职人员在台湾地区以外实施有关犯罪的情形，或者跨越大陆和台湾地区犯罪的情形，我们对此不予管辖，可能就会出现刑法适用的真空地带，不利于特定时期秩序的维护。如台湾地区军职人员在大陆或者近海地区进行掠夺、残害居民行为时被大陆地区抓获，

---

〔1〕 参见张明楷：《刑法分则的解释原理（第二版）》（上），中国人民大学出版社2011年版，第25页。

此时如果将其遣送回台湾可能得不到应有的处理；而如依我国刑法的一般条款对此进行处理，则只能以抢夺罪、抢劫罪、故意伤害罪等普通犯罪处理。此外，有些犯罪行为，如遗弃伤病军人的行为，只有在军人违反职责罪中可以找到相应的罪名，如不将其纳入军职罪的适用范围，将导致台湾地区军职人员上述行为处于无法可依的尴尬境地。[1]

对此问题，笔者认为无此必要。首先，对上述行为的惩治并不在军职罪的立法目的之内。依照《刑法》第420条的规定，军人违反职责罪，是指军人违反职责，危害国家军事利益，依法应当受到刑罚处罚的行为。军人违反职责罪的本质在于侵犯国家的军事利益，军人违反职责罪的立法目的在于保护国家的军事利益。事实上，台湾地区军职人员实行上述行为不在军职罪立法目的之内。如台湾地区军职人员在大陆地区遗弃其同袍的伤病军人，并不构成刑法规定的遗弃伤病军人罪。其次，这种说法并不意味着对上述行为不予惩治。从管辖上来讲，台湾是我国领土不可分割的一部分，对台湾地区军职人员的上述行为完全不管发生在大陆地区还是台湾地区，抑或是上述领域的周边近海地区，完全可以依照属地管辖来行使管辖权。从罪名适用上来讲，方案有二：一是适用军职罪之外的普通罪名对其加以惩治。如上述人员战时在军事行动地区残害无辜居民的，以抢劫罪、抢夺罪、故意伤害罪、故意杀人罪、强奸罪等罪名进行规制；对上述人员在战场上遗弃同袍伤病军人的行为视情形以遗弃罪，甚至不作为的故意杀人罪、故意伤害罪等罪名加以规制。二是如后所言，理论上应将战俘纳入军职罪的适用范围，如果我们能够将战俘纳入军职罪的适用范围可对其直接适用军职罪的有关罪名。但不管怎样，都不存在论者所谓的无具体罪名可适用的尴尬。

（2）是否将外国军职人员纳入军职罪的适用范围？对此，有学者认为，我国刑法中规定了一些国际军事犯罪，如战时拒不救治伤病军人罪、遗弃伤病军人罪，战时残害居民、抢夺居民财物罪，虐待俘虏

〔1〕 参见蔺春来：《军人违反职责罪犯罪主体立法的不足》，载《西安政治学院学报》2005年第1期。

罪，等等。尽管我国刑法总则中有关于普遍管辖的规定，但《刑法》第 450 条对军职罪适用范围的界定又排除了军职罪对外国军职人员的适用，这就使得外国军职人员实施的上述行为找不到相应的国内法依据，导致总则关于普遍管辖权的规定在分则中无法落实，有损刑法体系的完整性。如欲解决上述问题，就必须扩大军职罪的适用范围，使总则中普遍管辖的有关规定落到实处，也使得刑法总则内容与分则规定前后呼应。事实上，有许多国家在用军事刑法惩治本国军职人员时，也对非本国军职人员的刑事责任作出了相应规定。如《美国统一军事司法典》即将武装部队关押的战俘纳入了其适用范围。《加拿大军纪法》也规定，当他国军职人员被配属或调派到加拿大军队中时，受该法的管辖。《意大利战时军事刑法典》更是明确将实施了违背战争法和国际惯例的敌方军人及武装力量的从属人员纳入了其管辖范围。对此，我们也应效仿。如此一来，对那些国际军事犯罪就不致出现内外有别的情形，更好地体现平等适用刑法的原则。[1]

对此问题，笔者认为应分情况来加以讨论。首先，对于我们国家军队中的外籍军人，应将其纳入军职罪的适用范围。有学者认为外籍军人既不属于《刑法》第 450 条规定的军人，也不属于该条规定的准军人。我国军职罪的立法目的在于惩罚违反职责的军人，外籍军人在我国参加的一般是各种军事交流活动，如军事演习、院校授课、接受培训等，在此过程中我们不可能赋予其任何军事职责，故理论上外籍军人根本没有被纳入军职罪规制的可能。更何况，从目前来看，我国军队中外籍军人比较少，要么为临时来我军帮助工作的专家或者其他人员，要么为进入我军院校接受培训的外籍学员，其所可能触犯的罪行也不过是普通刑事犯罪和间谍犯罪两种，故根本无需将其纳入军职罪的适用范围。[2] 对上述学者的观点，笔者认为有待商榷。现在不赋予外籍军人军事职责不等于将来不赋予其军事职责，刑事立法必须具有前瞻性。否则，一旦发生了再去寻找适用上的依据，就可能出现

---

〔1〕 参见蔺春来：《军人违反职责罪犯罪主体立法的不足》，载《西安政治学院学报》2005 年第 1 期。

〔2〕 参见李珊珊：《论外籍军人犯罪适用军职罪的法律障碍》，载《社科纵横（新理论版）》2011 年第 3 期。

法无明文规定的尴尬。[1] 随着新时期我国安全形势的变化，国家的生存利益和发展利益面临多种威胁和挑战。这些威胁和挑战，既有来自传统安全领域的，也有来自非传统安全领域的；既有军事的，也有非军事的；既有现实的，也有潜在的。正因为如此，党的十九大报告明确提出，要扎实做好各战略方向军事斗争准备，统筹推进传统安全领域和新型安全领域军事斗争准备工作，发展新型作战力量和保障力量，开展实战化军事训练，加强军事力量运用，加快军事智能化发展，提高基于网络信息体系的联合作战能力、全域作战能力，有效塑造态势、管控危机、遏制战争、打赢战争。这就意味着，未来我军完全有出境作战的可能，外籍军人，甚至外国普通公民将来完全有可能出现在我军的作战、训练、演习、危机管控等行动之中，不排除授予其军事职责的可能。正因如此，将其纳入军职罪的适用范围确有必要。但在此问题上笔者认为完全没有必要修改刑法典。事实上，考虑到境外作战问题的存在，世界各国军队在管辖问题上一般采取的都是属人管辖。如《美国统一军事司法典》第2条即将战时在战场为武装力量服务或者随军的人员纳入了其管辖范围。因此，笔者主张将此类人员扩大解释为《刑法》第450条中的执行军事任务的"其他人员"。或许有人会诘难，《刑法》第7条规定了属人管辖，这里的"其他人员"应仅限我国公民。对此，笔者的回答是：总则是对犯罪、刑事责任与刑罚事项的一般规定，并不排除分则对一些问题作出特殊规定。如根据《刑法》第67条规定，自首的可以从轻或者减轻处罚，其中犯罪较轻的，可以免除处罚。但这并不妨碍第164条的特别规定：在对非国家工作人员行贿罪的情况下，如行贿人在被追诉前主动交待行贿行为的，可以减轻或者免除处罚。

其次，对于战俘，应将其纳入军职罪的适用范围。所谓战俘，是指在战争或者武装冲突中落入敌方权力之下的交战国的一方战斗员。[2] 1949年8月12日根据《关于战俘待遇的日内瓦公约》第82

---

〔1〕 参见聂立泽、苑民丽：《略论我国军职犯罪的立法得失》，载《河北法学》2001年第1期。

〔2〕 参见王铁崖总主编：《中华法学大辞典：国际法学卷》，中国检察出版社1996年版，第655页。

条的规定，战俘应当受拘留国武装部队现行法律、规则和命令的拘束；拘留国对于战俘任何违反上项法律、规则和命令的行为，可以采取司法或者纪律上的措施。第 87 条规定，拘留国军事当局及法庭对于战俘所判处的刑罚不得超出其对本国武装部队人员犯同一罪行所规定的刑罚。我们国家已经加入了上述公约，根据有约必守的国际法原则，战俘应当纳入我国军职罪的适用范围。事实上，有好多国家已经对此问题作出了规定。如《美国统一军事司法典》第 2 条即明确规定，羁押在武装力量中的战俘受该法的管辖。[1] 类似的《意大利战时军事刑法典》第 12 条也规定，只要没有法律或者国际条约的特别规定，处于意大利控制或者看管之下的战俘受意大利战时军事刑法的约束。[2] 由是看来，军职罪确有将战俘纳入其适用范围的必要。对此，笔者主张在《刑法》第 450 条之下增加规定一款——除法律或者我国缔结或者参加的国际条约有特别规定外，本章适用于处于我国控制或者看管之下的战俘。

如此修改跟将境外军职人员纳入军职罪适用范围一样，可能遭到的诘难是突破了刑法总则中关于属人管辖原则的限制。对此，笔者的回复也是同样的：军职罪本身即是特殊刑法，对于总则中的一般规定，刑法分则在不违背罪刑法定原则的前提下完全可以突破。而且将战俘纳入军职罪的适用范围不仅符合国际公约的规定，还有相关的国外立法例可资借鉴。这在理论上没有任何问题。

最后，对于那些实施了违反战争法和国际惯例的犯罪的非我军的军职人员，如其实施了虐待俘虏罪、战时残害居民、掠夺居民财物等罪，是否纳入军职罪的适用范围？对此，笔者认为。这实际上牵涉到了普遍管辖原则在我国刑法中的适用问题，对此，我们将在战争罪的完善一节中对此问题进行详细论述，此处暂且略过不提。

---

〔1〕　参见萧榕主编：《世界著名法典选编（军事法卷）》，中国民主法制出版社 1997 年版，第 2 页。

〔2〕　参见黄风译：《意大利军事刑法典》，中国政法大学出版社 1998 年版，第 149 页。

第三节 军事犯罪概念的完善

一、我国刑法中军事犯罪应采取广义的概念

军事刑法，是指规定军事犯罪及其刑罚的法律规范。我们国家刑事立法中并没有"军事犯罪"这个概念。但在国外，"军事犯罪"一词不管是在刑事立法上，还是刑法理论研究中都得到了广泛应用。如《英国陆军法》第二章的名称为"军事犯罪的惩戒、审理和惩罚"[1]；《加拿大国防法》第五章的名称为"军事犯罪与处罚"[2]；《意大利平时军事刑法典》第一编的名称为"军事犯罪总则"，第二编的名称为"军事犯罪分则"；《意大利战时军事刑法典》第二编的名称为"军事犯罪和刑罚总则"，第三编的名称为"军事犯罪分则"。[3]

意大利学者甚至根据上述立法提出了"单纯军事犯罪"的概念。根据《意大利平时军事刑法典》第 37 条的规定，"任何违反军事刑法的行为均为军事犯罪。如果某一行为在其全部或者部分构成要件上不被普通刑法规定为犯罪，由该行为构成的军事犯罪是单纯军事犯罪。"如《意大利平时军事刑法典》第 137 条规定的"怯懦表现罪"、第 148 条规定的"逃跑罪"、第 151 条规定的"拒不应征罪"、第 157 条规定的"自寻病患罪"等，都是单纯军事犯罪中最为典型的罪状。上述单纯军事犯罪的共同特点在于：行为仅仅违反特定的军事义务或职责，如果行为人在法律上不负有这样的特定义务或职责，则完全不用

---

〔1〕 参见萧榕主编：《世界著名法典选编（军事法卷）》，中国民主法制出版社 1997 年版，第 79 页。

〔2〕 参见萧榕主编：《世界著名法典选编（军事法卷）》，中国民主法制出版社 1997 年版，第 38 页。

〔3〕 参见萧榕主编：《世界著名法典选编（军事法卷）》，中国民主法制出版社 1997 年版，第 377 页。

担心会因上述行为而受到普通刑法的处罚。[1]

前述已及，囿于法系与国情不同，世界各国对军事犯罪的认识实际上并不一致，大体上有军事犯主义与军人犯主义两种立法例。两种立法例最关键的区别在于是否承认非军人，即普通公民也可以构成军事犯罪。受传统军法理念的影响，军事犯主义立法体例认为，不管是军职人员，还是普通公民，都可以成为军事犯罪的主体，侵害国家的军事利益。渊源于狭义的军事犯罪学说的军人犯主义立法则认为，除了共同犯罪的情形外，军事犯罪的主体仅限于军职人员，亦即，只有军职人员可以成为军事犯罪的主体，非军人不可能触犯军事犯罪。因单采军事犯主义立法体例，或者单采军人犯主义立法体例，皆有不足之处，故现在世界各国在军事刑法的立法体例上多采折衷主义的立法体例。[2]

尽管我们国家刑事立法中并没有军事犯罪的概念，1997年《刑法》修订的时候，立法者不仅在刑法典分则第十章设立了专门针对军人的军人违反职责罪，还在刑法典分则第七章设立了军人和非军人均可成立的危害国防利益罪，故理论上普遍认为我们国家在军事犯罪的立法体例上也采取了折衷主义的做法。其中，军人违反职责罪系军人犯主义立法体例的征表，危害国防利益罪则是军事犯主义立法体例的征表。在我们国家，军事犯罪的外延是由军人违反职责罪和危害国防利益罪组合而成。这方面典型的观点如，军事犯罪是指危害国家国防和军事利益，依照法律应当受刑罚处罚的行为。[3]又如，军事犯罪是指危害国防利益和军事利益，依照法律应当受到刑罚处罚的行为。具体说来，军事犯罪包括两大类：一类是危害国防利益的犯罪，另一

---

〔1〕　参见黄风译：《意大利军事刑法典》，中国政法大学出版社1998年版，"前言"第3页。

〔2〕　参见冉巨火：《我国军事刑法立法模式之定位》，载《公民与法（法学版）》2010年第8期。

〔3〕　参见张山新主编：《军事法学》，军事科学出版社2003年版，第205页。

类是军人违反职责罪。[1] 在此基础上，学界对军事犯罪做了进一步划分，将其划分广、狭二义。如有学者认为，军事犯罪是指危害国家军事利益，依照刑法规定应受刑罚处罚的行为。广义的军事犯罪不仅包括军人违反职责罪，还包括危害国防利益罪。狭义的军事犯罪，仅指军人违反职责罪。[2]

综上所述，在我们国家，如采取广义的军事犯罪概念，则军事犯罪的外延不仅包括军人违反职责罪，还包括危害国防利益罪，军事犯罪与军人违反职责罪并非同一概念。但如采取狭义的军事犯罪概念，则军事犯罪就是指的军人违反职责罪。在此问题上，笔者认为我们国家军事犯罪的界定宜采取广义的概念。

首先，采取广义的军事犯罪概念符合我们国家军事刑法的立法体例。前述已及，我们国家在军事刑法的立法体例上采取了国际通例，兼采军人犯主义与军事犯主义的折衷主义立法体例，其中危害国防利益罪是军事犯的表征，军人违反职责罪是军人犯的表征，军事犯罪自然也应包括危害国防利益的犯罪与军人违反职责的犯罪。其次，将危害国防利益犯罪解释为军事犯罪并不存在文义上的障碍。国防本与军事息息相关。如根据我国《国防法》第2条的规定，所谓国防，即指国家为了防备和抵抗侵略，制止武装颠覆，保卫国家政权、统一、领土完整和安全所进行的军事活动，以及与军事有关的政治、经济、外交、科技、教育等方面的活动。再次，将危害国防利益犯罪解释为军事犯罪符合国际惯例。如《意大利平时军事刑法典》第259条即规定意大利公民拒绝或者不向处于危险中的军用舰船或飞机提供所要求的援助，同样构成军事犯罪。最后，采取广义的军事犯罪有利于增强我国在外交活动中的主动性。如后所言，在军事犯罪概念的基础上还可

---

[1] 参见薛刚凌、周健主编：《军事法学》，法律出版社2006年版。在该书的第二版中，编者并未列出军事犯罪的概念，但在论述军事刑法的主体特征时提到，我国军事犯罪的主体包括特殊主体和普通主体两类，特殊主体实施的犯罪如军人违反职责罪，一般主体实施的犯罪如危害国防利益罪。这实际上也是认为我国军事犯罪包括军人违反职责罪与危害国防利益罪两大类。参见薛刚凌、肖凤城主编：《军事法学》（第二版），法律出版社2016年版，第199页。

[2] 参见钱寿根、王继主编：《军事刑法学》，国防大学出版社2007年版，第109页。

以分出纯正军事犯罪[1]的概念。根据我国《引渡法》的规定，纯正军事犯罪不引渡。这就说明，军事犯罪概念愈广，我们国家在外交活动中回旋的余地就会愈大。我们完全没有必要在此问题上作茧自缚、画地为牢。

二、纯正军事犯罪的范围不应仅局限于军人违反职责罪

必须指出的是，虽然我们国家刑事立法中没有军事犯罪的概念，但在其他立法中出现了军事犯罪的提法。这种提法多见于规范外交关系的法律文件中。典型的如我国《引渡法》第 8 条第 5 项的规定，根据我国或者请求国法律，引渡请求所指的犯罪纯属军事犯罪的，应当拒绝引渡。此外，一些外交文件也使用了"纯粹军事犯罪"这一概念，如我国与土耳其签订的《中华人民共和国和土耳其共和国关于民事、商事和刑事司法协助的协定》第 29 条中即有这样的表述，"被请求的缔约一方认为，该项请求所涉及的犯罪是一项政治犯罪或与之有关的犯罪，或是一项纯粹的军事犯罪"，可拒绝刑事司法协助。从立法精神上来看，这里的纯属军事犯罪、纯粹军事犯罪与《意大利平时军事刑法典》中所称的"单纯军事犯罪"系同一概念，故我国学者多将其称之为纯粹军事犯罪。[2] 笔者认为，为了与刑法中的纯正不作为犯、纯正单位犯罪等概念相对应，宜将"纯粹军事犯罪"一语更名为"纯正军事犯罪"。在后文中，如无特别交代，本书中所谓的"纯正军事犯罪"就是指的前文中所述的"纯粹军事犯罪"。刑法中的纯正军事犯罪的范围包括哪些？立法者并未明确。这就使得学理上对该概念众说纷纭。

一种观点认为，纯正军事犯罪，就是指军人违反职责罪，其犯罪的主体只能是军人，犯罪侵害的客体是军人的职责。不管战时，还是平时，军人违反职责罪是纯正的军事犯罪。[3] 纯正军事犯罪，是指军职人员违反其军事义务，危害国家的军事利益，依法应当受刑罚处

---

〔1〕　即纯粹军事犯罪。——笔者注

〔2〕　参见钱寿根、王继主编：《军事刑法学》，军事科学出版社 2007 年版，第 122 页。

〔3〕　参见钱寿根、王继主编：《军事刑法学》，军事科学出版社 2007 年版，第 122 页。

罚的行为。纯正军事犯罪的主体只限于军职人员而不包括非军人的普通公民，这是纯正军事犯罪与广义军事犯罪概念的最根本区别之处。纯正军事犯罪违反的是一国法律规定的军事义务，这种军事义务是由该国专门针对军职人员所特别设定的，具有极其鲜明的政治特点，是故，纯正军事犯罪在司法管辖上具有强烈的排他性，对实施了纯正军事犯罪的军人只能由该国军事司法机关行使专门管辖权，不得将其引渡给他国。[1]

另一种观点则认为，纯正军事犯罪，是指依照我国和请求国法律，引渡请求所指的犯罪只符合军事犯罪构成，而不符合其他普通犯罪构成的犯罪。如依照我们国家刑法分则条文第十章"军人违反职责罪"的规定，战时自伤罪、战时临阵脱逃罪符合军职罪有关犯罪的犯罪构成，但不符合其他普通犯罪的犯罪构成，因此这两个犯罪属于纯正军事犯罪。但故意泄露军事秘密罪、战时残害居民、掠夺居民财物罪、虐待俘虏罪等罪，其既符合军人违反职责罪中有关犯罪的犯罪构成，同时还符合故意泄露国家秘密罪、故意杀人罪、故意伤害罪、抢劫罪、侮辱罪等普通犯罪的犯罪构成，因此，这些犯罪就不属于纯正军事犯罪。[2]

笔者赞同第二种观点，纯正军事犯罪并非仅指军人违反职责罪，军人违反职责罪也不都是纯正军事犯罪。这是因为：

首先，纯正军事犯罪并非仅指军人违反职责罪。由纯正军事犯罪概念的理论基础来看，之所以把军事犯罪区分为纯正军事犯罪与不纯正军事犯罪，是对"自在的恶"与"违规的恶"加以区分的结果。所谓"自在的恶"指的是违反人类基本道德和理性的犯罪行为，如杀人、放火、抢劫、强奸等；所谓"违规的恶"是违反法定规则的，但从人性或者道德观念的角度看则是可予理解的行为。面临枪林弹雨、机毁船沉等各种可能直接导致生存毁灭的危险，出现恐惧和惊慌是人类生存本性的自然流露，在道德上无可厚非，但军人的职责和义务就

---

〔1〕 参见柳华颖：《单纯军事犯罪概念之提倡》，载《西安政治学院学报》2008年第3期。

〔2〕 参见薛淑兰：《引渡司法审查研究》，中国人民公安大学出版社2008年版，第176页。

是要直面这种危险，克制这种危险，承受这种危险，故此种危险面前军人表现出怯懦行为或者逃避这种行为是被法律所禁止的。[1]

　　纯正军事犯罪不可引渡的原理在于，这类犯罪并非普通犯罪。纯正军事犯罪作为违反某一国家军事义务的行为，其所侵犯的只是该国的军事或国防利益，这种利益具有鲜明的排他性和政治性，任何一个不想证明自己在任何情况下均是请求国亲密的军事同盟的国家，都无必要也不会愿意就发生在请求国的军事犯罪提供引渡合作。[2] 国际刑事司法合作中之所以将军事犯罪排除在外，主要原因就在于军事犯罪不是普通犯罪。它违反的仅是该国法律规定的军事义务，侵犯的法益是该国的军事利益及国防利益，这种利益具有鲜明的政治性、独立性，不像普通犯罪那样危及公民的人身、财产、民主权利和公共秩序，也不像国际犯罪那样损害危及国际社会。如果在这种仅仅侵犯一国军事利益的犯罪方面进行司法合作，无异于是一种军事上的合作，会远远超出刑事司法合作的范畴。且引渡制度的目的在于经由国际司法合作以消灭军事犯罪，引渡军事犯罪则无助于这一目的的实现。正因如此，世界各国一般都将军事犯罪作为拒绝引渡的条件。[3]

　　事实上，一国负有这种特定军事义务的主体不仅包括军人，一国的普通公民都可能负有这种义务。前述已及，《意大利平时军事刑法典》第259条即规定意大利公民拒绝或者不向处于危险中的军用舰船或飞机提供所要求的援助，同样构成军事犯罪。依此逻辑，我们国家的危害国防利益罪中同样存在纯正军事犯罪。如根据《刑法》第376条的规定，预备役人员战时拒绝、逃避征召或者军事训练，情节严重的，成立战时拒绝、逃避征召、军事训练罪；公民战时拒绝、逃避服役，情节严重的，成立战时拒绝、逃避服役罪。正因如此，在一些国家的刑法典中，战俘甚至都可以成为纯正军事犯罪的主体。如根据《意大利战时军事刑法典》第208条的规定，战俘在释放后，违反不

---

〔1〕　参见黄风译：《意大利军事刑法典》，中国政法大学出版社1998年版，"前言"第4页。

〔2〕　黄风：《中国引渡制度研究》，中国政法大学出版社1997年版，第86页。

〔3〕　参见薛淑兰：《引渡司法审查研究》，中国人民公安大学出版社2008年版，第175页。

再参战的保证，重新参与反对意大利或者其他盟国的作战活动，将被处以死刑。理论上认为，该罪同样属于纯正军事犯罪。[1]

其次，军人违反职责罪并非都是纯正军事犯罪。纯正军事犯罪"是违反一国法律规定的军事义务的犯罪"，"必须是不含有任何普通犯罪要素的犯罪行为"。[2] 纯正军事犯罪，是指仅仅违反一国军事法律，但根据该国的普通刑事法律则不构成犯罪的行为。将纯正军事犯罪排除在国际引渡合作之外，主要是因为军事犯罪不是普通犯罪，具有鲜明的排他性和政治性。[3] 现实中完全存在这样的情形，军人违反职责罪中的某一罪行完全可能同时符合某一普通犯罪的犯罪构成。正如前述第二种观点所指出的那样，故意泄露军事秘密罪、战时残害居民、掠夺居民财物罪、虐待俘虏罪等罪，固然符合军人违反职责罪中相关犯罪的犯罪构成，但因其同时符合故意泄露国家秘密罪、故意杀人罪、故意伤害罪、抢劫罪、侮辱罪等普通犯罪的犯罪构成，因此是不属于纯正军事犯罪范畴的。在我们国家司法实践中，这种情形实际上是按照法条竞合犯的原理，即特别法优于普通法的原则来予以认定的。[4] 如果认为军人违反职责罪都是纯正军事犯罪的话，可能会导致一个不合理的解释结论：只要是军人违反职责罪都不可以引渡。这样的结论无异于让那些行为同时触犯军人违反职责罪与普通犯罪的犯罪军人有了逍遥法外的正当理由。这显然是不合适的。

综上所述，纯正军事犯罪违反的仅是一国法律规定的军事义务，故在构成要件上其仅构成该国的军事犯罪，而不构成该国的普通犯罪。从侵害的法益上来看，纯正军事犯罪侵犯的法益是一国的军事利益及国防利益，故其既存在于军人违反职责罪中，又存在于危害国防利益罪中，一概认为纯正军事犯罪就是军人违反职责罪，或者军人违

---

〔1〕 参见黄风译：《意大利军事刑法典》，中国政法大学出版社1998年版，"前言"第3页。

〔2〕 黄风：《〈中华人民共和国引渡法〉评注》，中国法制出版社2001年版，第58页。

〔3〕 黄芳：《中国引渡法及引渡条约研究》，载2003年"国际刑事法院专题"国际学术研讨会论文。转引自：薛淑兰：《引渡司法审查研究》，中国人民公安大学出版社2008年版，第174页。

〔4〕 参见薛淑兰：《引渡司法审查研究》，中国人民公安大学出版社2008年版，第176页。

反职责罪就是纯正军事犯罪的观点是错误的。

（三）军事犯罪概念的立法完善

前述已及，在我们国家军事犯罪宜采取广义的军事犯罪概念，既包括军人违反职责罪，又包括危害国防利益罪。我国《引渡法》中所谓的纯正军事犯罪（纯粹军事犯罪）是指仅仅违反一国法律规定的军事义务，故在构成要件上其仅构成该国军事犯罪，而不构成该国普通犯罪的犯罪。为了跟《引渡法》衔接，笔者认为应在刑法典中明文规定军事犯罪与纯正军事犯罪的概念。有鉴于此，笔者主张应在《刑法》第 95 条之后增加规定一条，具体内容如下：

第 95 条之一　本法所称军事犯罪，是指军人违反职责罪和危害国防利益罪。

如果某一行为只触犯军人违反职责罪或者危害国防利益罪，而未触犯普通犯罪的，是纯正军事犯罪。

第五章

体系化设计下军职罪有关制度的完善

第一节 军职罪刑罚体系的完善

军事刑罚，是指国家刑法规定的，由国家审判机关依法对危害国家军事利益的犯罪人所适用的限制或剥夺其一定权益的最严厉的强制性制裁方法。[1] 前述已及，我们国家并没有规定专门的军事刑法典，广义的军事犯罪是指军人违反职责罪和危害国防利益罪，刑法总则第一章第一节刑罚的种类也没有对军事犯罪的刑罚做出特别规定。这样的设置似乎意味着军职罪与普通犯罪一样，适用相同的刑罚体系。其实不然，军职罪一章存在着一个专门适用于军人的附加刑——剥夺军衔，此外，从军职罪的具体罪刑规范来看，军职罪一章是没有规定管制刑、罚金刑的。[2] 这样的规定并非完全没有问题，本节拟对这些内容进行专门探讨。

---

〔1〕参见钱寿根、王继主编：《军事刑法学》，国防大学出版社 2007 年版，第 181 页。

〔2〕必须指出的是，军职罪也没有规定没收财产刑。此处之所以没有探讨没收财产刑在军职罪中的缺失问题是因为收财产刑存在弊端，故越来越多的学者主张我们国家未来应废止没收财产刑。如有学者指出，没收财产，是指将犯罪人所有财产的一部分或者全部无偿收归国有的刑罚方法。没收财产刑在我们国家的刑罚体系中是作为附加刑加以规定的，具有绝对附加刑的性质，即只能附加适用而不能独立适用。从罪刑法定原则的要求来看，在

一、剥夺军衔的性质及其完善

(一) 剥夺军衔的性质

1988 年 7 月 1 日第七届全国人大常委会第二次会议通过的《军官军衔条例》第 27 条规定，如果军官（包括退役军官）犯罪，被判处剥夺政治权利或者 3 年以上有期、无期徒刑、死刑的，由法院判决剥夺该犯罪军官的军衔。一般认为，本条确立了专门适用于犯罪军官的附加刑——剥夺军衔。此前《暂行条例》中也设立了一种专门适用于犯罪军人的附加刑，即剥夺勋章、奖章、荣誉称号。加上刑法典中规定的普遍适用于所有犯罪人的四种附加刑，即罚金、剥夺政治权利、没收财产、驱逐出境，当时的理论界普遍认为我国刑法中规定的附加刑一共有六种。[1] 在当时出版的颇有影响的刑法学教材中对此均有所提及。如赵秉志、吴振兴教授主编的《刑法学通论》一书即明确指出：剥夺军衔是一种专门的附加刑，适用于被判处特定刑罚的现役和退役军官，属于资格刑的范畴，是一种用来剥夺犯罪军人政治荣誉的刑罚。[2] 新刑法颁行后，军职罪的内容被纳入刑法分则第十章，《暂行

没收犯罪人一部财产的情况下，因为我们国家刑法典已经规定了罚金刑，此时，没收财产刑就没有存在的必要。从我们国家刑法分则各罪没收财产刑的立法设置情况来看，多数情况下，没收财产刑是被作为无期徒刑和死刑的附加刑来加以配置的。从罪刑法定原则的基本精神来看，没收财产刑不但不符合刑罚公正性的要求，也不符合刑罚功利性目的的要求，违背罪刑法定原则，背离刑事法治的发展方向。世界各国刑法罚金刑设置较为普遍，但设置没收财产刑的国家则较为少见，这种现象并非刑事立法上的偶然，而是罪刑法定原则下立法者做出的必然选择。故未来一般没收财产刑在我们国家应予废止。参见李洁：《论一般没收财产刑应予废止》，载《法制与社会发展》2002 年第 3 期。除上述废止理由外，也有学者指出没收财产刑存在如下一些不足：没收财产刑没有数额限制，有可能导致犯罪人合法财产被任意处置；我国刑法中的没收财产刑是将犯罪人合法所有的财产作为没收的对象，这种做法并不合适。参见谢望原：《刑法中的没收制度》，载《中国刑事法杂志》2009 年第 6 期。还有学者认为，没收犯罪人与犯罪无关的合法财产，侵犯了其基本人权；没收财产因犯罪人穷富不同，可能会损害刑法的公正性；没收财产需要司法机关投入大量成本，不符合刑法节俭的要求；没收财产违背了罪责自负原则。参见万志鹏：《没收财产刑的废止论——从历史考察到现实分析》，载《安徽大学学报（哲学社会科学版）》2008 年第 5 期。对上述主流观点，笔者予以认同。未来没收财产刑应在我们国家刑法典中予以废止，军职罪中亦无需增设。

〔1〕参见冉巨火：《"剥夺军衔"仍应依法执行》，载《法学杂志》2004 年第 6 期。
〔2〕参见赵秉志、吴振兴主编：《刑法学通论》，高等教育出版社 1993 年版，第 371 页。

条例》被废止，原规定在《暂行条例》中的剥夺勋章、奖章、荣誉称号这一附加刑也随之被废止。《军官军衔条例》于 1994 年 5 月 12 日经第八届全国人大常委会第七次会议进行了修正，修正后的《军官军衔条例》将剥夺军衔规定的条文顺序由第 27 条调整为第 28 条，但对剥夺军衔的内容则一字未改。自此之后，《军官军衔条例》再未修改，至今仍然有效。由是带来一个问题：规定在该条例第 28 条中的剥夺军衔制度其性质是什么？到底还是不是一种附加刑？对此，理论界存在不同的观点。

第一种观点为肯定说。持该观点的学者认为剥夺军衔是一种附加刑。如薛刚凌、肖凤城教授主编的《军事法学》（第二版）一书中即认为，剥夺军衔是剥夺犯罪军人军衔的一种刑罚方法。根据《中国人民解放军现役军官法》《关于剥夺犯罪军人军衔的规定》《预备役人员法》等的规定，对被判处 3 年以上有期、无期徒刑、死刑或者剥夺政治权利的现役犯罪军人和预备役犯罪人员，可以依法附加剥夺其军衔。在我国的刑事立法和司法实践中，剥夺军衔曾长期被作为一种附加刑适用于危害严重的犯罪军人。如 1957 年拟定的《中华人民共和国刑法（草案）》第 5 条即规定，军人犯罪，除适用刑法规定的刑罚外，还可以适用开除军籍和剥夺军衔作为附加刑。[1]

第二种观点为否定说。具体又可分为两种小观点：第一种小观点，停止适用说。持该观点的学者认为，剥夺军衔在新刑法生效后不再是一种附加刑，司法实践中不应再对其继续适用。主要理由有：①1997 年《刑法》修订时，剥夺军衔并没有被作为附加刑为新刑法吸收；②新刑法确立了罪刑法定原则，既然剥夺军衔没有被新刑法作为附加刑予以吸收，就说明剥夺军衔不再是一种附加刑。③刑法典的效力要高于《军官军衔条例》的效力，低层级的法律与高层级的法律相冲突的，效力低的法律应归于无效。[2]

第二种小观点，继续适用说。持该观点的学者认为，新刑法确实

---

〔1〕 参见薛刚凌、肖凤城主编：《军事法学》（第二版），法律出版社 2016 年版，第 200 页。

〔2〕 参见罗佩杰、刘昌松：《"剥夺军衔"附加刑不应继续适用》，载《法学杂志》2001 年第 1 期。

没有将剥夺军衔作为一种附加刑纳入刑罚体系，在确立了罪刑法定原则的今天，不宜再将剥夺军衔视为一种附加刑；通过对立法原意的考察，论者认为，作为权宜之计可将剥夺军衔视为一种非刑罚处理方法，对被判处剥夺政治权利或者 3 年以上有期、无期徒刑、死刑的犯罪军官仍应依法适用。[1]

关于这一问题，此前笔者主张否定说中的第二种小观点"继续适用说"。现经重新思考，笔者同意第一种观点，剥夺军衔是一种附加刑，对于危害严重的犯罪军官仍应继续适用。主要理由有：

首先，剥夺军衔具有刑罚的一切特征。依照通说，所谓刑罚是由刑法规定的由国家审判机关依法对犯罪人适用的限制或者剥夺其某种权益的最严厉的强制性制裁方法。[2] 剥夺军衔具有刑罚的一切特征。一为剥夺军衔的内容为对受刑者一定权益的剥夺。军衔制度产生于15—16 世纪的西欧一些国家。一般认为，军衔是军人的终身荣誉，非经法律判决有罪者不得剥夺，军人不犯错误不得降低。二为剥夺军衔的对象是犯罪军人。三为剥夺军衔的适用者只能是国家审判机关，即法院。四为剥夺军衔源于刑法的明文规定。此处可能存在的疑问是：根据我国《立法法》的规定，犯罪与刑罚属于法律绝对保留事项，《军官军衔条例》并非刑法，如何能规定刑罚？对此，我们的回答是：刑法的渊源除了刑法典之外，还包括单行刑法与附属刑法，在单行刑法和附属刑法中同样可以规定刑罚方法。剥夺军衔即属于规定在附属刑法中的附加刑。五为剥夺军衔的适用必须依照刑事诉讼程序来依法作出。

其次，否定说的论证逻辑存在问题。值得探讨的是否定说中的第二种小观点"继续适用说"。根据论者的考证，剥夺军衔之所以没有被在刑法典中规定为一种附加刑并不是当时立法机关的疏漏。新刑法立法过程中，剥夺军衔在《中华人民共和国刑法（修订草案）》中是被规定为附加刑的，但在讨论过程中，一部分人大代表提出，对于

---

[1] 参见冉巨火：《"剥夺军衔"仍应依法执行》，载《法学杂志》2004 年第 6 期。
[2] 参见高铭暄、马克昌主编：《刑法学》（第十版），北京大学出版社、高等教育出版社 2022 年版，第 216 页。

军人犯罪需要剥夺军衔的,《军官军衔条例》已经作出了规定,对此,直接依照《军官军衔条例》的有关规定执行就是,无需在刑法典中予以专门规定,因此,建议删去草案中的有关规定,最终形成了现在的立法局面。论者之所以主张在新刑法生效后剥夺军衔是因为其已经演变成为一种非刑罚处理方法。而所谓非刑罚处理方法是指人民法院对犯罪分子适用的刑罚处理以外的方法。新刑法制定过程中,剥夺军衔虽然被纳入了刑法草案,但最终并没有被作为一种附加刑纳入新刑法的刑罚体系之中,这就说明剥夺军衔已经不再是一种刑罚种类。剥夺军衔的适用对象是危害严重的犯罪军官。新刑法生效后,剥夺军衔仍需依照条例继续执行,但其并非刑罚。据此,在现行刑法生效之后只有将剥夺军衔理解为一种非刑罚处理方法,才能解释其在现行刑法生效后虽然并非刑罚,但又必须适用于严重犯罪军官的事实。[1]

对此,笔者反思后认为,该文的错误之处在于只承认刑法典是刑法的渊源,否认附属刑法同样是刑法的渊源,进而再以罪刑法定为由证明凡未被刑法典规定为刑罚者均不属于刑罚。该论证逻辑上存在的最大问题在于:一旦此种论证逻辑成立,不排除一些居心叵测的立法者,会将一些严重剥夺犯罪人权益的方法,以非刑罚处理方法之名,规定在刑法典之外,进而导致侵犯人权现象的发生。这是最值得我们警惕的一件事情,这显然也是违反罪刑法定原则与立法原理的。

最后,将剥夺军衔作为附加刑符合我军的历史与现实情况。历史上,我军曾长期将剥夺军衔作为附加刑在军事司法实践中予以适用。对此事实,相关的立法文件也予以了肯定。如 1955 年全国人大常委会制定的《中国人民解放军军官服役条例》中规定,军衔是军官终身的光荣称号,非因犯罪经法院判决,不得剥夺。1957 年拟定的《中华人民共和国刑法(草案)》中规定,军人犯罪,除适用刑法规定的刑罚外,还可以适用开除军籍和剥夺军衔作为附加刑。

(二)剥夺军衔的完善

剥夺军衔的性质之所以产生上述争议,笔者认为主要是有以下几点原因:

---

〔1〕 参见冉巨火:《"剥夺军衔"仍应依法执行》,载《法学杂志》2004 年第 6 期。

首先，刑事立法对剥夺军衔的附加刑属性态度不明朗。前述已及，1997年《刑法》修订时，立法者在草案中原计划将剥夺军衔纳入刑法典的刑罚体系中来，后来又因一些人大代表的意见最终删除了草案中此条的规定，认为军事司法实践中，对需要军衔者按照《军官军衔条例》的有关规定执行即可。问题在于：尽管理论上《军官军衔条例》作为附属刑法也可以规定附加刑，但从效力上来讲，刑法是由全国人大制定的，而《军官军衔条例》是由全国人大常委会制定的，这就决定了作为附加刑，剥夺军衔的效力层级无法与刑法典中的其他四种附加刑相匹配。

其次，相关法律文件对剥夺军衔的废除使得人们对剥夺军衔的属性产生了怀疑。其一，继1988年《军官军衔条例》将剥夺军衔作为附加刑予以规定之后，1993年4月27日，国务院和中央军委对颁布于1988年的《中国人民解放军现役士兵服役条例》进行了修订，其中，修订后的条例第34条明文规定，凡士兵犯罪被判处徒刑的，应当根据具体情况，取消或者剥夺犯罪士兵的军衔。这意味着剥夺军衔作为一种附加刑同样适用于犯了罪的士兵。1997年新刑法生效后，国务院、中央军委于1999年6月30日对《现役士兵服役条例》再次进行了修订，删去了将剥夺军衔作为被判处徒刑士兵附加刑的规定。应当说，现在看来这样的修订是合适的，犯罪与刑罚事项属于法律绝对保留的事项，国务院、中央军委是无权对此作出规定的。但这在当时给人传递出的信号却是——剥夺军衔作为一种附加刑将被取消，先从士兵开始，剥夺犯罪军官军衔的附加刑将来亦必被取消。

其二，如果说从现在《立法法》的规定来看1999年国务院、中央军委对《现役士兵服役条例》中剥夺士兵军衔规定的废除，尚属有据可循的话，那么1995年《预备役军官法》（现已失效）对预备役军官军衔的规定则让人匪夷所思。该法第29条明确规定，凡预备役军官犯罪，被判处3年以上有期、无期徒刑、死刑的，或者被判处剥夺政治权利的，应当剥夺该预备役军官的军衔。"批准剥夺预备役军官军衔的权限，与批准授予该级预备役军官军衔的权限相同。"〔1〕这样的规定意味着《预备役军官法》其实是将预备役军官军衔的剥夺当成了一项行政处分，而非附加刑来予以执行。这显然与我军将剥夺军衔作为一种附加刑予以对待的历史传统与现实做法相违背。

再次，中央军委的命令让剥夺军衔的属性更加扑朔迷离。理论上的争议必然带来司法实践中的混乱。在军事司法实践中，有的法院以剥夺军衔仍然是附加刑为由，对犯罪军官的军衔进行了剥夺；有的则以剥夺军衔已经不是附加刑为由，对犯罪军官的军衔不再进行剥夺。〔2〕针对军事司法实践中剥夺军衔适用上的混乱，中央军委于2000年11月28日专门下发了《关于剥夺犯罪军人军衔的规定》，指出凡军人犯罪被判处剥夺政治权利的，或者被判处3年以上有期、无期徒刑、死刑的，不论其为犯罪军官，还是士兵，一律由一审军事法院判决剥夺该犯罪军人的军衔。这一规定存在如下问题：规定系以中央军委的名义作出，属于军事法规的范畴。依照《立法法》的规定，军事法规无权对犯罪与刑罚事项作出规定。考虑到新刑法对剥夺军衔的附加刑地位并未进行肯定，这种做法实际上就使得剥夺军衔处于既非附加刑，又非行政处理手段的尴尬。

最后，现役文职干部没有军衔可以剥夺的事实让人们对剥夺军衔的现实性产生了怀疑。前述已及，依据《文职干部条例》的规定，军队中的文职干部属于有军籍但没有军衔的现役军人。这就意味着文职干部犯罪后，即使其被判处剥夺政治权利的，或者被判处3年以上有期、徒刑、死刑的，其也将处于无军衔可以剥夺的尴尬。解决此问题的办法只有一个：就是未来对文职干部予以改革，建立与国际接轨的非现役文职干部制度，废除没有军籍的文职干部这一唯我军独有的不

---

〔1〕 2022年12月30日，第十三届全国人民代表大会常务委员会第三十八次会议通过《预备役人员法》。该法自2023年3月1日起施行，《预备役军官法》同时废止。前述《预备役军官法》第29条的规定被移置到《预备役人员法》第32条中来，文字上未做任何变动。——笔者注

〔2〕 参见张建田：《关于军人违反职责罪的立法沿革与完善》，载氏著《中国军事法学研究的历史回顾》（第二版），法律出版社2014年版，第649页。

正常现象。[1] 但当下我们不得不面对的现状却是：司法实践中，剥夺军衔无法适用于具有军籍但没有军衔的文职干部。

上述这些前后矛盾的立法规定使得司法实践中关于剥夺军衔的适用更加混乱。笔者认为，军职罪修改过程中如欲对剥夺军衔制度进行完善，必须进行体系化的设计。具体说来，需要做好如下几项工作：

首先，删除《军官军衔条例》《预备役人员法》中与剥夺军衔有关的规定。

其次，废止2000年11月28日中央军委下发的《关于剥夺犯罪军人军衔的规定》。

再次，关于军队文职干部没有军衔可以剥夺的事实，属于历史遗留问题。相信随着军改的深入，没有军衔的军人这一现象或将不复存在。届时，这一问题也将最终得以解决。

最后，在刑法典中明确将剥夺军衔作为一种附加刑予以规定，具体位置可放置在《刑法》第35条之后，作为第35条之一；同时，考虑到预备役军官与退役军官同样可能触犯严重犯罪，也会涉及剥夺军衔问题，建议做如下完善：

第35条之一：因为犯罪被判处3年以上有期徒刑、无期徒刑、死刑的，或者被判处剥夺政治权利的，如果有军衔的应当一并判处剥夺。

二、管制刑、罚金刑的缺失及其完善

(一) 管制刑缺失及其完善

所谓管制，是指对犯罪分子不予关押，但限制其一定自由，实行社区矫正的一种刑罚方法。管制刑是我国独创的一种刑罚方法，其产生于民主革命时期。新中国成立后，管制作为一种刑罚方法在我们国家的刑事审判实践中继续发挥着重要作用。管制是我国刑法规定的五种主刑中唯一不剥夺犯罪分子自由的开放性刑种。管制刑的存在，具有如下好处：①使我国的刑罚体系更加完善。我国刑法规定不仅规定

---

〔1〕 参见张建田：《军队文职干部法规制度存废之我见》，载氏著《中国军事法学研究的历史回顾》（第二版），法律出版社2014年版，第610页以下。

了拘役、有期徒刑、无期徒刑等自由刑，还规定了生命刑、财产刑、资格刑等非自由刑。管制限制而不剥夺犯罪分子的人身自由，在自由刑和非自由刑之间起到了一种过渡的纽带作用，使我国的刑罚的结构和体系更加紧凑、自然。②管制可以避免自由刑执行过程中产生的弊端。管制对犯罪分子不予关押，是一种限制人身自由的刑罚，由此一来，即可有效避免有期徒刑等自由刑执行过程中，带来的"交叉感染"副作用。③管制刑符合刑罚改革的国际趋势。管制刑对犯罪分子不予关押，可以在不影响犯罪分子正常的工作、劳动、家庭生活的情况下，充分利用各种社会力量，实现对犯罪人的改造，是一种开放性的刑罚执行方式，符合刑罚改革的国际趋势。[1]

尽管如此，军职罪是没有规定管制刑的。之所以没有规定管制刑，根据起草者给出的理由是：我军是执行政治任务的职业武装集团，组织管理严密，机动性、机密性大，因此必须保持高度的纯洁；如果将被判处管制的犯罪分子不予关押、分散在各军事单位执行的话，势必影响部队的纯洁与安全，执行起来，会带来一些困难，不利于各项军事任务的完成与执行。因此，早在原《暂行条例》制定阶段，管制刑就没有被配置到其中来。[2]

问题在于：首先，军职罪中没有规定管制刑，并不意味着军人不能触犯其他普通犯罪。一旦当军人触犯其他普通犯罪，论罪当处管制时应该如何处理？

其次，从执行方式来看，管制刑的执行方式与缓刑的执行方式相似，如都需实行社区矫正，都需遵守类似的管理规定，军人犯罪有适用缓刑的成例，战时甚至有专门的战时缓刑制度，而战时缓刑同样是将犯罪军人不予关押，留在各军事单位执行。既然如此，为何不能将被判管制的军人放在营区予以执行？仅一句保证军队的纯洁性，恐怕难以从道理上服众。

---

〔1〕 参见高铭暄、马克昌主编：《刑法学》（第二版），北京大学出版社、高等教育出版社2022年版，第229页以下。

〔2〕 参见史进前：《关于〈中华人民共和国惩治军人违反职责罪军职罪条例（草案）〉的说明》，载高铭暄、赵秉志编：《新中国刑法立法文献资料总览》（上），中国人民公安大学出版社1998年版，第565~566页。

再次，军内实施管制可以更好地挽救犯罪军人。前述已及，管制是五种主刑中唯一的开放性刑种，管制刑的执行无需对犯罪人予以关押、隔离，可在令犯罪人不脱离正常社会生活的情况下，实现对犯罪军人的改造。既然如此，为何不对犯罪军人予以管制，以实现对其的挽救、改造呢？

最后，军队存在管制刑执行的合适条件。管制刑主废论者的一个重要理由即是改革开放以来，随着联产承包责任制的实施和国有经济体制的改革的日益深化，农村集体经济生产方式基本解体，城市个体劳动者日益增多，大城市中，外来务工人员流动频繁，基层群众组织管理能力下降，这就使得司法实践中，管制刑的执行缺乏组织保证，进而出现管而不制，难以执行的情形。[1] 主废论者提及的这些问题在部队营区统统不存在。军队组织严密，一日生活制度实行军事化管理，可以有效地实现对犯罪军人的监管，保证其遵守《刑法》第39条的各项规定，依法实行社区矫正，即使犯罪军人被宣告了禁止令，也可以得到有效执行。

正因为如此，笔者认为：①未来军职罪如进行立法完善，可以考虑在一些轻微犯罪行为之下配设管制刑。如逃离部队罪、虐待部属罪等，以推动军职罪行刑社会化的进程，给犯罪军人一个改过自新的机会。②当下，既然没有任何一部法律法规禁止对犯罪军人适用管制刑，故当犯罪军人触犯普通犯罪，论罪当处管制刑时，军事司法机关应尽量适用管制刑。这样做的前提是：借鉴地方社区矫正的做法，由最高人民法院、最高人民检察院联合有关部门，及时下发关于在军队营区对犯罪军人实施矫正的办法。[2]

（二）罚金刑的缺失及其完善

所谓罚金，是人民法院判处犯罪分子向国家缴纳一定数额金钱的刑罚方法。罚金是人类社会一种古老的刑罚方法，在我国其源起于周代的罚锾。罚金是财产刑的一种，其执行以犯罪人具有一定的金钱为

---

〔1〕 参见胡学相、李崧源：《论我国管制刑存在的必要性及其完善》，载《湖北社会科学》2009 年第 11 期。

〔2〕 参见罗恒：《论军事刑罚制度立法的完善》，南京大学 2006 年刑法学硕士论文，第 19 页。

前提。罚金的惩罚作用依赖于犯罪人对金钱的价值观念，是故罚金到了近代才开始真正发挥作用。罚金刑具有如下优点：①避免"交叉感染"。罚金刑只需犯罪人向国家缴纳一定数量的金钱即为执行完毕，并不需要将犯罪分子投放到监狱内进行关押、改造。亦即，无需剥夺其人身自由。这就避免了自由刑带来的"交叉感染"现象。②有利于对犯罪人的改造。因罚金刑无需收监执行，不会发生因收监执行而导致的犯罪人对社会的不适应，同时，犯罪人仍然在家庭中过着正常的家庭生活，因而有利于犯罪人的社会化改造。③罚金可以增加国库收入。因犯罪人无需收监执行，不需要国家投入任何费用。④罚金刑能针对犯罪人的不同情况，更好地发挥特殊预防作用。罚金是判决犯罪分子向国家缴纳一定数额金钱的办法，因此，可以适应犯罪人轻重不同的罪行。此外，罚金可以根据犯罪人从穷到富，以及价值观的不同，判处数额不等的罚金。亦即，罚金可以根据不同的犯罪人，不同的犯罪情形，来自由裁量，因人而异，多寡不同，从而可以起到更好的特殊预防作用。⑤罚金刑特别适用于以营利为目的的犯罪。罚金刑的判处，不仅打破了犯罪人营利的迷梦，让其切身感受到了求而不得的痛苦，还剥夺了犯罪人再次实施此类犯罪的条件，有利于从客观上防止其重新实施犯罪。⑥罚金刑的误判容易纠正。与自由刑、生命刑不同，上述刑种一旦误判，会难以纠正。而罚金只是判处犯罪分子缴纳一定数额的金钱，即使在实践中发生误判后，也较为容易纠正。⑦罚金刑适用范围较广。罚金刑不但可以适用于自然人，还可以适用于单位。[1] 正因为如此，罚金得到了世界上许多国家的青睐，在世界范围内被大量适用。

军职罪中没有规定罚金刑。关于罚金刑的缺失，至今官方文件没有任何解释。学者们从学理上对此进行了推断，这是因为：罚金刑的成功实施需以犯罪人拥有一定的财产为前提。亦即，犯罪人得拥有一定数量的合法收入，或可能获得合法收入。根据《兵役法》的规定，我国实行义务兵役制与志愿役制相结合的兵役制度。在我们国家，除军官、士官外，义务兵在服役期间只是享受一定的津贴费，没有固定

---

[1] 参见张明楷：《刑法学（上）》（第六版），法律出版社 2021 年版，第 704 页。

的收入来源。正因为如此，军职罪没有配设罚金刑。

与管制刑缺失面临的问题一样，尽管军职罪中没有配设罚金刑，但义务兵同样可能触犯配设罚金刑的普通犯罪。此时要否判处罚金就会成为一个现实问题。理论上，义务兵是向国家提供一种无偿服务，如果义务兵因刑事犯罪被判处罚金似应由作为受益主体的国家来承担，但这会形成国家自己惩罚自己的局面。如果由义务兵家庭来承担，则违反罪责自负原则。但如果对罪该判处罚金的义务兵不判处罚金，显然又违反罪刑法定原则。[1]

对此情形，世界其他国家往往采取刑罚易科制度来解决这一问题。如《意大利军平时军事刑法典》第63条第6款规定，对那些服长期役的军人，当其因犯罪而被处以罚金刑，如果此时被判刑的犯罪军人无能力缴纳上项罚金，则可以依法易科为不超过3年的军事有期徒刑。具体折抵方式为一日军事有期徒刑折抵50里拉罚金。[2] 对此，《法国军事审判法典》也有类似规定，其第393条指出，如果没有军官身份的军人（类似于我们国家服义务兵役制的士兵）因违反普通法的规定而被判处罚金时，视其轻重不同，易科为长短不同的监禁刑。具体说来，如该军人所犯为违警罪行者，可以易科为2天到15天的监禁刑；如果该军人所犯罪行为轻罪行者，可以易科为6天到6个月的监禁刑。同时，该条还规定：刑罚易科执行后即可免除原判的罚金，但不能和其他已宣判的刑罚混合；如此一来，就可以使易科后的刑罚保留其本来面目，具有一定的独特性。[3] 与上述两个国家不同，类似的刑罚易科制度在我们国家刑法规定中尚付阙如。

正因为如此，有学者主张在我们国家仿照上述国家的做法，创设罚金刑易科军事自由刑制度。[4] 对此观点，笔者表示赞同。但同时

---

〔1〕 参见刘文昌：《对义务兵犯罪适用罚金刑的思考》，载《中国刑事法杂志》1999年第5期。

〔2〕 参见黄风译：《意大利军事刑法典》，中国政法大学出版社1998年版，第24～25页。

〔3〕 参见田龙海编：《军事司法制度资料选编（外国部分）》，西安政治学院军事法学系军事法教研室2003年印，第430页。

〔4〕 参见刘文昌：《对义务兵犯罪适用罚金刑的思考》，载《中国刑事法杂志》1999年第5期。

必须指出的是：军职罪中贪利性犯罪除盗窃军用物资、擅自出卖、转让军队房地产外，几乎再没有其他罪名。可以预料，随着我们国家军改的深入，未来军队将全面停止有偿服务。[1] 这意味着，未来擅自出卖、转让军队房地产罪将会在军事司法实践中消失，理论上能够配置罚金刑的似乎只有盗窃军用物资罪，但如后所言，笔者主张废除该罪。故未来就军职罪立法而言，现有罪名并无配设罚金刑的必要。唯一需要我们关注的即是义务兵触犯论罪该处罚金的普通犯罪如何处理的问题。对此，笔者主张创设罚金刑易科自由刑制度。同时认为义务兵罚金刑易科自由刑制度是有条件的。首先，如果被执行的义务兵遭遇不能抗拒的灾祸等客观原因缴纳确实有困难的，法院首先考虑的应是延期缴纳、酌情减少或者免除缴纳，而非易科为自由刑。其次，结合《刑法》第53条罚金可以随时追缴的规定，为避免加重犯罪军人的刑事义务负担，公平起见，立法机关应考虑义务兵在服役期间只有津贴，没有其他收入，类似于没有财产的未成年人情形的事实，结合普通公民罚金执行中存在的问题，统一做出罚金刑易科制度的设计。这是一个复杂的问题，囿于本书主旨、篇幅，此处我们仅提出上述原则供立法者参考。但无论如何，应避免盲从，理性选择，建立真正完美的罚金刑立法和司法制度体系。

第二节　战时缓刑制度的完善

战时缓刑制度最早规定在1982年施行的《暂行条例》中，该条例第22条规定："在战时，对被判处3年以下有期徒刑没有现实危险宣告缓刑的犯罪军人，允许其戴罪立功，确有立功表现时，可以撤销原判刑罚，不以犯罪论处。"1997年《刑法》修订时，《暂行条例》第22条的内容被保留下来，并被原封不动地照搬到了现行《刑法》第449条中。为与刑法总则中的一般缓刑制度相区别，理论界多将战

---

〔1〕 参见中共中央办公厅、国务院办公厅、中央军委办公厅联合印发的《关于深入推进军队全面停止有偿服务工作的指导意见》。

时缓刑制度称之为特殊缓刑制度，又称特别缓刑。主张我国的缓刑制度包括两类：一是一般缓刑，二是战时缓刑。战时缓刑与一般缓刑在适用的对象、时间、条件、适用方法及监督考察内容、法律后果等方面都存在不同之处。[1]

一、战时缓刑与一般缓刑的关系

《刑法》第449条规定战时允许被宣告缓刑没有现实危险的犯罪军人戴罪立功，确有立功表现时可以撤销原判刑罚，不以犯罪论处。问题在于当犯罪军人没有立功表现时，应该如何处理？又如战时缓刑要不要设置考验期？如答案为是，考验期内应如何考察？对此，刑法条文并没有明示。笔者认为，这实际上牵涉到战时缓刑与一般缓刑的关系问题。通过刑法解释的方法，合理确立战时缓刑与一般的关系，即可圆满解决上述问题。

关于战时缓刑与一般缓刑的关系，理念界存在两种不同的观点：

第一种观点，战时缓刑附属论。持该种观点的学者认为战时缓刑制度的创设意图在于强调战时缓刑法律与一般缓刑法律适用后果的不同，藉此激励犯罪军人积极参战，戴罪立功，并非为了创立一种新的独立的缓刑制度，以此与刑法中的缓刑制度相区别。战时缓刑制度并非一种独立的缓刑制度，而只是缓刑制度在战时对军人适用时的一种延伸的法律后果，因此，战时缓刑制度并不是一种独立的缓刑制度，而是缓刑制度的一种特殊的适用形式。将《刑法》第449条的内容称为战时适用的缓刑更为合适，而不能将其称为战时缓刑。"战时缓刑仍适用总则关于缓刑的规定。"[2]

第二种观点，战时缓刑独立论。持该种观点的学者认为战时缓刑是区别于一般缓刑的一种独立的缓刑制度，我国刑法不仅规定了一般缓刑制度，还规定了特殊的战时缓刑制度。延伸是在本体范围内的一种更深层次的挖掘、伸长、延续，而战时缓刑不管在适用对象还是在

---

〔1〕 参见高铭暄、马克昌主编：《刑法学》（第十版），北京大学出版社、高等教育出版社2022年版，第286~287页。

〔2〕 参见黄建国：《战时缓刑的认定与适用——兼析刑法第449条的得失》，载《安庆师范学院学报（社会科学版）》2000年第4期。

适用条件，抑或是法律后果上均不同于一般缓刑，根本是两种不同的制度形式。按照战时缓刑附属论的观点，总论的缓刑制度是应该涵盖《刑法》第449条的立法内容的。这是"概念的周延性所要求的，而立法却对此作了否定回答"，因此主张"我国的缓刑立法存在着两种制度形式，即一般缓刑制度和战时缓刑制度，两者并列而置不存在种属问题。"[1]

笔者认为，与一般缓刑制度相比战时缓刑制度是一种具有相对独立性的缓刑制度，既不能将其简单地视为一般缓刑制度法律效果的延伸，也不能将其夸大地看作一种完全不同于一般缓刑的完全独立的缓刑制度。

首先，战时缓刑以一般缓刑的适用为前提。不可否认，战时缓刑与一般缓刑存在区别：①在适用对象上，战时缓刑适用于军人，一般缓刑适用于普通公民；②在适用时间上，战时缓刑适用于战时，一般缓刑则无适用时间上的限制；③在适用的实质条件上，战时缓刑要求战时状态下"没有现实危险"，一般缓刑是"没有再犯罪的危险、对所居住的社区没有重大不良影响"；④在适用方法和监督考察的内容上，战时缓刑的考验内容为看犯罪军人是否具有立功表现，一般缓刑的考验内容为看受缓刑宣告者在缓刑考验期内是否具有《刑法》第77条规定的情形；⑤在法律后果上，战时缓刑在犯罪军人确有立功表现时，可以撤销原判刑罚，不以犯罪论处；一般缓刑则不管受缓刑宣告者的缓刑是否被撤销，但所宣告的罪依然成立。但无论如何不可否认的一点是：战时缓刑的适用对象是被宣告缓刑的犯罪军人。这就意味着战时缓刑是以一般缓刑的适用为前提的，并非完全不受刑法总则中一般缓刑规定的要求。事实上，刑法总则中有关累犯与犯罪集团的首要分子不适用缓刑的规定，受缓刑宣告者需为被判处拘役或者3年以下有期徒刑刑罚的犯罪分子的规定，受缓刑宣告者必须符合犯罪情节较轻、有悔罪表现、没有再犯罪的危险、宣告缓刑对所居住社区没有重大不良影响等缓刑适用条件的规定，对战时缓刑同样适用。

其次，战时缓刑的法律后果不同于一般缓刑。理论上，一般将缓

〔1〕 参见许杰：《我国缓刑制度的理论与实践》，河南大学2003年刑法学硕士论文。

刑分为刑罚缓期宣告与刑罚缓期执行两种类型。刑罚缓期宣告，是指对被告人所犯之罪确认后在一定期限内不予宣告。在考验期限内，如果没有发生应当撤销缓刑的法定事项，就不再宣告对其所科处刑罚的制度。刑罚缓期执行，是指对被告人宣告判处刑罚的同时宣告缓刑。如果在缓刑考验期内发生了应当撤销缓刑的法定事由，则撤销缓刑，执行原判刑罚；反之，考验期满之后则不再执行所宣告的缓刑制度。一般认为，我国刑法中的缓刑制度属于刑罚缓期执行制。[1] 刑罚缓期执行制又可以分为附条件赦免制和附条件有罪宣告制两种类型。前述已及，战时缓刑与一般缓刑在适用结果上存在重大区别，故通说认为一般缓刑制度是附条件赦免制的缓刑，而战时缓刑则属于附条件的有罪宣告制。[2] 对此，笔者认为有待商榷。在运作机理上，战时缓刑明显不同于附条件的有罪宣告制的缓刑。附条件有罪宣告制缓刑的运作机理可以概括为一句话，即"无过即可免刑"。受缓刑宣告者只要在缓刑考验期内没有出现撤销缓刑的法定事由，缓刑考验期满，原判刑罚则不再执行。与之不同，战时缓刑的运作机理为"有功方可除罪"。亦即，只有犯罪军人有立功表现时方可免除其刑罚，不以犯罪论处。

再次，片面地强调战时缓刑附属论，或者片面地强调战时缓刑独立论都存在问题。如果我们仅仅承认战时缓刑是一般缓刑的延伸法律效果，当受战时缓刑宣告者在缓刑考验期内先有立功表现，后又出现法定的缓刑撤销事由，如严重违规，发现漏罪，或者再犯新罪时，要否撤销缓刑，收监执行原判刑罚，或者数罪并罚？如果军事司法机关在受战时缓刑宣告者出现立功表现时即撤销其原判刑罚，不以犯罪论处的话，此后并不会出现执行原判刑罚，或者将漏罪与新罪数罪并罚的情形。这就说明战时缓刑并非仅为一般缓刑的延伸法律效果。反之，如果我们仅仅承认战时缓刑是与一般缓刑相对称的一种完全独立的缓刑制度，当受战时缓刑宣告者在其立功之前的考验期内出现法定

<hr>

〔1〕　参见高铭暄、马克昌主编：《刑法学》（第十版），北京大学出版社、高等教育出版社 2022 年版，第 280 页。

〔2〕　参见赵秉志主编：《犯罪总论问题探索》，法律出版社 2003 年版，第 531 页。

的缓刑撤销事由，要否撤销其缓刑，收监执行原判刑罚，或者数罪并罚？如果军事司法机关在上述情形出现时，即撤销其缓刑，收监执行原判刑罚，或者数罪并罚，完全适用了总则关于缓刑的规定，此时战时缓刑即丧失了存在的基础与前提，这就说明战时缓刑并非一种完全不同于一般缓刑的独立的缓刑制度。

正因为如此，笔者认为与一般缓刑相比，战时缓刑是具有相对独立性的一种缓刑制度，是在一般缓刑的基础上附加了一个将功折罪的效果。如此一来，即可以在解释论上圆满地解决一些所谓法无明文规定的情形，无需动不动就要求从立法上对《刑法》第449条的内容进行修改。申言之，战时缓刑以一般缓刑的适用为基础和前提。在受缓刑宣告者立功之前，仍需适用《刑法》第77条一般缓刑的考察规定。如其在立功前的缓刑考验期内严重违规，或者发现漏罪，另犯新罪，则应撤销缓刑，收监执行原判刑罚，或者数罪并罚。此时受缓刑宣告者即丧失了战时缓刑的适用条件，哪怕其此后有立功表现，也不得对其撤销原判刑罚，不以犯罪论处；同时，战时缓刑又兼具自己独立的制度品格，如受缓刑宣告者战时有立功表现，且在立功前的考验期内未出现法定的缓刑撤销事由，则可依照《刑法》第449条的规定，径行撤销其原判刑罚，不以犯罪论处。

最后，相关立法文件肯定了战时缓刑与一般缓刑的上述关系。在1997年1月之前，军职罪的立法起草工作一直是由解放军军事法院负责的。解放军军事法院《惩治军人违反职责罪暂行条例》修改小组在1995年9月撰写的《中华人民共和国惩治军人违反职责犯罪条例（草案）条文修改说明》中提到了战时缓刑制度的立法动机与原理，为了争取战争的最后胜利，战时必须最大限度地调动参战人员的积极性，尽可能地化消极因素为积极因素，避免非战斗过程中的减员。因此，"本条以刑法的缓刑制度为基础，作了上述规定。"战时缓刑的适用必须同时具备以下条件：一是对象是依照刑法（指1979年《刑法》）相关规定被宣告缓刑的军人。宣告缓刑的时间既可以是在战时，也可以是在平时；二是缓刑考验期必须是全部或者一部处于战时；三是犯罪军人必须在战时的缓刑考验期内有立功表现。这里的"立功表现"，是指受部队团以上单位给予的表彰或者奖励；因为英勇作战而负伤或者牺牲的，应当视为有立功表现。"可以撤销原判，不以犯罪论处"是战时缓刑适用制度的结果。即原判刑罚已经不具有法律效力，对其原来行为不再以犯罪对待。[1] 据此，我们不难看出战时缓刑制度总体设计是以刑法总则中的一般缓刑制度为基础的，其具体运行模式为：对被宣告缓刑的犯罪军人，如缓刑考验期内适逢战时状态出现，则允许其戴罪立功。若其在缓刑考验期内确有立功表现，则可适用《刑法》第449条战时缓刑的规定，撤销原判刑罚，不以犯罪论处。若其在缓刑考验期内并无立功表现，则回复一般缓刑的适用，依法实行社区矫正，考察其在缓刑考验期内是否有违反第77条规定的情形。如否，则缓刑考验期满，原判刑罚不再执行。如是，则视情形撤销缓刑，执行原判刑罚，或者依照第69条、第70条的规定，将漏罪或新罪所判处的刑罚与原判刑罚数罪并罚。

战时缓刑与一般缓刑上述关系的确立意味着如下推论：战时缓刑存在考验期。战时缓刑的考验期应为缓刑考验期与战时的重合期。具体说来，自军事法院允许犯罪军人戴罪立功之日起，至一般缓刑考验期与战时重合期结束之日止。在这一时间段内，如果犯罪军人有立功表现，即撤销原判刑罚，不以犯罪论处。但如果犯罪军人没有立功表现，则回复原来一般缓刑的适用。

必须说明的是，在战时缓刑考验期问题上，理论界存在两种不同的声音。有学者认为不应为战时缓刑设定考验期，整个战时都可以成为考验期。[2] 也有学者认为战时缓刑应当依据《刑法》第73条的规定，宣告相应的缓刑考验期。[3] 还有学者认为，应以军事法院作出缓刑判决之日为起点，以战争结束之日为终点，为之设置一个非固定的缓刑考验期。[4]

对第一种观点，笔者认为有待商榷。依据《刑法》第451条的规

〔1〕 参见高铭暄、赵秉志编：《新中国刑法立法文献资料总览》（下），中国人民公安大学出版社1998年版，第2767页。
〔2〕 参见赵秉志主编：《刑法新教程》，中国人民大学出版社1997年版，第410页。
〔3〕 参见潘建忠：《试论战时缓刑制度》，载《中央政法管理干部学院学报》1999年第4期。
〔4〕 参见万志鹏：《战时军事缓刑的刑法教义学展开》，载赵秉志主编：《刑法论丛·2017年第1卷》（第49卷），法律出版社2017年版，第365页。

定，这里的战争既包括全局性战争，也包括局部战争，甚至部队执行戒严任务，或者处置突发性暴力事件时也是以战时论的。不同的战争其延续时间长短不同，长者如全局性战争，时间可能长达几年，甚至更多。短者如处置突发性暴力事件，时间可能仅有几个小时，甚至更短。而缓刑考验期设置过长或者过短，都不利于发挥缓刑的积极作用。第二种观点存在的问题在于战争的突发性。亦即，战争的开始与结束都是无法预料的，即使军事法院在战争开始之后对犯罪军人宣告战时缓刑，并同时确定战时缓刑的考验期，但如果战争在战时缓刑考验期内提前结束，则所谓的战时缓刑考验期实际上也就失去了时间上的依据。第三种观点貌似合理，但可能存在的问题是：当犯罪军人在战时缓刑宣告之后没有立功表现，但平安渡过了一般缓刑考验期，此时要否撤销一般缓刑，不以犯罪论处？如否，若军人此后并无立功表现应如何处理？如是，此后的战时缓刑考验期还有何意义？由是看来，上述观点都或多或少存在问题，唯有承认战时缓刑是一种建立在一般缓刑基础上的相对独立的缓刑制度，进而认可战时缓刑的考验期是一般缓刑考验期与战时的重合期，方可圆满解决上述问题。

二、战时缓刑的立法缺陷

（一）在适用对象上有所遗漏

由《刑法》第449条的规定来看，战时缓刑的适用对象为被判处3年以下有期徒刑没有现实危险宣告缓刑的犯罪军人，但依据第72条的规定，被判处拘役或者3年以下有期徒刑的犯罪人符合一定条件时均可对其宣告缓刑。由此即带来一个问题：对于被判处拘役而宣告缓刑的犯罪军人可否对其适用战时缓刑？根据举重以明轻的当然解释道理，被判处3年以下有期徒刑宣告缓刑者尚可适用战时缓刑，对被判处拘役宣告缓刑的犯罪军人当然也可以适用战时缓刑。故学界一般对此持肯定态度，认为依立法精神，这里的犯罪军人应包含被判处拘役因而宣告缓刑者。[1]据此，凡被宣告一般缓刑的犯罪军人，包括因被判处拘役而被宣告缓刑的犯罪军人都可以成为战时缓刑的适用对象。

---

〔1〕 参见赵秉志主编：《新刑法教程》，中国人民大学出版社1997年版，第365页。

《刑法》第449条的规定出现了文字上的疏漏，将被判处拘役因而宣告缓刑的犯罪军人遗漏于战时缓刑的适用对象之外。

（二）在适用时间上存在不周延问题

从《刑法》第449条的规定来看，似乎只有在战时被宣告缓刑的犯罪军人可以适用战时缓刑，问题在于战前被宣告缓刑，考验期内恰逢战时状态出现者，能否宣告缓刑？对此，笔者持肯定意见。前述已及，与一般缓刑相比，战时缓刑是具有相对独立性的一种缓刑制度。战时缓刑以一般缓刑的适用为前提与基础，对被宣告缓刑者，如缓刑考验期内适逢战时状态出现，则允许其戴罪立功。若其在战时缓刑考验期内确有立功表现，则可撤销原判刑罚，不以犯罪论处。故理论上战时缓刑不应将适用对象被宣告缓刑的时间限制在战时。亦即，平时被宣告缓刑，此后考验期内战时状态出现者，如符合战时缓刑的适用条件，亦应允许其戴罪立功。唯此，方能更符合战时缓刑制度设立的立法初衷。从司法操作层面上来讲，军事法院在对犯罪军人宣告一般缓刑时，除在战时状态下可将一般缓刑与战时缓刑的宣告合二为一外，军事法院不可能预料到战争会在何时发生与结束，出于最大限度地鼓励犯罪军人戴罪立功的目的，只能对战时缓刑适用的前提——一般缓刑做出规定，将一般缓刑考验期的一部或全部处于战时作为适用战时缓刑的条件。

此外，能说明这一问题的还有相关立法文件。1997年1月，由中央军委法制局、中国人民解放军军事法院共同起草的拟并入刑法典的"军人违反职责罪"一章草案第4条规定：战时允许在缓刑考验期内的军人戴罪立功。对于确有立功表现的，可以撤销原判，不以犯罪论处。[1]可见，平时被宣告缓刑者，如缓刑考验期内出现战时状态是可以对其适用战时缓刑制度的。令人遗憾的是经过全国人大法律委员会、全国人大内务司法委员会1997年1月13日至24日的讨论后，全国人大常委会办公厅秘书局印发的《中华人民共和国刑法（修订草案）（修改稿）》中，战时缓刑被规定在第440条，在内容表述上又

---

〔1〕　参见高铭暄、赵秉志编：《新中国刑法立法文献资料总览》（下），中国人民公安大学出版社1998年版，第2816页。

回到了《暂行条例》的老路，将其界定为：在战时，对被判处 3 年以下有期徒刑没有现实危险宣告缓刑的犯罪军人，允许其戴罪立功，确有立功表现时，可以撤销原判刑罚，不以犯罪论处。在此之后的历次修订草案中，除在条文顺序上略有调整外，战时缓刑的表述未再发生任何变化，最终被规定在我国现行《刑法》第 449 条当中。尽管如此，这并不意味着其立法精神有任何变化。1997 年新刑法颁行后，为了更准确地理解和适用新刑法，军职罪的起草单位解放军军事法院等多部门共同编写了《中华人民共和国刑法危害国防利益罪军人违反职责罪注释》一书。前述已及，尽管其并非正式的司法解释，亦非学理解释，但在军事司法实践中它确确实实起到了指导作用。在对《刑法》第 449 条所作的注释中，该书明确写道：所谓被判处 3 年以下有期徒刑没有现实危险宣告缓刑的犯罪军人，是指依照新《刑法》第 72 条和第 73 条规定被宣告缓刑的犯罪军人。所谓在战时，是指缓刑考验期限的全部或者一部分在战时。[1]

（三）没有将不具备参战资格的对象排除在战时缓刑适用之外

根据《刑法》第 449 条规定，战时缓刑适用于被判处 3 年以下有期徒刑"没有现实危险"宣告缓刑的犯罪军人。问题在于，这里的没有现实危险是指哪些情形？刑法并无明文规定。对此，有学者主张："应根据犯罪军人所犯罪行的性质、情节、危害程度，以及犯罪军人的悔罪表现和一贯表现做出综合评判。"[2] 笔者同意这种看法，上述判断依据都在一定程度上反映了战时犯罪军人现实危险性的有无。前述已及，战时缓刑以一般缓刑的适用为前提条件。亦即，战时缓刑适用的实质要件以一般缓刑适用的实质要件已满足为前提，是在对犯罪军人适用一般缓刑确实不致再危害社会的判断基础上对其有无现实危险，是否会在战时情况下危害国家的军事利益做出的进一步判断。因此，犯罪军人必须具备如下几个条件方可对其适用战时缓刑：

---

〔1〕 参见中国人民解放军总政治部保卫部、中国人民解放军军事法院、中国人民解放军军事检察院编：《中华人民共和国刑法危害国防利益罪军人违反职责罪注释》，解放军出版社 1999 年版，第 45 页。

〔2〕 高铭暄、马克昌主编：《刑法学》（第十版），北京大学出版社、高等教育出版社2022 年版，第 289 页。

首先，符合一般缓刑的适用条件。①被判处拘役、3 年以下有期徒刑。②符合《刑法》第 72 条规定的缓刑适用的四项条件：犯罪情节较轻；有悔罪表现；没有再犯罪的危险；宣告缓刑对所居住的社区没有重大不良影响。对此，有学者认为战时缓刑的核心是让犯罪军人在战场上戴罪立功，而非对其实施社区矫正，故"对所居住社区没有重大不良影响"这一条件在此没有适用的余地。[1] 对此观点，笔者认为有待商榷。战时缓刑的适用对象为被宣告一般缓刑的犯罪军人，如犯罪军人不符合一般缓刑的适用条件，自然也就不存在战时缓刑的适用可能。③犯罪分子不是累犯和犯罪集团的首要分子。

其次，对犯有危害国家安全罪的，或被判处附加剥夺政治权利的犯罪军人不得适用战时缓刑。军人犯何种罪名可以适用战时缓刑，立法本无限制性规定。有学者认为战时缓刑规定在《刑法》第十章"军人违反职责罪"第 449 条，故军人犯军职罪以外的罪名是不能适用战时缓刑的。[2] 笔者认为这一观点是不成立的，根据战时缓刑的立法精神及其宗旨，此处所言的"犯罪军人"不应仅限于违反军职罪的军人，还应该包括违反普通刑法规定而犯罪的军人，但军人犯"危害国家安全罪"的除外。原因在于：一是军人犯军职罪之外的罪名未必就表明军人所具有的现实危险性比军人犯军职罪表明的现实危险性要大；二是从司法实践来看，军人犯军职罪以外之罪的概率要大大高于军人犯军职罪的概率。因此，战时缓刑应该适用于刑法规定的所有种类犯罪的军人。这不仅可以在战时为军队保存大批的有生力量，从而降低非战斗减员的数额，提高部队的战斗力，并且还能充分调动犯罪军人戴罪立功的积极性，化消极因素为积极因素，为夺取战争胜利服务。之所以将犯"危害国家安全罪"而被宣告一般缓刑的犯罪军人排除在战时缓刑的适用范围之外是因为：①战时缓刑是战时将犯罪军人继续留在部队执行军事任务，犯罪军人所犯之罪如系危害国家安全方面的犯罪，则表明其现实危险性较大，难保其执行军事任务期间不

---

〔1〕　参见万志鹏：《战时军事缓刑的刑法教义学展开》，载赵秉志主编：《刑法论丛·2017 年第 1 卷》（第 49 卷），法律出版社 2017 年版，第 365 页。
〔2〕　参见潘胜忠：《试论战时缓刑制度》，载《中央政法管理干部学院学报》1999 年第 4 期。

会危害国家军事利益；②《纪律条令》第 171 条第 1 项规定，军人构成危害国家安全罪的，应当开除军籍。开除军籍是部队内部最高的行政处分，它意味着军人军籍的丧失，即军人身份的丧失，当然也就不能再适用以军人身份为适用前提条件的战时缓刑。

犯罪军人被判处附加剥夺政治权利刑罚的可否适用战时缓刑？立法对此也无规定。笔者认为：尽管对被判处拘役或 3 年以下有期徒刑附加剥夺政治权利的普通犯罪分子可以适用一般缓刑，但这并不意味着战时可将被剥夺政治权利的犯罪军人留在部队戴罪立功。这样做，一是因为我军是人民的军队，内部必须保持高度的纯洁性，如果犯罪军人被剥夺政治权利这就表明其现实危险性较大，有可能危害国家军事利益，战时不宜留在部队内部继续执行军事任务。战时我军政治部门会对参战人员的参战资格进行严格的政治审查。根据我军的惯例，战时是不允许被剥夺政治权利的人留在部队内部参战的。[1] 二是因为根据刑法规定，被判处剥夺政治权利的犯罪分子多为犯危害国家安全罪，或故意杀人、强奸、放火、爆炸等严重破坏社会秩序的犯罪分子。犯故意杀人、强奸等严重破坏社会秩序的犯罪分子鉴于其所犯罪行的严重性，一般不会对其宣告一般缓刑。而犯危害国家安全罪的犯罪军人，如前所述，依据《纪律条令》的规定，此类军人会被开除军籍，根本不可能适用以军人身份为适用前提条件的战时缓刑。

（四）没有规定战时缓刑的考察机关

《刑法》第 76 条规定被宣告缓刑的犯罪分子在缓刑考验期内需实行社区矫正，故一般缓刑的考察机关自然应为司法行政机关，但战时缓刑是将犯罪军人留置于军队之中，战时执行作战任务，自然不存在社区矫正的问题。但战时缓刑由哪个机关负责考察，《刑法》第 449 条也没有明确规定。对此，理论界大致存在两种观点：一种观点认为战时缓刑的考察机关是军队保卫部门，犯罪分子所在单位或者基层组织予以配合。具体依据为《刑法修正案（八）》出台之前《刑法》第 76 条的规定，彼时对被宣告缓刑的犯罪分子缓刑考验期内的考察

---

〔1〕　参见冉巨火、吴江：《为战时缓刑正名——对〈刑法〉第 449 条的正确解读及立法评析》，载《福建公安高等专科学校学报》2006 年第 4 期。

是由公安机关负责，所在单位或者基层组织予以配合。[1] 另一种观点则认为战时缓刑的考察机关应为犯罪军人所在的单位，而非保卫部门。具体依据是 1998 年中央军委发布的《关于军队执行〈中华人民共和国刑事诉讼法〉若干问题的暂行规定》第 23 条，该条明确规定对于被判处缓刑的犯罪分子，应由军事法院将有关法律文书送达犯罪分子所在单位保卫部门，由其所在单位予以考察。[2] 对此，笔者同意后一种观点。考虑到战时我军的实际情况，军队保卫部门不可能时刻跟随在犯罪军人身边，由其所在单位即犯罪军人所在的连、排、班或战斗小组进行考察较为合适。

（五）没有规定何谓有"立功表现"

《刑法》第 449 条中的"立功"是指哪些情形？刑法条文对此并没有规定。有学者认为所谓"立功"包括刑法规定的立功和《纪律条令》规定的立功。前者是指犯罪分子揭发检举其他犯罪分子的重大罪行得到证实的，或提供重要线索、证据从而得以侦破其他重大案件的，或协助司法机关缉捕其他罪犯的等。后者指对成绩显著，有较大以上贡献的，给予三等功以上的奖励。其中包括：三、二、一等功及授予荣誉称号。只要具备以上一种立功表现即可，并不要求两种立功同时具备。[3]

笔者认为，这种观点有待商榷。战时允许犯罪军人戴罪立功的目的在于化消极因素为积极因素，减少非战斗减员，最大可能地夺取战争的胜利。故这里的立功宜理解为战时立有军功，而非刑法中规定的一般立功表现。前述军职罪起草单位解放军军事法院的意见也是如此，认为《刑法》第 449 条中的"立功表现"，是指犯罪军人受团以上单位表彰或者奖励。[4] 综上，第 449 条中的"立功"是指战时立

---

〔1〕　参见冉巨火：《战时缓刑制度若干争议问题研究》，载《河南政法管理干部学院学报》2011 年第 3 期。

〔2〕　参见万志鹏：《战时军事缓刑的刑法教义学展开》，载赵秉志主编：《刑法论丛·2017 年第 1 卷》（第 49 卷），法律出版社 2017 年版，第 371 页。

〔3〕　图们主编：《军事法学教程》，法律出版社 1992 年版，第 331 页。

〔4〕　参见中国人民解放军总政治部保卫部、中国人民解放军军事法院、中国人民解放军军事检察院编：《中华人民共和国刑法危害国防利益罪军人违反职责罪注释》，解放军出版社 1999 年版，第 45 页。

有军功。亦即，犯罪军人只有战时立有军功的才可以由军事法院撤销原判刑罚，不以犯罪论处。

根据《纪律条令》的规定，对个人的奖励项目分为嘉奖、三等功、二等功、一等功、荣誉称号五个级别。其中嘉奖为最低奖励，荣誉称号为最高奖励。三等功以上奖励无论被奖励人员是普通士兵或是军官，均是由团以上单位授予的，但嘉奖则因受奖励人员级别不同，而分别授予了不同的级别的单位实施。如义务兵的嘉奖由连、营一级即可批准，而营职军官和专业技术十一级、十级军官，科级和专业技术十一级、十级文职干部，嘉奖则需由团级单位批准。这种情况下如何认定？如将团级以上单位给予的嘉奖视为有立功表现，而将团级以下单位给予的嘉奖不视为有立功表现，是否会使人怀疑法律适用的不平等性？

对此，笔者认为凡受团以上单位表彰或奖励的均应视为有立功表现。将团级以上单位给予的嘉奖视为有立功表现，而将团级以下单位给予的嘉奖不视为有立功表现，并不存在所谓的法律适用上的不平等性。原因在于：其一，团以下单位给予的嘉奖奖励面较团以上单位给予嘉奖的奖励面要广得多，若将团级以下单位给予的嘉奖也视为有立功表现体现不出法律的严肃性；其二，军人级别越高其获表彰机会越少，需付出的努力也就越多，同一奖项在不同级别的军人身上体现的价值是不一样的。这是由激励政策的立法主旨——激励人向更高的目标不断迈进造成的。

综上所述，笔者认为：所谓确有立功表现是指犯罪军人受团以上单位所给予的嘉奖、三等功、二等功、一等功、荣誉称号等表彰或者奖励。参战后未受团以上单位表彰或奖励即因负伤被转送后方，或牺牲的，如其负伤或牺牲是因英勇作战造成的，则视同有立功表现。

三、战时缓刑的修改与完善

对于战时缓刑的上述缺陷，笔者认为没有必要全部采用修改刑法的方式进行，战时缓刑的完善首要一点在于明确战时缓刑与一般缓刑的关系。如前所述，只要明了战时缓刑是建立在一般缓刑基础上的一种相对独立的缓刑制度，前述所谓的《刑法》第449条没有明示犯罪军人无立功表现时该如何处理，未说明要否设置考验期及考验期内应如何考察等问题，大体上都属于伪问题？战时缓刑以一般缓刑的适用为前提和基础，战时允许缓刑考验期内的犯罪军人戴罪立功，当其确有立功表现时则可撤销原判刑罚不以犯罪论处。据此，战时缓刑的考验期当然应为一般缓刑与战时的重合期，当犯罪军人在战时的缓刑考验期内确有立功表现，且未出现《刑法》第 77 条各项法定撤销事由时，即可撤销原判刑罚，不以犯罪论处。反之，当犯罪军人在战时的缓刑考验期内并无立功表现，则回复一般缓刑的适用。具体说来，战时缓刑适用的法律后果不外以下四种情形：

（1）在战时的缓刑考验期限内，如犯罪军人有立功表现，且没有出现《刑法》第 77 条规定的各项法定撤销事由的，即可自其有立功表现之日起对其撤销原判刑罚，不以犯罪论处，而不必待一般缓刑考验期满。

（2）在战时的缓刑考验期限内，如犯罪军人尚未立功，即又犯新罪或者发现漏罪，则应撤销缓刑，对新罪或者漏罪作出判决，把前罪和后罪所判处的刑罚，依照《刑法》第 69 条的规定，决定执行的刑罚。

（3）在战时的缓刑考验期限内，如犯罪军人尚未立功，即严重违规（包括违反禁止令，情节严重的情形），则应撤销缓刑，执行原判刑罚。

（4）在战时的缓刑考验期限内，如犯罪军人没有立功，但也没有出现《刑法》第 77 条规定的各项法定撤销事由的，则缓刑考验期满，原判刑罚不再执行。

亦即，关于战时缓刑是否要设置考验期及没有立功表现时如何处理等，并非立法缺陷导致的，只要我们合理确定战时与一般缓刑的关系，上述这些问题完全可以通过刑法解释予以解决，没有必要非得采取修改刑法的方式进行。道理很简单，战时缓刑是建立在一般缓刑基础上的，作为立法者只需规定具有立功表现时如何处理，没有立功表现时当然回复一般缓刑的适用。

当然这种说法并非意味着《刑法》第 449 条的规定没有任何缺陷，在前面的内容中，我们探讨了战时缓刑条款设置上的一些立法缺陷，对其中那些不能通过解释加以合理解决的问题必须采取立法修改的方式予以解决。综合上述内容，笔者建议对《刑法》第449条做如下修改：

战时，允许缓刑考验期内的犯罪军人戴罪立功，确有立功表现时，可以撤销原判刑罚，不以犯罪论处。

对于被剥夺政治权利的犯罪军人，不允许戴罪立功。[1]

第一款中的立功表现是指受团以上单位给予的表彰或者奖励。因英勇作战而负伤或者牺牲的，应当视为有立功表现。被允许戴罪立功的犯罪军人，在战时的缓刑考验期内由其所在单位予以考察。

如此修改，不仅可以将《刑法》第449条遗漏的判处拘役被宣告缓刑的犯罪军人纳入战时缓刑的适用范围，还可以解决战时缓刑适用时间上不周延的问题，将战前被宣告缓刑，缓刑考验期内战时状态出现的犯罪军人纳入战时缓刑的适用范围。同时，将不具备参战主体资格的犯罪军人排除在战时缓刑制度的适用范围外，而且指明了战时缓刑的考察机关及考察内容。坚持了立法论与司法论相结合，最大限度地节约了立法资源。

第三节　特殊情况下紧急处置措施的完善

所谓特殊情况下的紧急处置措施（以下简称"紧急处置措施"），是指《纪律条令》第238条的规定："发现军人临阵脱逃、投敌叛变以及严重暴力犯罪行为，来不及报告时，应当采取紧急措施予以制止，事后立即报告首长，并对此负责。"这一规定明确赋予了军人在战时等特殊情况下采取紧急措施制止犯罪行为的权力，以即时制止犯罪行为，保护国家的军事利益，更好地维护军事秩序，这是本条规定意义之所在。对此，我们必须加以肯定。值得探讨的是特殊情况下紧急处置措施可以限制一个人的自由，甚至剥夺一个人的健康，直

---

〔1〕 之所以不再强调犯危害国家安全罪的犯罪军人不允许戴罪立功，是因为犯危害国家安全罪的犯罪军人会自然被剥夺政治权利。——笔者注

至生命。这一措施的性质是什么？其正当化根据何在？其成立条件是什么？军人应如何行使这一措施？有哪些需要完善的地方？这是我们必须得加以研究的问题。

一、紧急处置措施的行为属性

必须指出的是，前述紧急处置措施的内容是 2018 年《纪律条令》的最新规定，是在 1984 年《纪律条令》有关规定的基础上修改而来的。1984 年的《纪律条令》对紧急处置措施是这样规定的："军人在发现临阵脱逃、投敌叛变、行凶杀人的犯罪行为，来不及报告时，应当采取紧急措施予以制止，事后立即报告首长，并对此负责。"故一般认为彼时的紧急处置措施仅限战时，将其称之为战时紧急措施。最新纪律条令不再将其的适用时间限定于战时，但就探讨该措施的行为属性而言并无影响。对此，有学者认为，从司法实践来看，战时紧急措施有两种实施方式：一种是将犯罪军人强行解除武装，实施人身控制之后，将其押送至军事司法机关或指挥机关。此种强制手段，类似于刑诉法上的强制措施，具有刑事诉讼程序上的意义。另外一种也是最主要的方式，是对犯罪军人以杀、伤手段予以制止。后一种紧急措施实施的目的是使国家军事利益以及军人的人身权利免受正在进行的不法侵害，从刑法上认识，它是一种正当防卫行为。[1] 对此，笔者认为这一观点有待商榷，在旧刑法没有规定特殊正当防卫，理论界没有充分展开对法令行为研究的情况下，将紧急处置措施视为正当防卫行为似尚可接受。1997 年《刑法》修订时已经明文规定了特殊正当防卫，此时再将紧急处置措施视为正当防卫存在理论缺陷。

（1）正当防卫是公民的一项权利，而紧急处置措施则是军人的一项职责。理论上一般认为，正当防卫是公民依法享有的一种权利。"宪法和刑法是正当防卫的权利的来源"[2] 将紧急处置措施归属于正当防卫行为的最大理论障碍即在于此。亦即，承认紧急处置措施是

---

〔1〕 参见龙宗智：《浅析战时以伤杀手段制止犯罪的紧急措施》，载《现代法学》1986年第 4 期。

〔2〕 陈兴良：《正当防卫论》（第二版），中国人民大学出版社 2006 年版，第 25 页。

正当防卫，就意味着承认紧急处置措施是一项权利，同时也就意味着军人在面对临阵脱逃、投敌叛变以及严重暴力犯罪时，对此种权利可以放弃。问题在于：《纪律条令》对此规定的是"应当采取紧急措施予以制止"。"公民的正当防卫是国家赋予的一项权利，是公民的个人行为。……公民遇到不法侵害进行逃避，放弃正当防卫的权利，不能追究其法律责任。"[1] 而特殊情况下的紧急处置措施是军人必须履行的一项职责，这就意味着当军人一旦发现上述犯罪行为时，就必须采取紧急处置措施予以制止，否则，就意味着构成渎职。

（2）正当防卫所针对的行为是不法侵害，而紧急处置措施所针对的行为只能是犯罪行为。理论上认为，正当防卫所面对的必须是正在进行的不法侵害，这里不法侵害，既包括犯罪行为，也包括其他的一般违法行为，只要这种不法侵害具有攻击性、破坏性、紧迫性、持续性，采取防卫行为可以减轻或者避免法益侵害结果的情况下，即可进行正当防卫。[2] 但根据前述《纪律条令》第238条的规定，紧急处置措施针对的行为只能是犯罪行为，不包括一般的违法行为，而且仅限于临阵脱逃、投敌叛变以及严重暴力犯罪行为。

（3）正当防卫实施的时间是不法侵害正在进行时，而紧急处置措施实施的时间只能是在发现临阵脱逃、投敌叛变、行凶杀人的犯罪行为，来不及报告时。理论上认为，正当防卫的时间是不法侵害正在进行，即所谓的不法侵害已经开始但还没有结束，存在法益侵害的紧迫性时就可采取防卫行为，并没有"来不及报告"的要求。而《纪律条令》中的紧急处置措施的实施较正当防卫要严格得多，只有当发现军人临阵脱逃、投敌叛变以及严重暴力犯罪行为，来不及报告时，方可采取。

（4）正当防卫并不要求行为人履行事后报告程序，而紧急处置措施的实施则要求行为人需事后立即报告首长，并对此负责。就此看来，《纪律条令》中紧急处置措施的行使实质上是一种军事行政职责

---

[1] 陆中俊：《正当防卫与人民警察执行职务行为的区别》，载《法学杂志》1997年第6期。

[2] 参见张明楷：《刑法学（上）》（第六版），法律出版社2021年版，第259页。

的履行，否则，就不会有行为人对此负责的说法。[1]

（5）将紧急处置措施定位于正当防卫会出现防卫过当的情形。前述已及，战时极端情况下紧急处置措施的实施即为战时即时处决权的行使，这意味着可以对那些严重扰乱作战指挥秩序的犯罪军人径行剥夺其生命。《刑法》第20条规定了特殊正当防卫，但根据该条的规定，特殊正当防卫只是对那些正在进行的行凶、杀人、抢劫、强奸、绑架以及其他严重危及人身安全的暴力犯罪才适用。如后所述，战时即决权行使的目的在于维护战场指挥秩序，这就意味着当军人实施的犯罪行为虽然没有严重危及人身安全，但严重危及战场指挥秩序时，也有可能被指挥官即时处决。如将紧急处置措施定位于正当防卫，当犯罪军人实施的并非严重危及人身安全的暴力犯罪，此时战时即决权的行使就会被认定为防卫过当，行使即决权的指挥官需负刑事责任，这显然是不符合军事活动实践要求的。

（6）将紧急处置措施定位于正当防卫可能会导致战场指挥秩序失控。前述已及，正当防卫是宪法和刑法赋予公民的一项权利。如是，则意味着任何一个军人都有权对另外一个正在实施临阵脱逃、投敌叛变、暴力犯罪的军人采取紧急处置措施，甚至是战时即时处决行为。而在军事实践活动中，特殊情况下紧急处置措施的行使权都是赋予指挥人员的，根本也不可能赋予部属对上级实施紧急处置措施的权力，否则，战场指挥秩序就有失控的危险。[2] 道理很简单，对于战场形势及其未来发展，不同的人完全可能有不同的判断标准与结果。假定为了保存实力，上级指挥员觉得有必要进行战略退却，但具有不同意见的下属却认为退却是怯战行为，上级指挥员系临阵脱逃，于是该下属当场将决定退却的指挥员予以击毙。如此一来，势必动摇指挥员上令下从的绝对权威，军队也就难以成其为军队了。实际上，上述学者也意识到了这一问题，认为为了维护军事首长的权威，防止下级滥用正当防卫的紧急措施，主张就下属对上级指挥员实施正当防卫作更严

---

[1]　关于这一点，我们将在后文详加论述。

[2]　需要注意的是，尽管《纪律条令》对紧急措施的实施者并未明文作出限定，但不管从理论上还是实践上来看，此项权力都不宜赋予下级军事人员。对此，笔者将在下文中继续加以论述。

格的限制。原则上，只有在上级指挥员实施投敌叛变或非法行凶杀人时，才能对其实施正当防卫。其他一般情况下，则只能对之采取较缓和的措施。[1] 如此一来，论者又陷入了另一个误区。依据刑法条文的规定及刑法理论，事实上只要上级军官实施了不法侵害，符合正当防卫的条件时，下属自然就可以对其实施正当防卫，无端对其防卫行为加以特别限制，否则，只会使得下属法益得不到及时保护。

（7）前述论者将战时紧急措施分为两类，一类是对犯罪军人强行解除武装，实行人身控制，押送军事司法机关、指挥机关。另一类则是以伤杀为手段制止犯罪活动的紧急措施。在此分类基础上，论者认为前一类紧急措施具有刑事诉讼法上的意义，类似于刑诉法上公民对现行犯的扭送；后一类紧急措施则属于正当防卫，应从刑事实体法上予以解决。问题在于：同是特殊情况下对军人犯罪行为的制止，何以当手段缓和时则为法令行为，[2] 手段严厉时则为正当防卫行为？其理论依据何在？

综上，将特殊情况下的紧急处置措施归属于正当防卫存在种种缺陷。笔者认为，特殊情况下的紧急处置措施宜认定为刑法中的法令行为。所谓法令行为，是指基于成文法律、法令、法规的规定，作为行使权利或者承担义务所实施的行为。[3] 理论上一般将法令行为划分为两种：一种是依照法律的行为；另外一种则是执行命令的行为。所谓依照法律的行为，是指根据现行法律规定而实施的行为。所谓执行命令的行为，是指根据上级国家工作人员命令而实施的行为。[4] 特殊情况下的紧急处置措施，被规定在了中央军委颁发的《纪律条令》中，是法律授权上级指挥员维护军事秩序的行为，理当属于刑法中的违法性阻却事由。据此，不论是上述论者提到的所谓程序法意义上的紧急措施，还是所谓实体法上以伤杀手段制止犯罪活动的紧急措施，

---

〔1〕 参见龙宗智：《浅析战时以伤杀手段制止犯罪的紧急措施》，载《现代法学》1986年第4期。

〔2〕 一般认为，公民对现行犯的扭送是一种权利（义务）行为，应当归入法令行为的范畴内。参见马克昌主编：《犯罪通论》，武汉大学出版社2001年版，第813页。

〔3〕 参见张明楷：《刑法学（上）》（第六版），法律出版社2021年版，第307页。

〔4〕 参见马克昌主编：《犯罪通论》，武汉大学出版社2001年版，第812页。

从行为属性上来看都是法令行为。准确地说，都属于法令行为中的依照法律的行为。

二、紧急处置措施的正当化根据

前述已及，特殊情况下的紧急处置措施属于法令行为，是刑法上的一种违法性阻却事由。问题是《纪律条令》为何将紧急处置措施规定为一项正当化事由，其违法性阻却的根据何在？对此，理论界存在不同的观点，计有法益衡量说、社会相当性说、目的说、刑事义务说、允许的危险说、对立统一说等各种不同的见解。对此，笔者赞同法益衡量说。这是因为：法益衡量说不仅克服了目的说、社会相当性说等现有诸种学说的缺陷，而且是唯一能够为刑法中全部正当化行为的正当性奠定坚实理论基础，防止正当化行为异化的科学理论。[1]

根据结果无价值论的观点，违法的实质是法益侵害，故应将法益侵害的否定作为违法阻却事由的根据，其具体原理表现为利益阙如原理与优越的利益原理。所谓利益阙如原理，是指由于特别原因或情况，不存在值得刑法保护的法益时，行为就没有侵犯法益，进而不成立犯罪。这方面的适例如被害人承诺。所谓优越的利益原理，是指尽管行为损害了某种法益，但当对该法益的损害是为保护另一法益所必需的手段时，此时需要对相关法益大小进行衡量。如果整体上评价后所得出的结论是：所保护的法益和所损害的法益相等，或者所保护的法益优于所损害的法益时，即阻却行为的违法性，不成立犯罪。[2]具体到特殊情况下的紧急处置措施而言，这一违法性阻却事由的根据在于：相对于其他法益而言，国家的军事利益是一种更为优越的利益。

关于什么是军事利益，学术界存在不同的观点。如有学者主张：所谓国家的军事利益，是指一切关涉国家军事设施、军事装备、武装斗争、国防建设、军事后勤供给、军事技术研究等方面的利益。军事

---

〔1〕　具体的论证过程，详见田宏杰：《刑法中的正当化行为》，中国检察出版社2004年版，第105页以下。

〔2〕　参见张明楷：《刑法学（上）》（第六版），法律出版社2021年版，第252页。

利益直接关系到国家的安全与人民的幸福，理当受到特殊的保护。[1]
也有学者认为：所谓国家的军事利益，是指国家在国防建设、作战行
动、军队物质保障、军事机密及军事科学研究等方面的利益。国家的
军事利益直接关系着国家的安全与利益，理应受到特殊保护。[2] 不
难看出，尽管上述学者对军事利益的外延表述上稍有不同，但毫无例
外地都认为对国家的军事利益需要实行特殊保护。由此带来一个问
题：对军事利益采取特别保护显然是一种功利主义的做法，这种做法
是否违反刑法平等保护的正义原则呢？对此，笔者的回答是否定的。

刑法保护上的平等主义原则要求国家必须平等保护每一个人的自
由。但这并不意味着刑法的特别保护就不能存在。事实上，在一国刑
法之中，国家的根本制度与社会的重大利益通常都会受到刑法的特别
保护，尽管保护范围及其保护的具体方式可能存在些许争议。而且理
论上来看，刑法对于国家根本制度和社会重大利益实行特别保护，并
不存在正义与功利方面的冲突。这是因为国家根本制度和社会重大利
益乃公共利益之所依皈，它不仅有利于所有的人，而且可以还原为个
人利益。[3] 国家的军事利益即是一种可以还原为个人利益的特殊利
益，属于社会重大利益。

用优越利益原理作为特殊情况下紧急处置措施的正当化根据可能
会遇到如下两个理论障碍：①紧急处置措施可以针对实施严重暴力犯
罪的军人实施，而严重暴力犯罪所侵害的法益能否解释为国家的军事
利益？②在法益衡量问题上，一般认为生命法益大于健康法益，健康
法益大于财产法益。而极端情况下战时即决权的行使损害的是犯罪军
人的生命法益，这就带来一个问题：能否以牺牲犯罪军人的生命法益
为代价去保护国家的军事利益？

先来看第一个问题，笔者认为军人实施的严重暴力犯罪行为直接
侵害的虽是他人的人身权利，但却会间接损害到国家的军事利益。军
人严重暴力犯罪所侵害的对象无非两种：一是杀伤朝夕相处的同袍战

---

[1] 参见赵秉志主编：《刑法新教程》，中国人民大学出版社 2001 年版，第 888 页。
[2] 参见张明楷：《刑法学（下）》（第六版），法律出版社 2021 年版，第 1667 页。
[3] 参见曲新久：《刑法的精神与范畴》，中国政法大学出版社 2003 年版，第 101 页。

友；二是杀伤无辜群众。如是前者，行为人杀伤同袍战友行为本身即是对军队战斗力的基本载体——战斗员的损害，当然损害了国家的军事利益。如是后者，则不仅危害到了无辜群众的人身安全，而且会损害我军在人民群众心目中的形象，间接损害到国家的军事利益。

　　再来看第二个问题，我们认为这是由战争的残酷性造成的。所谓军事是指一切与战争或军队直接相关事项的统称。主要包括军队建设、国防建设、战争准备与战争实施等三方面的内容。[1] 军事活动以战争为中心内容，而战争关乎的是一个群体的肉体生存问题，是一种背靠着人类生存底线的极端暴力对抗活动。依照克劳赛维茨的观点，在军事上只有胜利才是有意义的。在战争问题上，任何国家都不能期冀双赢，而只能做单赢的准备，甚或在许多情况下结果干脆就是"零和"。此即克劳赛维茨所谓的绝对战争理念。战争既然具有极端的残酷性，这就不能不使得从事战争者对此锱铢必较地盘算，如何才能让战士直面顽敌，一往无前地冲锋陷阵，而毫不畏惧战争带来的死亡威胁？如何才能在正常战争伤亡外，最大限度地避免非战斗减员？如何才能着眼全局，夺取战争的最后胜利？正如唐时诗人杜牧所言，"计算利害，是军事根本。"[2] 最终盘算的结果自然是功利主义模式占了上风：在特殊情况下赋予上级指挥员以临机处置权，甚至战时即时处决权，以此来保证国家军事利益的最大化。

三、紧急处置措施的实施条件及其存在的问题

　　特殊情况下紧急措施的实施是以对犯罪军人权益的损害为结果的，必须限定一定的条件，否则，难免会侵害犯罪军人的合法权益。笔者认为，指挥员只有在符合下列条件时，才可以行使紧急处置措施。

　　第一，起因条件。客观上必须存在临阵脱逃、投敌叛变以及严重暴力犯罪等故意犯罪行为。反之，设若客观上并不存在这些犯罪行

---

　　〔1〕　参见中国人民解放军军事科学院编：《中国人民解放军军语》，军事科学出版社1997年版，第1页。

　　〔2〕　孙武等：《十一家注孙子》，杨炳安校理，上海古籍出版社1978年版，第17页。

为，指挥员误以为存在而实施紧急措施的，属于事实认识错误。此时，指挥员如果有过失的，成立过失犯罪；没有过失的，应当认定为意外事件。

前述已及，特殊情况下的紧急处置措施只能针对军人的临阵脱逃、投敌叛变以及严重暴力犯罪行为，对于一般违法犯罪行为不得采取。对于军人一些过失犯罪行为，如玩忽职守行为，以及其他一些尚未构成犯罪的一般违法行为，如指挥失误、贻误战机、协同不力，或者新兵因初上战场存在的一些畏缩怯战行为，不宜采取紧急处置措施，更不宜采取极端的战时即决行为予以处置。对于那些已经丧失抵抗手段，不得已投降敌人的犯罪军人，也不得采取损害其生命、健康的紧急处置措施。[1]

问题是除了《纪律条令》规定的三类犯罪行为外，还可不可以针对军人的其他一些重大犯罪行为采取紧急处置措施呢？对此，笔者同意前述论者的观点，只规定这些犯罪还远远不够。理论上，只要犯罪军人侵害军事利益的行为具有攻击性、破坏性、紧迫性、持续性，即可实施紧急措施对其予以制止。如战场上军人实施的故意破坏重要武器装备、军事设施的行为，[2] 平常军人实施的阻碍执行军事职务的行为，等等。从社会危害性上来讲，军人实施的此类行为的社会危害性程序并不低于临阵脱逃、投敌叛变、严重暴力犯罪等罪的社会危害性程度，而且也多具紧迫性，将之纳入紧急措施的处置范围完全有必要。具体纳入方式上可考虑在后面加一个"等"字。即将《纪律条令》第238条的内容修正为：发现军人临阵脱逃、投敌叛变以及严重暴力等犯罪行为，来不及报告时，应当采取紧急措施予以制止，事后立即报告首长，并对此负责。

第二，时机条件。特殊情况下的紧急措施只能是在发现军人的临阵脱逃、投敌叛变及严重暴力犯罪行为，来不及报告上级时，方可采取。由是观之，特殊情况下紧急处置措施的实施在时间条件上必须具

---

〔1〕 参见龙宗智：《浅析战时以伤杀手段制止犯罪的紧急措施》，载《现代法学》1986年第4期。

〔2〕 参见龙宗智：《浅析战时以伤杀手段制止犯罪的紧急措施》，载《现代法学》1986年第4期。

备如下两个前提：①事机紧迫；②来不及请示上级。

（1）事机紧迫。如军人的犯罪行为已经开始尚未结束，处于正在进行过程中，自然属于这里的事机紧迫。但笔者认为，事机紧迫并不限于此。有两种情形需要我们注意：首先，如犯罪军人尚未着手实行犯罪，但其行为对法益的现实威胁已经十分紧迫，待其着手实行后即来不及减轻或者避免犯罪结果时，此时可以采取紧急措施。如犯罪军人意欲射杀首长，遂荷枪实弹，到处搜寻毫无防备的首长，此时如非要待其举枪欲射或瞄准时方可实施紧急处置措施，就会丧失处置的最佳时机。此时，即可视为特殊情形出现，将紧急处置措施予以提前。[1] 其次，对于那些已经完成的犯罪行为，如事机紧迫，同样可以采取紧急措施予以处置。对此，前述论者认为，特殊情况下的紧急处置措施不适用于已经完成的犯罪行为。[2] 对此，笔者持反对意见。《纪律条令》第238条并未限定紧急处置措施的时间。理论上，如犯罪军人行凶杀人后，或正准备自杀或逃跑的，此时也属于本条中的事机紧迫，可以采取紧急处置措施。或许有人会认为，此时可以将对犯罪军人事后采取的紧急处置措施解释为刑事诉讼法中的扭送行为。对此，笔者认为有待商榷。扭送是刑事诉讼法赋予公民的权利，可以行使，也可以放弃，而特殊情况下紧急处置措施的实施则是指挥员必须履行的职责，不得也不能放弃。

（2）来不及请示上级。笔者认为，《纪律条令》中的"来不及请示上级"是事机紧迫必须达到的程度。这样的规定意味着：特殊情况下，对于那些尚未达到来不及请示上级程度的犯罪行为，指挥员不得擅自采取紧急处置措施。特别需要指出的是：高技术条件下的现代战争其前后方的界限日益模糊，如投敌叛变的犯罪军人已经开始向敌人阵地行进，准备投降，但当其仍在我方控制的战斗区域之内，来得及请示上级如何处置的情况下，不得擅自行动，采取紧急处置措施。

第三，对象条件。笔者认为，特殊情况下的紧急措施只能针对犯

---

[1] 参见龙宗智：《浅析战时以伤杀手段制止犯罪的紧急措施》，载《现代法学》1986年第4期。

[2] 参见龙宗智：《浅析战时以伤杀手段制止犯罪的紧急措施》，载《现代法学》1986年第4期。

罪军人本人实施，行为人故意针对犯罪军人以外的第三人实施所谓的紧急处置措施，构成犯罪的，应当承担刑事责任。

必须指出的是：《纪律条令》第238条并未明示部属或下级是否可对上级实施紧急措施。对此，前述论者认为可以。"犯罪行为严重危害国家军事利益和军人的人身权利时，每个军人有权利、也有义务坚决制止；见危不救，是违反军人职责的行为，情节严重的，要负法律责任……然而，由于军队具有严格的上下隶属关系，军人必须坚决服从指挥员，并在战斗中保护他们，决不容许下属违抗上级甚至非法使用武器。只有上级军官进行危害国家军事利益的重大犯罪行为，而根本违背军官职责时，下属才能采取紧急措施。"[1] 对此，笔者认为有待商榷。《纪律条令》中的紧急处置措施只能由上级指挥人员对下级部属实施，下级部属不能对上级指挥人员实施紧急处置措施。这是因为：

首先，这是由紧急处置措施的性质决定的。紧急处置措施被规定在《纪律条令》第七章"特殊措施"中。"我军纪律条令的执行，是纪律条令以及整个我军纪律实施的一个重要方面，它的性质是行政执行，即军事机关或首长在行政管理中依据条令行使自己维护军纪职权的行为。"[2] 亦即，紧急处置措施的性质是行政执行，自然应限定于上级对下级实施。这是世界各国的通例。如在苏联的《纪律条令》中，就只规定上级指挥员可以对部属实施紧急处置措施，而没有规定部属可以对上级指挥员实施紧急处置措施。又如《意大利战时军事刑法典》第241条战时即时处决行为的规定也仅仅是指出上级指挥官可以立即处决或者下令处决具有明显犯罪表现的下级属员，同样没有规定下级可以对上级官长实施战时即决行为。其次，前述已及，如果我们允许部属对上级指挥人员实施紧急处置措施势必会造成战场秩序的混乱，得不偿失。最后，或许有人会担心，不允许部属对上级官长的犯罪行为实施紧急处置措施，可能会损害部属的权益，或者危害国家

---

〔1〕 参见龙宗智：《浅析战时以伤杀手段制止犯罪的紧急措施》，载《现代法学》1986年第4期。

〔2〕 参见张柔桑等：《纪律条令通论》，蓝天出版社1990年版，第30页。

的军事利益。前述已及,对上级官长实施的侵害部属或者国家军事利益的一些犯罪行为,紧急情况下,部属完全可以依据刑法中正当防卫的有关规定来行使自己的防卫权利,无需将之纳入紧急处置措施的范围。理论上,将部属对上级官长实施的正当防卫行为纳入紧急处置措施的范畴实际上等同于赋予了下级监督上级的职权,不仅不利于保障军令的畅通,还会导致下属不行使此项权利,进而可能出现渎职的不利结果。事实上,也无此必要。

第四,限度条件。如前所述,特殊情况下实施紧急处置措施是上级指挥员的一种职责行为。既然是职责行为,就必须得符合严格的必要性与比例性要件。"必要性原则,即最大化保护原则,是指对同一目的的多种措施选择时,行为主体必须权衡利益得失而采取损失最小的办法。……狭义的比例原则,即均衡原则,是指行为主体的措施与目的之间存在足够的关联。"[1]

依照必要性与比例性原则的要求,特殊情况下紧急处置措施的实施在能不损害犯罪军人较小权益的情况下,就不得损害军人的较大权益。具体说来:在能不损害犯罪军人生命权益即可有效保护军事利益的情况下,就不得损害其生命权益;在能不损害犯罪军人健康权益即可有效保护军事利益的情况下,不得损害其健康权益。亦即,只有在采取其他紧急措施无法有效保护军事利益的情况下,或因环境所限不能采取其他措施时,才可以伤杀手段实施这一紧急措施。反之,如果能够以较缓和的手段,比如紧急情况下思想政治工作、强行解除犯罪军人武装、抓捕、捆绑等手段,就能够制止军人犯罪行为的,就不应采取伤杀手段。此外,如果现场情况允许,在采取紧急处置措施时,应当事先警告犯罪军人。过当的紧急处置措施对犯罪军人造成损害的,紧急处置措施的实施者应依法承担刑事责任。此种情况下,考虑到责任程度减轻等原因,对紧急处置措施的实施者应当减轻或者免除其刑罚。如台湾地区的"陆海空军刑法"第12条即明文规定:"战时为维护国防或军事上之重大利益,当事机急迫而出于不得已之行为,不罚。但其行为过当者,得减轻或免除其刑。"相比较而言,我们则

---

[1]　姚小林:《论我国应急法制的比例原则》,载《法学杂志》2008年第4期。

没有类似过当处置行为罪责承担的规定，未来修法时，应予以完善。

第五，程序条件。根据《纪律条令》第238条的规定，特殊情况下的紧急处置措施实施后，实施者应立即向上级首长报告，并对此负责。不难看出，紧急处置措施的实施事关下级部属的重大权益，极端情况下甚至是对下级部属生命权益的剥夺。此时，紧急处置措施的实施是不是合法？要否承担刑事责任？需要军事司法机关结合各种具体情况加以综合判断。紧急处置措施的实施是特殊情况下的一种紧急处置，此时证据的搜集固定往往较为困难，为了让上级首长和军事行政、司法机关能够及时掌握事实情况，正确判断、处理相关问题，《纪律条令》第238条明确规定，紧急处置措施的实施者事后应立即向上级报告，以便协助军事行政、司法机关查清问题，这是紧急处置措施实施者的法定职责。对于那些不符合紧急处置措施的实施条件，进而强行实施，对军人合法权益造成损害后，又实施隐匿、毁灭犯罪证据，或者指使证人作伪证等行为，构成犯罪的，应依法承担刑事责任。

四、紧急处置措施的完善

军事是一种奠基在整体主义观念之上的人类社会活动，整体主义观念意味着以下推论：在个体与整体之间的关系上，个体要服从整体。在个体与个体之间的关系上，要在整体的指导之下进行协同。在个体权益与整体利益发生冲突的情况下，整体有权力牺牲个体。这就使得战时即时处决制度在自由与秩序两大对立的价值范畴之间，优先地选择了秩序。在正义与功利两大对立的价值范畴之间，功利性地采取了军事利益保护优先，兼顾公平的做法。这是特殊情况下紧急处置措施存在的法理依据，对此我们必须加以肯定。[1]

从人类军事历史的发展角度而言，特殊情况下紧急处置权渊源于军事统帅权，极端情况下表现为战时即决权的行使。随着人类社会的发展，军事统帅权与国家刑罚权最终合二为一，实现了国家刑事法制的一元化。但这并不意味着军事统帅将紧急处置权也交还给了国家司

---

[1] 参见冉巨火《军事刑法何以特殊》，载《中国刑事法杂志》2010年第9期。

法权。战时等紧急情况下瞬息万变，为了强化军事统帅的权威，方便指挥官便宜行事，更好地维护国家的军事利益，国家最终选择保留了军事统帅的特殊情况下的紧急处置权。但特殊情况下的紧急处置措施事关军人的生杀予夺，不管是限制犯罪军人人身自由的强制措施，还是以伤杀犯罪军人为手段的紧急处置措施，都属于法律的绝对保留事项。《纪律条令》仅仅是中央军委制定的适用于军队内部的军事法规，由军事法规对法律保留事项予以规定显然是不合适的，规范效力层级显属不够。对此，笔者认为宜由全国人大以刑法修正案的形式规定在刑法典当中。

特殊情况下的紧急处置措施系违法性阻却事由中的法令行为，其实施必须满足以下几个条件：①起因条件：客观上必须存在临阵脱逃、投敌叛变以及严重暴力等犯罪行为，《纪律条令》规定的紧急措施所处置的犯罪范围过窄，不利于全面保护国家的军事利益。②时间条件：事机紧迫，来不及报告时，包括但不限于不法侵害正在进行的过程中。在不法侵害结束后，如能采取紧急处置措施控制犯罪军人的，仍应采取紧急措施予以处置。③对象条件：只能针对实施犯罪行为的军人本人实施。④限度条件：符合严格的必要性和比例性原则。⑤程序条件：紧急处置措施实施后，应立即向上级首长报告，并对此负责。

有鉴于此，笔者主张，应以刑法修正案形式将《纪律条令》第238条的内容增加规定到刑法典中来，具体位置可考虑放置在第20条正当防卫之后，第21条紧急避险之前。具体修正内容为：

在《刑法》第20条后增加一条，作为第20条之一：

发现军人临阵脱逃、投敌叛变以及严重暴力等犯罪行为，来不及报告时，应当采取紧急措施予以制止，事后立即报告首长，并对此负责。"

必须指出的是，特殊情况下紧急处置措施的实施实质上是上级指挥员的军事行政行为，同时也是阻却违法的法令行为。为了更好地保护国家的军事利益，同时为了使军人合法权益免受不当紧急处置措施的侵犯，特殊情况下紧急处置权的行使要受国家司法权的监督。笔者认为，紧急处置措施实施后必须向同级军队保卫部门汇报，同时按照级别管辖的规定接受军事司法机关的调查。此外，可以考虑仿照美国的军事司法制度，设立由平民法官组成的武装力量上诉法院，允许相关利益人员针对上级不当的紧急处置措施提起行政诉讼。

第四节　增加军人执行命令行为的规定

现代社会中，国家活动的基本结构是命令与执行的协调。命令既存在于民间社会也存在于军事社会中。在民间社会公务员是行政命令的执行者，在军事社会军人是军事命令的执行者。理论上，一般将执行命令的行为归属于法令行为。所谓法令行为，是指根据成文法律、法令的规定，作为行使权利或者承担义务所实施的行为。因法令行为是法令本身所承认的、形成法秩序的一部分的行为，因而阻却违法。[1] 服从命令是军人的天职，问题在于：如果军人执行的是上级违法的军事命令，军人能否以执行命令为由进行违法抗辩？亦即，军人执行违法命令的行为能否成为违法阻却事由？如答案为否，应如何处置？

一、军人执行命令行为的域外考察

国际法实践表明，军人执行违法命令的行为并不当然阻却违法。二战结束后的纽伦堡国际军事法庭上，一些被审判的德国战犯为了逃避战争罪责，曾以执行上级军事命令为由，对法庭的指控进行了抗辩。如纳粹军官鲁道尔夫·海斯是杀害犹太人的罪魁祸首，在法庭上他供认说："是我指挥了在奥斯维辛的那场灾难，估计至少有 250 人遇难，他们死于泼上汽油后的焚烧，另有 50 万人死于饥饿和疾病。"尽管他的辩解是："这是辛勒尔下给我的命令。"[2] 但这并不妨碍盟军法庭认定其行为成立犯罪。为了审判二战中的战争罪犯，盟军于

---

〔1〕　参见张明楷：《外国刑法纲要》（第二版），清华大学出版社 2007 年版，第 177 页。

〔2〕　Christopher Paul, *The Ethics of War & Peace: An Introduction to Legal and Moral Issues*, Second edition, Upper Saddle River, New Jersey: Prentice Hall, 1999. p. 143.

1945 年制定了《欧洲国际军事法庭宪章》，亦称《纽伦堡国际军事法庭宪章》。宪章所确立的一系列原则，国际法上称之为"纽伦堡规则"。其中，第 8 条规定，"被告遵照其政府或某一长官而行动之事实，不能使其免除责任，但如法庭认为合于正义之要求时，得于刑罚之减轻上加以考虑。"这样的规定意味着执行军事命令并不当然阻却违法。在之后的《远东国际军事法庭规约》第 6 条中，上述内容又被加以肯定。"无论被告任何时期之官职、地位或被告系遵照其政府或某一长官命令而行动之事实，不能使其免除责任，但如法庭认为合于正义要求时，得于刑罚之减轻上加以考虑。"[1] 上述规则在此后纽伦堡国际军事法庭和远东国际军事法庭一系列审判实践中得到了运用，纽伦堡规则最终得以确立。亦即，"执行军事命令不当然阻却违法"这一点在国际法中已经成为共识。

此后，纽伦堡规则开始被刑法理论所接受。一方面，原则上军人执行上级命令阻却违法。"执行有约束力的下属，即使被赋予的任务的内容是违反法律（例如，违反秩序的行为或者不能被允许的行为）的，因为有服从的义务，所以其行为是合法的。"[2] 另一方面，特殊情况下军人执行命令行为并不阻却违法。"执行违反刑法指示的下属，即使相信指示具有约束力，也属于实行了构成要件该当违法的行为。"[3]"长官向有服从义务的下属发布之命令如果是为法秩序所禁止，则不排除依此命令而为之行为的违法性。"[4]"在有关命令明显违法和下级对于执行或拒绝执行命令具有道德选择的情况下，服从上级命令不能构成免除刑事责任的抗辩理由。"[5]"下级根据上级的违法命令实

---

〔1〕 胡永龄：《战时国际公法》（下），中华书局 1948 年版，第 828、834 页。
〔2〕 ［德］汉斯·海因里希·耶赛克、托马斯·魏根特：《德国刑法教科书（总论）》，徐久生译，中国法制出版社 2009 年版，第 663 页。
〔3〕 ［德］汉斯·海因里希·耶赛克、托马斯·魏根特：《德国刑法教科书（总论）》，［德］埃贝哈德·施密特修订，徐久生译，何秉松校订，中国法制出版社 2009 年版，第 663~664 页。
〔4〕 ［德］弗兰茨·冯·李斯特：《德国刑法教科书》，徐久生译，法律出版社 2000 年版，第 239 页。
〔5〕 M. c Bassiouni, *Crimies against Humanity in Internationnal Criminal Law*, Boston, Kluwer Law International, 1999, p. 483.

施的行为是否阻却违法性？应该认为，虽然阻却责任，但不阻却违法性。"[1]

相关国家或地区的立法对此也进行了确认。如《德意志联邦共和国军事刑法》第5条规定：①下级为实现了刑法之构成要件的行为，如该行为是依命令而实施的，只有当行为人认识到其行为的违法性或依据当时的情况他应当明白其行为的违法性，始有责。②考虑到行为人执行命令的实际情况，如行为人的责任轻微的，在犯重罪情况下，法院可依据刑法典第49条第1款的规定减轻处罚；在犯轻罪情况下，免于处罚。此外，该法第19至第21条同时规定了不服从命令罪、以言行不服从命令罪、轻率不服从命令罪等罪名的构成要件；第22条则就命令的约束力、错误的情形作出了规定：①第19条至21条情形下，如命令没有约束力，尤其是如果命令不是为勤务目的而发布或该命令侵害人权，或如执行命令就会实施犯罪的，下属的行为不违法。下属错误地认为命令有约束力的，同样适用本规定。②下属未执行命令，如系因为其错误地认为，执行命令会实施犯罪行为，如果该错误认识不可避免的，行为人不依第19条至第21条处罚。③下属错误地认为，命令因其他原因没有约束力，且因此未执行，如果该错误不可避免，且根据行为人所知悉的情况，也不能期望其采取法律应急措施，对可避免的没有约束力的命令进行抵制的，不依第19条至21条处罚；如果可期望其通过法律应急措施对该命令予以抵制的，法院可免除第19条至21条规定的刑罚。[2]《瑞士联邦军事刑法》第18条也规定：①依官方命令而为应受刑罚处罚的行为的，长官或发布命令的高级军官以行为人论处。②如果下属明知其执行命令必将参与一应受刑罚处罚的行为，同样受处罚。法官可根据自由裁量对其减轻处罚（第47条），或免除处罚。[3]《奥地利联邦共和国军事刑法》第3条

〔1〕［日］大塚仁：《刑法概说（总论）》，冯军译，中国人民大学出版社2003年版，第348页。

〔2〕参见徐久生、庄敬华译：《德国刑法典》（2002年修订），中国方正出版社2004年版，第238、242、243页。

〔3〕参见徐久生、庄敬华译：《瑞士联邦刑法典》（2003年修订），中国方正出版社2004年版，第143页。

第 2 款也规定：士兵根据长官的命令实施应受刑罚处罚的行为，如果行为未造成严重后果，且无须处罚即可防止行为人继续实施应受到刑罚处罚的行为的，检察官可以免于对该士兵的追诉或中止追诉。在具备此等前提条件时，法院同样可随时以决定形式终止诉讼程序。[1]《法国新刑法典》第 122-4 条规定：完成合法当局指挥之行为人，不负刑事责任，但此种行为明显非法者，不在此限。[2]《俄罗斯联邦刑法典》第 42 条规定：行为人为了执行对他具有强制力的命令或指令而对受刑事法律保护的利益造成损害的，不是犯罪。造成损害的刑事责任应该由发出非法命令或指令的人承担。明知命令或指令非法而执行命令或指令实施故意犯罪的人，应按照一般根据承担刑事责任。不执行显然非法的命令或指令的，不负刑事责任。[3] 台湾地区"刑法"第 21 条规定：依所属上级公务员之职务上行为，不罚。但明知命令违法者，不在此限。

二、军人执行命令行为的国内现状

军人执行违法命令行为的刑事责任问题在我们国家立法中尚付阙如。《公务员法》第 60 条规定，"公务员执行公务时，认为上级的决定或者命令有错误的，可以向上级提出改正或者撤销该决定或者命令的意见；上级不改变该决定或者命令，或者要求立即执行的，公务员应当执行该决定或者命令，执行的后果由上级负责，公务员不承担责任；但是，公务员执行明显违法的决定或者命令的，应当依法承担相应的责任。"军人执行命令的行为能否直接类比适用上述规定呢？对此，笔者认为答案是否定的。

首先，军人不是公务员。根据《公务员法》第 2 条的规定，公务员必须是被纳入国家行政编制的人员，而军人纳入的却是军事编制。正因为如此尽管依据《现役军官法》第 3 条规定，军官是国家工作人员的组成部分，军官和公务员同属国家工作人员，但理论上还是认为

---

〔1〕 参见徐久生译：《奥地利联邦共和国刑法典》（2002 年修订），中国方正出版社 2004 年版，第 153~154 页。

〔2〕 参见罗结珍译：《法国新刑法典》，中国法制出版社 2003 年版，第 10 页。

〔3〕 参见黄道秀译：《俄罗斯联邦刑法典》，中国法制出版社 2004 年版，第 16 页。

军人并非公务员。实践中，在各类公务员招考公告中，现役军人是不能报考公务员的。选择自主择业的军队转业干部可以通过参加公务员考试、政法干警招录类考试来进入行政机关，成为公务员；计划分配的军队转业干部亦需通过安置地人事部门组织的资格考试后，方可进入行政机关，成为公务员。

其次，与公务员不同，在我们国家军人对命令的执行是无条件。根据公务员法的规定，公务员在执行命令时如其认为上级的命令有错误，有权向上级提出改正或者撤销该命令的意见；与之不同，《内务条令》第38条明确规定：部属对上级命令必须坚决执行，并将执行中的情况及时报告上级首长。如果部属认为上级命令有不符合实际情况之处，可以提出建议，但在上级首长没有改变命令之前，原命令仍然必须坚决执行。亦即，在我们国家军事实践活动中，命令是不区分合法命令与违法命令的，军人对命令的执行是无条件的。即便部属认为命令有不符合实际情况之处，也仅是有建议权，而没有拒绝执行权的。尽管《内务条令》第38条同时规定，在命令执行过程中如果发生紧急变化，导致原命令确实无法继续执行，而又来不及或者无法请示报告上级时，应当根据上级首长总的意图，以高度负责的精神，积极主动地机断行事，以坚决完成任务，并在事后迅速向首长报告。但正如夏勇教授所言，这里的"机动行事"并不是不执行命令，而是在执行中情况发生了急剧变化时的一种权宜的紧急处理。但即便是这种紧急处理，也"应当根据首长总的意图"来进行。亦即，需与首长原来下达的命令的精神相一致。因此，"机断行事"不是主观上抵触而决意不执行命令，只是命令在执行中由于情况突变已达到客观上无法执行时的变通措施，从根本上说，仍然是在积极能动地执行命令。正因为如此，"三大纪律、八项注意"的第一条即是一切行动听指挥。"我国军事法律规范对执行军事命令的要求是无条件的，绝对执行命令有着高度的权威性、强制性、严肃性和普遍性。"[1]

《纪律条令》对《内务条令》上述内容进行了重申、强化，并规

---

[1] 夏勇：《论军队中命令的执行》，载薛刚凌主编：《中国军事法学论丛》（2007年卷·总第一卷），中国法制出版社2007年版，第197页。

定了拒绝执行命令军人的行政责任。其中，第 5 条规定：中国人民解放军的纪律，要求每个军人必须把革命的坚定性、政治的自觉性、纪律的严肃性结合起来，统一意志、统一指挥、统一行动，有令必行、有禁必止，严格执行党的路线、方针、政策，遵守国家的宪法、法律、法规，执行军队的法规制度，执行上级的命令和指示，执行三大纪律、八项注意，用铁的纪律凝聚铁的意志、锤炼铁的作风、锻造铁的队伍，任何时候任何情况下都一切行动听指挥、步调一致向前进。第 13 条规定：遵守作战纪律，服从命令，听从指挥，英勇善战。有令必行，有禁必止，坚决执行命令，严格遵守战场纪律，勇敢顽强完成各种作战任务。其后，《纪律条令》规定了军人不执行命令的行政责任。第 122 条规定：军人不执行上级的命令和指示，有令不行，有禁不止，情节较轻的，给予警告、严重警告处分；情节较重的，给予记过、记大过处分；情节严重的，给予降职（级）、降衔（级）、撤职处分。

与上述规定相呼应，作为保障法的《刑法》第 421 条规定，军人战时违抗命令，对作战造成危害的，成立战时违抗命令罪。第 422 条规定，军人故意隐瞒、谎报军情或者拒传、假传军令，对作战造成危害的，成立拒传、假传军令罪。如第 428 条规定，指挥人员违抗命令，临阵畏缩，作战消极，造成严重后果的，成立违令作战消极罪。可见，在我们国家，战时违抗命令的，拒传、假传军令的，以及违令作战消极的行为，都是构成犯罪的。

最后，退一步讲，即使可以类比适用该条规定。就该条内容规定而言，该条也只是说公务员执行明显违法的决定、命令的，应依法承担相应的责任。具体责任怎么承担却语焉不详，刑法亦没有对此做出进一步的规定。如类比适用必将置军人于一个两难的伦理境地：一方面，我们要求军人以执行命令为天职，规定不执行命令者会涉嫌行政违法，甚至刑事违法；另一方面，我们又要求军人执行违法的命令需承担刑事责任，但具体如何承担刑事责任却未在刑法中予以明示。如是一来，军人将何以措手足？

三、军人执行命令行为应予立法化

笔者认为，军人执行命令行为应予立法化。

首先，这是化解军人两难处境，保障军人人权的需要。前述已及，二战以来的相关国际法实践，已经否定了军人执行命令行为一概阻却违法的传统，肯定了军人执行命令并不当然阻却违法的原则。但《内务条令》不仅没有区分违法命令与合法命令，也没有规定军人对违法命令有拒绝执行权，反而在《纪律条令》和刑法条文中肯定了军人不执行命令的行政与刑事法律责任。这样的规定必将置军人于一个两难的伦理境地，执行违法命令，意味着自己的行为构成犯罪，需承担刑事责任；不执行违法命令，同样构成犯罪，亦需承担刑事责任。这显然不利于保障军人的人权，有必要借鉴国外刑事立法的规定，对军人执行命令行为的刑事责任予以明确。

其次，这是维护军事秩序，提高军队战斗力的需要。党的十九大明确指出，"军队是要准备打仗的，一切工作都必须坚持战斗力标准，向能打仗、打胜仗聚集。"一支军队能够有效地战斗与动员的前提不仅仅全都是因为军人在战斗技能方面有良好的训练与武装，而是在此基础上要求其内心必须肯定国家及其价值自身的存在。军人应该很清楚地知道：自己是在为一个值得保护的自由、民主、法治国家而奋斗牺牲。这就要求法治国家所保障的自由、人类尊严等法治原则，都能在军人身上实践出来。军人应能确信他所防卫的国家及法治国家原则，恰好可以保障军人本身及其他同胞，而不至于时时担忧自己会遭到无故构陷，动辄得咎。现代战争是同时以宣传与意识形态的领导进行的。以往以大部队对抗的固有战争形态不同，现代战争多是以小型部队或小单位，甚至个人游击式进行的战斗。必须靠每一个战斗员自发的意识来进行战斗，每个军人对命令的态度都不能阳奉阴违。此时就要求部属对长官而言，不是全然、纯粹地"服从者"，而是心悦诚服地"协调者"，上下级间由"协同"代替"屈服"，从而达致军人角色的自我认知，知道自己所服务的国家是值得为之牺牲与付出的。"国家与军人互受忠诚约束"，从以往军人对国家"单线式忠诚"，变成军人与国家之间的"双向式忠诚"。军人个人宣誓效忠于国家，国家亦需忠于军人之生死。[1] 军人执行命令行为立法化的好处在于国家事前可以以成文文字开诚布公地告诉军人，什么样的命令可以执行，什么样的命令不能执行。什么样的命令执行后可以阻却违法；什么样的命令执行后虽然不能阻却违法，但可以阻却、减轻责任，从而让军人能够事先预测自己行为的法律后果，明晰自我行为的边界，进而充分发挥自己的主观能动性，做法律允许之事，更好地服务于党、国家和军队。如是，则国家的军事秩序必将在原来的基础上更加井然有序，军队战斗力亦因军人内心的自我认同而倍增。对此，美国著名学者悉尼·胡克早就说过：人们"即使在为活命而斗争的时候，也是在他们知道为什么或相信他们知道为什么的时候才斗争得最卖力气"。[2]

最后，这是尊重军人主体性地位，正确执行命令的需要。不可否认，任何命令都对应着执行。但与民间社会相比，军队中对命令执行的要求更为突出和特殊，具体表现在：一是军队中执行命令的场合比民间社会更广泛。身处军营的军人，不论工作还是生活，都受到军事行政管理。二是军队中执行命令的方式比民间社会更严格。在军队，一项命令往往就同时包含着所下达任务的具体完成方式。三是军队中执行命令的时间比民间社会更精确。在民间社会，行政命令所要求的最小时间单位通常为"日"。但军队命令的执行时间及完成时间常常要求到"小时"甚至"分"和"秒"。四是军队中执行命令的要求比民间社会更绝对。即使主观思想上不服，客观行为上也必须执行。此外，军队中执行或服从命令的绝对性，除了不考虑执行者的主观愿望外，还常常较少考虑执行者的客观困难和付出的代价。[3] 尽管如此，这并不意味着军人对任何命令都必须无条件执行。

近代启蒙运动以来，人是目的不是手段，充分尊重人的主体地位与基本权利已经成为世界文明各国必须履行的基本职责。前述已及，

---

〔1〕 参见陈新民：《军事宪法论》，扬智出版社1994年版，第173、115、110页以下。
〔2〕 ［美］悉尼·胡克：《理性、社会神话和民主》，金克、徐崇温译，上海人民出版社1965年版，第3页。
〔3〕 参见夏勇：《论军队中命令的执行》，载薛刚凌主编：《中国军事法学论丛》（2007年卷·总第一卷），中国法制出版社2007年版，第197页。

法治国家中军人应有的定位应为"着军装之公民"。现代国家军法理念下，军人的服从义务已经由"绝对服从"转变为"有条件的服从"，或称"有良知的服从"。[1] 为了保证命令的正确执行，军人必须做"有头脑的刺刀"。[2] 正如法国著名政治家贡斯所言，即使是军人对军事命令的服从亦应当有所限制。"在酩酊大醉的伍长的命令下，一个士兵应当杀死他的队长吗？因此，他必须清楚他的伍长是否真的醉了。他肯定会反应过来，队长的权力高于伍长。由这个例子可以看出，头脑和反应都是士兵所需要的。队长听到团长的命令，就应当率领和他一样服从命令的连队去逮捕国防大臣吗？在这里，队长也需要头脑和反应。一个团长听到命令，就应当立即试图夺取国家元首的性命吗？于是团长的头脑和反应也成为必须。那些津津乐道被动服从的人并未考虑到，过于驯顺的工具会被各种各样的手抓住，然后掉头反对他原来主人；人的头脑有着追根究底的相同秉性，而这会有效地帮助他区别对待暴力，告诉他谁真正有正确命令的权力。"[3]

四、军人执行命令行为立法化必须注意的几个问题

首先，必须明确军人以服从命令为原则，以不服从命令为例外。其一，军人以服从命令为原则。战争是一场背靠着人类生存底线的生死搏斗，参与战争的任何一方如想夺取战争的最后胜利，都必须尽其可能地集中其所有能够集聚的人力与物力，并将其置于一个统一的指挥之下，使勇者不得独进，怯者不得独退，闻鼓而进，闻金而退，惟此方能使来自不同地域、脾气秉性不同的战斗员之间凝结为一个坚强的战斗集体，实现人与武器的最佳结合，从而产生巨大的战斗力。现代战争是诸军兵种协同作战，参战人员众多，武器装备复杂，战机千变万化，命令的服从与遵守显得尤其重要。正如邓小平同志反复强调

---

〔1〕 陈新民：《军事宪法论》，扬智出版社1994年版，第115页。
〔2〕 柳华颖：《论军人执行违法命令行为的刑事责任》，载《法学杂志》2009年第7期。
〔3〕 [法]邦雅曼·贡斯当：《古代人的自由与现代人的自由》，阎克文、刘满贵译，商务印书馆1999年版，第144页。

的那样，"命令是要执行的，指挥是要服从的"。[1] 塞缪尔·亨廷顿在《士兵和国家》一书中也指出，服从命令，应是士兵的一种内省品德，因为军队要发挥它的效能，上级就要命令下级，下级就要服从上级。没有这种上下级关系，军队就无法开展工作。"一般地，忠诚和服从是军人最高的品德……当军人接到命令时，他不争辩、不犹豫，不以自己的意志行事。他所要做的就是服从。评价他是否称职不是看他有没有往命令里面加入自己的东西，而是看他执行命令是否迅速和有效。他的目标是成为服从的机器，服从比责任的位置更靠前。"[2]

其二，军人以不服从命令为例外。军人以服从命令为原则，这并不意味着军人对任何命令都必须服从。正如博登海默所言："除非我们准备生产一代机器人，这些机器人甚至对最为专制和最无人性的强盗政权也将表现出奴隶般的、毫无怨言的顺从。否则就需要有责任心的人在执行极恶的命令时做出批判性的判断，即使他有可能因此而承受被剥夺基本权利的风险。"[3] 如后所述，与公务员对命令的审查相比较，军人对军事命令的审查义务要弱一些。但这并不意味着对上级的任何命令，军人都要无条件地坚决执行。"如果下属根据其所知晓的情况，很容易认识所执行的命令违反刑法的，也就是说，任何人都能够立即认识命令的违法性的，不能够被免责。"[4] 考虑到我们国家的违法包括行政不法和刑事不法，不是根据行为模式，而是根据情节轻重与否进行的划分，作为一般人的军人很难在紧急情况下区别行政不法与刑事不法，因此，不宜简单地将犯罪与否作为是否违法明显的标准，从可操作性的角度，宜将危害国家安全罪、军人违反职责罪、故意杀人罪、故意伤害罪（致人重伤或死亡）、强奸罪、抢劫罪、贩卖毒品罪、放火罪、爆炸罪、投放危险物质罪等严重破坏社会秩序的

---

〔1〕　参见黄林异、王小鸣：《军人违反职责罪》，中国人民公安大学出版社 2003 年版，第 24 页。

〔2〕　Roberts Adam and Guelff Richard, *Documents on the Laws of War*. Oxford: Clarendon Press, 1982. pp. 137-145.

〔3〕　[美] E·博登海默：《法理学——法律哲学与法律方法》，邓正来译，中国政法大学出版社 1999 年版，第 338~339 页。

〔4〕　[德] 汉斯·海因里希·耶赛克、托马斯·魏根特：《德国刑法教科书（总论）》，徐久生译，中国法制出版社 2009 年版，第 668 页。

犯罪视为明显违法的情形。这是因为：我国军人的职责在于保卫国家安全，根据《内务条令》的规定，军人在入伍时必须宣誓自己绝不背叛国家、军队；此外，尽管我们国家刑法规定的完全刑事责任年龄是16周岁，但已满14周岁不满16周岁的人同样需对八种严重危害社会秩序的犯罪行为承担刑事责任，同为中华人民共和国公民的军人不可能不知晓刑法的上述规定，故将前述那些犯罪纳入明显违法的范畴是合适的，是符合我们国家国情的。此外，考虑到现阶段我们国家还没有加入国际刑事法院，立法者也没有将我们国家已经加入的国际公约所规定的战争犯罪全部内化为我国刑法的规定，故不能认为凡为国际公约所规定的战争罪行都属于明显违法的情形，而只宜将现行刑法军职罪一章中已经被内化的那些战争犯罪，如虐待俘虏、战时残害居民、掠夺居民财物等犯罪，纳入明显违法的范畴。[1]

其次，必须明确军人执行命令行为以阻却违法为原则，以不阻却违法为例外。前述已及，既然军人以执行命令为原则，以不执行命令为例外，这当然就意味着军人执行命令行为原则上应当阻却违法，只有在特殊情况下才不阻却违法。第一，原则上，军人执行命令行为阻却违法。与普通刑法不同，从价值取向来讲，军事刑法所追求的首要目标是秩序而非自由。[2] 这是因为军事活动具有特殊性和紧迫性，与公务员对命令的审查相比较，军人对军事命令的审查义务要弱一些。只有这样才与军人以执行命令为天职的社会角色相对称。"如果有根据表明上司要求自己实施犯罪行为的，公务员仅有对主管上司的命令的约束力质疑的义务。公务员原则上必须相信上司的所有命令在形式上均是合法的。对于士兵以及根据职务上的命令为强制执行的执行官而言，原则上根本不涉及审查义务问题。通常情况下士兵就根本不具有审查的权利，因为他'应当尽力、认真且迅速地执行命令'。""执行有约束力指示的下属，即使被赋予的任务的内容是违反法律的（例如，违反秩序的行为或者不能被允许的行为）。因为有服从的义

---

[1] 参见柳华颖：《论军人执行违法命令行为的刑事责任》，载《法学杂志》2009年第7期。
[2] 参见赵晞华：《论军事犯罪之刑事立法政策》，载《军法专刊》2007年第2期。

务，所以其行为是合法的。"[1]

第二，特殊情况下，军人执行命令行为不阻却违法。前述已及，自纽伦堡规则确立以来，人们已经达成共识：执行军事命令的行为并不当然阻却违法。理论上讲，上级下达的军事命令是深思熟虑的结果。下级忠实予以执行是法律明文规定的义务。但必须承认，命令具有主观性，囿于各种主客观条件，上级思虑不周的，导致命令与实际情况脱节的现象是完全存在的。此外，命令的制定者都是手握军权者，"有权力的人使用权力，一直到遇有界限的地方休止。"[2] 这意味着，上级滥用职权的现象也是存在的。如果下级明知命令违法明显，依然予以执行，当然不阻却违法。这是必然的逻辑结论。正如美国诉金德（Kinder）案中所言，"这是法律原则的核心……无论陆军或航空兵，都不是机械行动的人，而是有义务在服从上级军官命令时做出一定程度的判断的'理性代理人'。当命令明显超出了下达该命令的军官的权力范围，且其非法性如此之明显，以至于一个具有一般常识的和通常的理解力的人都知道是非法时，遵照该非法命令行事的士兵便不能因其是服从上级军官命令的事实而受到保护。"[3]

最后，必须明确军人执行违法命令行为的刑事责任，为各种理论观点的共存留足理论解释的空间。前述已及，军人执行违法命令并不阻却违法。那么，军人执行违法命令时要否承担刑事责任，如何承担其刑事责任，是军人执行命令行为立法化必须明确的问题。这实际上牵涉到军人执行命令行为的正当化根据。对此，有学者主张：军人执行违法命令行为排除刑事责任的根据是以违法性必要说为基础的，违法性认识是故意和过失所共有的责任要素。[4] 也有学者主张，在军人执行违法命令的场合，应运用期待可能性理论来解释其阻却责任的

---

〔1〕［德］汉斯·海因里希·耶赛克、托马斯·魏根特：《德国刑法教科书（总论）》，徐久生译，中国法制出版社 2009 年版，第 664~665、663 页。

〔2〕［法］孟德斯鸠：《论法的精神》（上册），张雁深译，商务印书馆 1961 年版，第 154 页。

〔3〕 M. c Bassiouni, *Crimies against Humanity in Internationnal Criminal Law*, Boston, Kluwer Law International, 1999, p. 380.

〔4〕 参见柳华颖：《论军人执行违法命令行为的刑事责任》，载《法学杂志》2009 年第 7 期。

理由。[1] 在这两种观点中，笔者同意后者。原则上，故意犯罪的成立并不要求行为人认识到形式的违法性，违法性认识的可能性应是故意与过失之外的责任要素，而且是故意与过失犯罪都必须具备的责任要素。[2] 这样的理解也符合大陆刑法国家的惯例。如前述《德意志联邦共和国军事刑法》第 5 条即明确指出，在军人执行违法命令的情况下，只有当命令执行者认识到其行为的违法性，或者依据当时的情形，命令执行者应当明白其行为的违法性时，该行为人方为有责。考虑到军人执行命令行为的实际情况，如行为人责任轻微，法院可以根据《德国刑法典》的相关规定对其减轻处罚；在犯轻罪的情况下，对行为人免于处罚。《德意志联邦共和国军事刑法》第 22 条第 2 项规定，下属执行命令时，产生认识错误，致使其构成军事刑法中的不服从命令类的犯罪，如果该错误是不可避免的，则行为人无责。《瑞士联邦军事刑法》第 18 条亦规定，如果下属明知其执行的是一项应受刑罚处罚的命令时应受处罚，但法官可根据自由裁量对其减轻或者免除处罚。《奥地利联邦共和国军事刑法》第 3 条第 2 款也规定：军人执行违法命令的行为如果没有造成严重后果，而且无须处罚即可防止行为人继续实施应受刑罚处罚的行为的，检察官可对该军人免于追诉或中止追诉；法院也可以同样随时以决定的形式终止诉讼程序。

众所周知，我们国家关于犯罪论体系的通说是四要件，这种平面、耦合式的犯罪论体系并没有为责任层次留下其应有的位置。军人执行命令行为的立法化显然不能照搬上述国家的规定。即使如此，笔者认为这也并不妨碍我们国家在刑法典中对军人执行命令行为作出规定。要知，同为四要件犯罪论体系的俄罗斯同样对上述事项同样做出了规定。对此理论争议，我们大可回避。事实上，即使对执行命令行为的正当化要件，理论上同样也是存在争议的。有所谓三要件、四要件、五要件、六要件之争。[3] 笔者认为，立法上对这些理论争议应

---

[1] 参见高铭暄、朱本欣：《依命令之职务行为正当化研究》，载《中国刑事法杂志》2003 年第 1 期。

[2] 参见张明楷：《刑法学（上）》（第六版），法律出版社 2021 年版，第 418 页。

[3] 参见高铭暄、朱本欣：《依命令之职务行为正当化研究》，载《中国刑事法杂志》2003 年第 1 期。

当予以回避，处于超然的立场最好，但立法者一定要提前做好工作，给各种理论的发挥都留下解释的空间，而不必强迫自己非得在各种观点中择一而从。这样方可达到岿然不动，以不变应万变的效果。

笔者认为军人执行违法命令的行为，不仅存在责任有无的问题，还存在责任轻重的问题。具体说来：①以身份为标准，就普通士兵而言，因上级具有战时即决权，即使命令是违法的，但只要命令的形式合法，士兵就必须执行，此时应认为该士兵具有责任阻却事由。与此类人员不同，就下级军官、对于执行命令负有指挥职责的士兵，或者独立执行命令的士兵而言，此类人员在执行命令的过程中，并非完全被动、单纯地接受命令，而是具有一定的独立性，故此类人员执行的是明显具有违法性的命令，则其执行命令的行为不得阻却责任，但可将执行命令作为自己责任减轻的辩护事由。[1] ②以时间为标准，因平时没有战时那么紧迫，故军人平时执行违法命令的责任程度要明显大于战时。军人执行命令行为立法时，应将上述情形一并包容考虑进去为是。

五、军人执行命令行为立法化的最终方案

综上，笔者认为，刑法典未来应将军人执行命令行为予以立法化。具体位置可考虑放置在第 21 条紧急避险之前。具体修正内容为：

在《刑法》第 21 条后增加一条，作为第 21 条之一：

军人执行上级命令的，不负刑事责任。

军人明知上级命令系危害国家安全的犯罪、违反军人职责的犯罪，或者是本法第 17 条第 2 款规定的犯罪，仍然予以执行的，应当负刑事责任，但是应当免除或者减轻处罚。

这样规定的好处在于：一是明示了军人执行命令行为原则上阻却违法，有利于鼓励军人放手执行上级命令，维护上令下从的军事秩序，保护国家的军事利益；二是明示了军人执行命令行为例外情况下承担刑事责任的情形，划清了罪与非罪的界限，有利于保障军人人

---

〔1〕 参见池清旺、谭军：《执行军事命令不当然阻却违法的制度建构初探》，载《西安政治学院学报》2008 年第 2 期。

权；三是明示了军人执行命令行为刑事责任的承担，奉行得减主义，从免除直至减轻，还可以包容军人执行命令行为各种正当化的理论；四是符合国际惯例，从世界范围来看，除二战后纽伦堡审判、东京审判等国际性审判外，军人因执行违法命令被真正追究刑事责任的情形少之又少。如在震惊世界的米莱大屠杀中，最后真正被追究刑事责任的只有卡利中尉一人。1968 年 3 月 16 日，参加越南战争的美国第 20 步兵团对位于越南东海岸，距西贡东北 510 公里的一座名为米莱（宋米）的村庄进行了大屠杀。该次屠杀共导致 347 名越南平民丧生。由皮尔斯将军主持的调查委员会认定 30 人有罪，但最终只有 16 人被追诉，对 4 人进行了审判，最终只有参加屠杀并亲手杀死 22 名平民的主要负责人卡利中尉被判无期徒刑，其他 3 名军官被宣告无罪，两名将级军官受到了纪律制裁。此后，在尼克松总统的亲自干预下，卡利中尉仅在他的住所里被关禁闭。[1]

---

〔1〕 参见［法］夏尔·卢梭：《武装冲突法》，张凝等译，唐祖培校，中国对外翻译出版公司 1987 年版，第 137~138 页。

第六章

体系化设计下军职罪具体罪刑规范的完善

刑法分则的条文一般由两部分组成，一为罪状，即对具体犯罪构成的基本特征进行描述；一为法定刑，即对具体犯罪所适用刑罚的种类和幅度进行明确。军职罪一节比较特殊，既有具体的罪刑规范，即规定具体犯罪罪状和法定刑的条文，也有对军人违反职责罪、战时缓刑等概念、制度进行描述的条文。本章所称具体罪刑规范，是指规定具体犯罪罪状及其法定刑的规范。它与罪名相关，但又不完全等同于罪名。

第一节　军职罪具体罪刑规范完善必须处理的几个关系

一、军职罪与其他犯罪的关系

刑法分则第十章中的军人违反职责罪与刑法分则其他章节中的犯罪是什么关系？这是军职罪具体罪刑规范修订必须解决的首要问题。"在我国刑法学中，犯罪竞合论的很多问题并未得到充分展开，现有的研究也充斥着混乱。"〔1〕其中,"法条竞合犯与想象竞合犯的区分标准,是刑法理论尚未完全解决的问题。"〔2〕在法条竞合犯与想象竞合犯区分争论日趋激烈的今天,明了这一点尤其有意义。必须指出的是:近年来,理论界有学者提出了所谓的大竞合论,主张区分法条竞合与想象竞合的目的在于寻求一个合理的犯罪宣告与刑罚,法条竞合犯的适用原则为特别法优于普通法,想象竞合犯的适用原则为择一重。这意味着法条竞合与想象竞合的区分只有在特别法惟轻时具有意义,除此之外法条竞合与想象竞合的区分并无意义,适用的最终结果都是重法优于轻法。我们国家刑法中并不存在具有减轻处罚根据的特别刑法条文,所以刑法理论没有必要对法条竞合与想象竞合进行区分,一律择一重处罚即可。〔3〕笔者认为论者的理论有待商榷。军职罪与其他犯罪属于特别法与普通法的关系,军职罪中完全存在减轻根据的封闭特权条款,法条竞合与想象竞合必须得进行严格区分,否则,就会违背军职罪的立法目的,不利于保护国家的军事利益。

首先,法条竞合与想象竞合必须进行严格区分。如前所述,法条竞合与想象竞合区分的理由有很多,其中,最关键的一点在于法条竞合犯与想象竞合犯的适用原则不同。理论上认为,除刑法条文有明文规定外,法条竞合犯的适用原则为特别法优于普通法,而无论特别法与普通法孰轻孰重;反之,想象竞合犯的适用原则则为重法优于轻法。一旦混淆了两者的区别,在特别法惟轻,或者特别法不为罪,但依照普通法则构成犯罪的情形下,如果我们误将法条竞合犯当成想象竞合犯处理,就会得出适用重法,或者以普通法论处的结论。〔4〕反之,如果我们误将想象竞合犯当成法条竞合犯进行处理,就会得出适用轻法,或者以特别法论处的结论。

〔1〕 周光权:《法条竞合的特别关系研究——兼与张明楷教授商榷》,载《中国法学》2010年第3期。

〔2〕 张明楷:《刑法分则的解释原理(第二版)》(下),中国人民大学出版社2011年版,第686页。

〔3〕 参见陈洪兵:《不必严格区分法条竞合与想象竞合——大竞合论之提倡》,载《清华法学》2012年第1期。

〔4〕 参见周光权:《法条竞合的特别关系研究——兼与张明楷教授商榷》,载《中国法学》2010年第3期。

其次，军职罪中存在封闭的特权条款。前述持大竞合论的学者主张，法条竞合与想象竞合的差异仅是一种表象，两者追求的目的并无二致：都是要在竞合的数个法条中择一适用，在考虑被排斥法条对量刑影响的基础上，全面评价表明行为违法性与有责性事实，最终寻求一个合理的犯罪宣告及刑罚。我国刑法中虽然存在特别法惟轻的条款，但这些条款在立法时是没有"章法"的，并不是国外刑法中那些具有减轻根据的封闭特权条款，因此，对这些特别法没有必要予以理会，严格区分法条竞合与想象竞合，进而适用所谓的特别优于普通的原则是没有意义的。实践中，我们只要一遇到竞合情形即从一重处罚，如此就可以做到罪刑相适应，圆满解决上述问题。[1]对此问题，我们不敢苟同。军职罪中完全存在封闭的特权条款。

所谓封闭的特权条款即为具有减轻理由根据的法条，要么是违法减轻，要么是责任减轻，要么是二者均减轻。[2] 如《德国刑法典》第212条规定了故意杀人罪，第216条则规定了得承诺杀人罪。理论上认为，故意杀人罪与得承诺杀人罪是特别法与普通法的关系。但得承诺杀人显然具有减轻理由，因此，尽管得承诺的杀人行为完全符合第212条故意杀人罪的构成要件，但也不能认定为故意杀人罪，而只能认定为得承诺杀人罪。类似于《德国刑法典》中第216条这样的具有减轻理由根据的特别法条即为封闭的特权条款。[3] 笔者认为，军人违反职责罪一章中即存在封闭的特权条款，典型的如我国《刑法》第436条规定的武器装备肇事罪即是如此。

依照刑法条文的规定，武器装备肇事罪的基本法定刑为3年以下有期徒刑或者拘役；与之相竞合的过失致人死亡罪的基本法定刑为3年以上7年以下有期徒刑。两相比较，武器装备肇事罪的法定刑明显要轻于过失致人死亡罪。但这样的立法内容并非立法者全无"章法"，

〔1〕 陈洪兵：《不必严格区分法条竞合与想象竞合——大竞合论之提倡》，载《清华法学》2012年第1期。
〔2〕 冉巨火：《论法条竞合与想象竞合的区分及其适用原则——兼论军职罪中封闭的特权条款》，载《法学杂志》2016年第4期。
〔3〕 参见张明楷：《法条竞合中特别关系的确定与处理》，载《法学家》2011年第1期。

随意而为的举动；而是立法者精心设计的结果。按道理，军法确应从严，是故作为军职罪的起草者的解放军军事法院，对军人泄露军事秘密等行为，规定了比普通犯罪严厉得多的法定刑，但考虑到武器装备肇事罪，如枪支走火等行为，在部队中属于常见、多发性案件，故"从部队的实际出发，规定了比刑法的相关犯罪较轻的法定刑"。[1]亦即，考虑到军队是职业武装团体，官兵成天操枪弄炮，相关事故的发生在所难免。如果因此就判处军人重刑，势必影响官兵正常训练的积极性。为了鼓励官兵爱军习武，尽快掌握手中武器装备的性能，起草者苦心孤诣，作此规定，怎能说其立法毫无"章法"？

如果我们否认武器装备肇事罪封闭特权条款的属性，适用大竞合论一律从重处罚的观点，可能导致如下不合理问题：一是武器装备肇事罪被取消。因过失致人死亡罪的法定刑高于武器装备肇事罪的法定刑，最终的适用结果是：凡司法实践中出现的武器装备肇事行为一律被认定为过失致人死亡罪，武器装备肇事罪名存实亡。二是无故加重了犯罪军人的刑罚，官兵训练的积极性被挫伤。三是可能出现将无罪事项当作有罪事项进行处理的情形。理论上认为，武器装备肇事罪与过失致人重伤罪存在同样法条竞合关系。依据 2013 年最高人民检察院与解放军总政治部联合下发的《军人违反职责罪案件立案标准的规定》（以下简称《立案规定》）第 19 条的规定，武器装备肇事，致二人以上重伤的，成立本罪，应予立案。亦即，武器装备肇事致一人重伤的，不成立犯罪。但如果依照上述大竞合论者的逻辑，此时，行为人的行为虽不符合武器装备肇事罪的构成，但完全符合过失致人重伤罪的犯罪构成，成立过失致人重伤罪。本来无罪的事项最终将被认定为有罪，这显然是不合适的。此种情况下，再回溯适用普通法条明显违背军职罪立法精神。[2]

再次，军职罪的特别法属性必须得到认可。我们认为，与其他章节相比，军人违反职责罪是特别法。这一点在军职罪并入刑法典之前

---

〔1〕 黄林异、王小鸣：《军人违反职责罪》，中国人民公安大学出版社 2003 年版，第 244 页。

〔2〕 参见张明楷：《法条竞合关系中特别关系的确定与处理》，载《法学家》2011 年第 1 期。

是很清晰的，但自从并入刑法典后，军职罪特别法的属性开始被人们忽视。军法从严，但不是所有的军职罪都比相竞合的普通犯罪法定刑要重。依照我们的观点，军职罪中封闭的特权条款远不止武器装备肇事罪一处，规定战时残害居民、掠夺居民财物罪的《刑法》第 446 条同样属于封闭的特权条款。依照刑法条文的规定，该罪的基本法定刑为 5 年以下有期徒刑。理论上认为，这里的"残害""掠夺"包括一系列行为。如依照《立案规定》第 29 条，此处的"残害"包括故意杀人、伤害、强奸等行为。与之相竞合故意杀人罪的基本法定刑为死刑、无期徒刑或者 10 年以上有期徒刑。究其立法原因无非在于：处于战场上的军人往往会发生恐慌、焦虑心理，战时当军人的自我保全感与其政治信念、纪律约束等发生冲突时，军人的自我保全感往往占了上风，此时，此类行为的发生往往在所难免。此时，不管行为的违法性，还是行为人的有责性都大大降低。站在局外人的立场，加重刑罚，对之苛责，荒谬之处，在所难免。

正因为如此，笔者认为军职罪的特别法属性必须得到维护。在现有立法格局下，唯一能体现军职罪特别刑法属性的，只有《刑法》第 420 条军职罪概念的规定。有学者认为，《刑法》第 420 条的规定基本上保留了原《暂行条例》的规定。在原《暂行条例》中这一规定的存在是必要的，但将之移入刑法典后其必要性值得推敲。1979 年《刑法》中存在反革命罪的概念，1997 年《刑法》修订时反革命罪被危害国家安全罪所取代，但现行刑法并没有对危害国家安全罪的概念进行界定。就此看来，这一条文与刑法其他章的规定并不协调。[1]诚然，从协调与否的标准来看，确实存在上述问题。但我们主张，面对军职罪并入刑法典后其特殊法属性日益被人忽视的事实，该条必须得以保留。军职罪属于特别法，这不仅仅是一个可有可无的名分之争，如果认识不到位，是会导致一些违反罪刑法定原则情形发生的。如司法实践中已经出现了忽视军职罪特别法属性，将玩忽军事职守罪认定为玩忽职守罪的倾向。[2]既然军人违反职责罪与其他普通犯罪

---

〔1〕　参见陈兴良主编：《刑法疏议》，中国人民公安大学出版社 1997 年版，第 686 页。
〔2〕　参见程长明、金桦楚：《王某玩忽职守案》，载《中国军法》1998 年第 1 期。

系特别法与普通法的关系，那么根据特别法优先的原则，就必须得到贯彻。凡军人的某一犯罪行为同时触犯军职罪与其他章节中的犯罪时，应优先适用军职罪的特别规定，而不管该特别法中法定刑是轻，还是重。"不仅军队司法机关应当注意处理好这一问题，地方司法机关也同样需要注意处理好这一问题。"[1]

最后，军职罪中的一些特殊法条立法技术上存在问题。军人违反职责罪与普通犯罪之间的法条竞合现象较多。如擅离、玩忽军事职守罪与玩忽职守罪存在竞合，阻碍执行军事职务罪与妨害公务罪、阻碍军人执行职务罪存在竞合，指使部属违反职责罪与滥用职权罪存在竞合，军人叛逃罪与叛逃罪存在竞合，非法获取军事秘密罪与非法获取国家秘密罪存在竞合，为境外窃取、刺探、收买、非法提供军事秘密罪与为境外窃取、刺探、收买、非法提供国家秘密罪存在竞合，故意泄露军事秘密、过失泄露军事秘密与故意泄露国家秘密、过失泄露国家秘密罪存在竞合，武器装备肇事罪与过失致人死亡罪、过失致人重伤罪存在竞合，盗窃、抢夺武器装备、军用物资罪与盗窃罪、抢夺罪、盗窃、抢夺枪支、弹药、爆炸物、危险物质罪存在竞合，非法出卖、转让武器装备罪与非法买卖枪支、弹药、爆炸物罪存在竞合，遗失武器装备罪与丢失枪支不报罪存在竞合，擅自出卖、转让军队房地产罪与滥用职权罪存在竞合，战时残害居民、抢夺居民财物罪与故意杀人罪、故意伤害罪、抢劫罪、抢夺罪等存在竞合，私放俘虏罪与滥用职权罪存在竞合，等等。

法条竞合的基本表现形式，是普通法条与特别法条之间存在特别关系。正如罗克辛教授所言：特别关系的基本特征是，甲法条（刑罚法规）记载了乙法条的全部特征（或要素）。[2] 具体说来，军人违反职责罪与普通犯罪条文之间之所以出现众多的法条竞合犯，主要是因为主体的特殊性而创设特别法条，进而形成特别关系。军人违反职责罪的主体是特殊主体，即军人；而普通犯罪的主体是军人之外的普通主体。与普通公民不同，军人在服役期间肩负着特殊职责，为了凸显

[1] 张建田：《新刑法的施行与军事司法实践》，载《法学研究》1999年第2期。
[2] 转引自张明楷：《刑法学（上）》（第六版），法律出版社2021年版，第624页。

这种差异，唤醒军人的职责履行意识，立法者有意识地在创设刑法条文时，将军人的身份作为一个重要的构成要件要素纳入其中，在罪状上表现出来。军人违反职责罪与普通犯罪中的很大一部分竞合法条即是由此而来。典型的如，（军队）指挥人员和值班、值勤人员玩忽职守，造成严重后果的，既符合《刑法》第197条玩忽职守罪的犯罪构成，又符合第425条玩忽军事职守罪的犯罪构成。又如军人战时造谣惑众，动摇军心的，既符合《刑法》第378条战时造谣扰乱军心罪的犯罪构成，又符合第433条战时造谣惑众罪的犯罪构成。再如军人在履行公务期间，撤离岗位，叛逃境外或者在境外叛逃的，既符合《刑法》第109条叛逃罪的犯罪构成，又符合第430条军人叛逃罪的犯罪构成，等等。理论上，立法者在创设特别法条所增加的特征或者要素，要么是表明不法增加或者减少的要素，要么是表明责任增加或者减少的要素。这就意味着如果立法者虽然创设了特别法条，但如果特别法条的法定刑与普通法条的法定刑完全一致，那这样的特别法条是没有实际意义的，充其量只是徒增法条的数量而已。军职罪中这种没有意义的特别法条不在少数，如擅离、玩忽军事职守罪与滥用职权罪、玩忽职守罪的基本法定刑是一致的；遗失武器装备罪与丢失枪支不报罪的法定刑是一致的；非法出卖、转让武器装备罪与非法买卖枪支、弹药、爆炸物罪的法定刑是一致的。如果立法者认为此类犯罪的不法或者责任的程度比普通犯罪有所增加，就应加重其法定刑；反之，如果认为此类犯罪不法或者责任的程度较普通犯罪有所降低，就应减轻其法定刑。否则，这样的特别立法就是没有意义的。尤其值得一提的是：盗窃、抢夺武器装备、军用物资罪与盗窃、抢夺枪支、弹药、爆炸物、危险物质罪的法定刑配置，问题特别大。依照《刑法》第438条第1款的规定，盗窃、抢夺武器装备罪的基本法定刑是5年以下有期徒刑或者拘役；情节严重的，处5年以上10年以下有期徒刑，情节特别严重的，处10年以上有期、无期徒刑或者死刑。依照《刑法》第127条第1款的规定，盗窃、抢夺枪支、弹药、爆炸物罪的基本法定刑为3年以上10年以下有期徒刑；情节严重的，处10年以上有期、无期徒刑或者死刑。由是看来，盗窃、抢夺武器装备罪法定刑要低于盗窃、抢夺枪支、弹药、爆炸物罪的法定刑，这是否意味着其责任程度似乎要低于与之相竞合的盗窃、抢夺枪支、弹药、爆炸物罪？其实不然。我们国家是对枪支管控特别严厉的国家，故在《刑法》第127条第2款，立法者又规定，盗窃、抢夺国家机关、军警人员、民兵的枪支、弹药、爆炸物的，须处10年以上有期、无期徒刑或者死刑。军职界的起草者显然注意到了这一问题，于是在《刑法》第438条第2款规定，盗窃、抢夺枪支、弹药、爆炸物的，依照本法第127条的规定处罚。但这里的"依照本法第127条的规定处罚"仅是指刑罚的比照，即军人盗窃、抢夺部队枪支的，认定行为人成立盗窃、抢夺武器装备罪，但要适用《刑法》第127条第2款的法定刑，还是定罪处罚均比照，即依照第127条第2款的规定，认定行为人成立盗窃、抢夺枪支、弹药、爆炸物罪，并依照该款量刑？前述已及，因立法者语焉不详，致使理论上聚讼纷纷。

对上述问题，笔者认为有必要尽快完善。原则上，①军职罪是刑法的补充和续编，其立法内容应限于刑法分则中普通犯罪没有列入，但与军人职责有关的那些犯罪。诸如故意杀人罪、放火罪、强奸罪、爆炸罪、贪污罪、妨害公务罪等刑法分则中已有规定的普通犯罪，军职罪没有必要纳入，需要适用时可以直接引用相关刑法条文即可。确需加重处罚的，如妨害公务罪中需要对妨害军人执行职务行为加重处罚，可直接在该条下注明"故意妨害军人执行职务的，从重处罚"。否则，只会让军职罪在法条关系上叠床架屋，增加司法操作的难度，有百害而无一利。前述盗窃、抢夺武器装备罪中存在的问题即是明证。[1] ②为了突显军人职责的重要性，必须在军职罪中创设特殊法条的一些具体罪名，与之相应的法定刑理论上要么应高于与之相竞合的普通犯罪，要么应低于与之相竞合的普通犯罪，否则即是无效的特别立法，应予删除。本着上述原则，在后面的内容中，我们将针对一些不合理的特别法条提出体系性的完善意见。

---

〔1〕 事实上，军职罪中的武器装备犯罪与普通犯罪相比，问题远不止此一处。如后所言，还存在罪名缺失等问题。如抢劫枪支、弹药、爆炸物的行为被《刑法》第127条规定为犯罪，但军职罪中却没有抢劫武器装备罪；非法出租、出借枪支的行为被第128条规定为犯罪，但军职罪中却没有非法出租、出借武器装备罪，等等。在我们看来，这都是因为立法过程中法条竞合关系没有处理好所造成的。

二、犯罪化与非犯罪化的关系

关于什么是犯罪化，理论上大致存在两种观点。一种观点认为，犯罪化既包括立法上的犯罪化，也包括法律适用解释上的犯罪化。如日本的大谷实教授即持此观点。所谓法律适用解释上的犯罪化，是指在解释适用刑法时，将刑法文本适用于迄今为止没有被作为犯罪予以取缔的事实。[1] 国内持类似观点的学者大有人在，如有学者即认为所谓犯罪化，是指将不是犯罪的行为在法律上作为犯罪，进而使其成为刑事制裁的对象，既包括立法上的犯罪化，也包括刑法解释适用上的犯罪化。[2] 另外一种观点认为，犯罪化仅指刑事立法上的犯罪化。如我国的林山田教授即认为，所谓犯罪化，是指针对某一破坏法益的不法行为，经过刑事立法政策上的深思熟虑，认定非动用刑罚的法律制裁手段，无法衡平其恶害，或无法有效遏阻者，乃透过刑事立法手段，创设刑事不法构成要件，赋予该不法行为刑罚的法律效果，使其成为刑法明文规定处罚的犯罪行为。[3] 国内持相同观点者亦有人在，如有学者认为，所谓犯罪化，是指如何界定刑法涉足社会生活的广度和深度的问题，也就是如何确定犯罪圈、刑罚圈大小的问题。[4]

对此，笔者同意后一种观点。犯罪化应是指刑事立法上的犯罪化，不包括法律解释上的犯罪化。1997 年《刑法》修订时，我国明文确定了罪刑法定原则。罪刑法定原则允许进行扩大解释，但不允许进行类推解释。承认犯罪化可以是法律解释上的犯罪化，意味着可以通过刑法解释将原本不是犯罪的行为解释为犯罪，这明显不符合罪刑法定原则的要求，极易导致对公民权利的任意侵犯。在罪刑法定原则确立后的现代法治语境下，犯罪化主要是指在刑事立法政策上通过刑事立法程序将某一具有可罚性的严重不法和有责的行为赋予刑罚的法

---

〔1〕　参见［日］大谷实:《刑事政策学》，黎宏译，法律出版社 2000 年版，第 87 页。

〔2〕　参见钊作俊、刘蓓蕾:《犯罪化与非犯罪化论纲》，载《中国刑事法杂志》2005 年第 5 期。

〔3〕　参见林山田:《刑法的革新》，学林文化事业有限公司 2001 年版，第 127~128 页。

〔4〕　参见游伟、谢锡美:《犯罪化原则与我国"严打"政策》，载《法律科学》2003 年第 1 期。

律效果，使之成为刑法明文规定的犯罪行为。[1]

与犯罪化的概念相对应，理论上对非犯罪化的概念大致也存在两种观点。一种观点认为，非犯罪化既包括立法上的非犯罪化，也包括司法上的非犯罪化。如有学者认为，非犯罪化的途径有二：一是通过立法将某些社会危害不大，没有必要予以刑罚处罚，但又被法律规定为犯罪的行为，通过立法上的程序，使之不再被法律规定为犯罪；二是通过司法程序，不予认定为犯罪，进而使这些被法律规定为犯罪的行为合法化，或者降格为行政违法行为。另一种观点认为，非犯罪化仅指立法上的非犯罪化。如林山田教授即主张，所谓非犯罪化，是指针对现行刑事实体法所规定的犯罪行为，通过刑事实体法上的修正，将其删除，使之从刑事制裁体系中除籍，不再是刑法所要加以处罚的行为；或者是依旧保留其为犯罪行为，但舍弃刑罚的执行，或为附条件的判决，从而使行为人不受到刑罚的制裁；或者是增设追诉条件，在程序法上规定对其不予追诉。[2] 陈兴良教授也认为，从刑法理论上来说，所谓非犯罪化，是指取消某些罪名，即排除某些行为应受刑罚惩处的性质。[3]

对此问题，笔者同意后一种观点，从罪刑法定原则的角度来考虑，非犯罪化同样应当仅限于立法上的非犯罪化。但必须指出的是，囿于本书的研究范畴所限，本书所指的非犯罪化，仅指刑事实体法上的非犯罪化，而不包括刑事程序法上的非犯罪化。非犯罪化表面上涉及的是犯罪圈大小的问题，但从根本上来说，非犯罪化以对刑法的性质及其功能认识的重大变化为基础。非犯罪化的实践表明，刑法不再被视为统治者日常所使用的统治工具，而应被看作维护法律秩序目的下，不得已采取的最后手段。[4]

我们国家未来刑事立法的方向是犯罪化，还是非犯罪化？对此，

---

〔1〕 参见梁根林：《刑事法网：扩张与限缩》，法律出版社 2005 年版，第 4 页。

〔2〕 参见林山田：《刑法的革新》，学林文化事业有限公司 2001 年版，第 127 页。

〔3〕 参见陈兴良：《刑法的价值构造》（第二版），中国人民大学出版社 2006 年版，第 331 页。

〔4〕 参见陈兴良：《刑法的价值构造》（第二版），中国人民大学出版社 2006 年版，第 331 页

理论界同样存在不同的观点。一种观点认为，我们国家未来刑事立法的发展方向是犯罪化。如有学者认为，从立法论的角度来看，非犯罪化是对过度犯罪化问题的矫正。与国外相比，我们国家严格区分行政处罚与刑事处罚，故在我们国家不存在过度犯罪化的问题，我们国家不宜提倡非犯罪化，与之恰恰相反，我们国家刑事立法的未来发展方向应主要是犯罪化。[1] 类似的观点，如我国刑事立法的主要任务是犯罪化，但并不排除对个别罪名的非犯罪化。[2] 另一种观点认为，未来我国刑事立法的方向应是非犯罪化。如有学者主张犯罪化和非犯罪化是保持刑事立法健康发展的张力，立法者应及时检视刑法规范，对于其中一些不合乎刑法基本理论的犯罪化制度，以及那些随着社会发展已经不再适宜认定为犯罪的罪名，予以非犯罪化。当下我国刑法中对那些法益不明的犯罪，以及社会危害性轻微的犯罪，应及时予以非犯罪化。其中，所谓法益不明的犯罪，是指刑法分则第六章保护社会管理秩序罪中以社会风尚为法益保护对象的犯罪，如聚众淫乱罪、盗窃、侮辱尸体罪、赌博罪，等等。所谓社会危害性轻微的犯罪，是指从主客观方面综合评价后，不应作为犯罪处理的犯罪。如部分法益侵害性较小的预备犯、中止犯、未遂犯，等等。[3]

在此问题上，笔者同意第一种观点。在某一时期，就某一具体行为而言，犯罪化还是非犯罪化，不可一概而论。"世易时移，变法宜矣"，不同的时代，可能有不同的时代需求。在某一时期，根据时代的需求，可能需要对某一行为进行犯罪化；反之，在某一时期，根据时代的需求，可能需要对某一犯罪进行非犯罪化。亦即，就某一具体行为而言，一概强调只能进行犯罪化，或者只能进行非犯罪化，并不符合辩证唯物主义的要求。1997年《刑法》修订时，我们对一些行为进行了犯罪化，如危害国防利益罪中的大部分罪名是在这一时期增加、设立的。此外，我们也对旧有的一些犯罪行为进行了非犯罪化。

---

〔1〕　参见陈兴良：《刑法的价值构造》（第二版），中国人民大学出版社2006年版，第331~337页。

〔2〕　参见赵秉志：《刑法改革问题研究》，中国法制出版社1996年版，第99页。

〔3〕　参见贾学胜：《非犯罪化与中国刑法》，载陈兴良主编：《刑事法评论》（第21卷），北京大学出版社2007年版，第514页以下。

我们取消了组织、领导反革命集团罪、聚众打砸抢罪、非法管制罪、伪造、倒卖计划票证罪；同时，对流氓罪、投机倒把罪、玩忽职守罪进行了分解。当然，与国外那些将行政犯也当作刑事犯罪进行处理，以致刑事立法过度犯罪化，因而当下正在进行非犯罪化实践的国家不同，我们国家对行政处罚与刑事处罚进行严格区分，故从整体趋势上来看，未来我们国家的刑事立法趋势应是犯罪化，而非非犯罪化。[1]

尽管如此，在军职罪的问题上，笔者坚持认为立法者应保守一些，以基本维持现有局面为宜，既不宜过度强调犯罪化，也不宜过度强调非犯罪化。如此主张的理由在于：

首先，我们没有信息化战争的经验，不宜过度强调犯罪化。法的创立总是要受到一定时代物质条件的制约。这正如马克思、恩格斯在揭批资产阶级法的本质时所言的那样："你们的观念本身是资产阶级的生产关系和所有制关系的产物，正像你们的法不过是被奉为法律的你们这个阶级的意志一样，而这种意志的内容是由你们这个阶级的物质生活条件来决定的。"[2] 军人违反职责罪以保护国家的军事利益为其目的，而军事利益是满足国家进行各种军事活动需要的客体对象，但"需要是由人的生物本质和社会本质决定，并受生产力所制约"[3]。一定时期军事利益刑法保护的内容不过是那个时期军事活动需要的客观反映。战争是军事活动的中心内容，从长远来看战争形态的变化必然会带来军队作战样式、编制体制、指挥方式、后勤供给、国防建设等一系列的变化。某种程度上我们完全有理由这样说：战争形态的变化即意味着人类军事实践活动形态的变化。军事活动的变化必然引起军事活动需要所指向客体对象的变化，相应地军事利益刑法保护规范的内容自然也要随之而变。"物质文化特别是科学技术的发展，必然引起武器装备的变化与更新，而武器装备的发展又必然引起作战方式的变革，这是一条不以人意志为转移的客观规律。"[4] 截至

---

〔1〕 参见陈兴良：《刑法的价值构造》（第二版），中国人民大学出版社 2006 年版，第335 页。

〔2〕《马克思恩格斯选集》（第一卷），人民出版社 1995 年版，第 289 页。

〔3〕 苏宏章：《利益论》，辽宁大学出版社 1991 年版，第 21 页。

〔4〕 梁必骎主编：《军事哲学》（修订本），军事科学出版社 2004 年版，第 139 页。

目前，人类已经经历了三种战争形态：冷兵器战争、热兵器战争、机械化战争。目前人类的战争形态正处于由机械化向信息化转变的时期。有什么样的战争形态就有什么样的军职罪规范，只有在冷兵器车战时代才会有"左不攻于左，汝不恭命；右不攻于右，汝不恭命；御非其马之正，汝不恭命"的"不恭王命罪"的罪状表述。与之相应，也只有在机械化战争时代才会有"驾驶航空器、舰船叛逃，处 10 年以上有期、无期徒刑或死刑"的军人叛逃罪的加重情形。毋庸讳言，现有军职罪规范以机械化战争条件下军人履职行为的刑事保障为内容；信息化战争条件下，军人履职行为应如何以刑事手段进行保障？对此，我们并无经验。构成要件是刑法规定的违法类型，刑事立法必须对构成要件进行类型性描述。类型来源于对具体行为的抽象，信息化战争中存在哪些需要规制的军人违反职责行为？对此，我们有的只是通过对外军间接经验分析后只言片语的猜测。既然如此，我们就不应盲目增设军人违反职责罪的罪名，进行过度的犯罪化；而应在守成的基础上，逐步摸索，不断积累经验，待其成熟后再对之进行体系化的增订。

由是观之，当下将破坏协同罪写进刑法典即有冒然之嫌。1995 年12 月 7 日中央军委提请全国人大常委会审议的《中华人民共和国惩治军人违反职责犯罪条例（草案）》第 22 条规定，擅自行动或者故意违反协同规则，造成严重后果的，成立擅自行动、破坏协同罪。问题在于：经过近几年的发展，作战样式已经由当初的合同作战飞速发展到了联合作战。"由合同作战到联合作战，是作战样式发展史上的一次重大变革。但联合作战随着技术的进步会怎么发展、要经历几种不同的发展阶段，目前还较大的分歧。"[1] 一般认为，联合作战不等同于合同作战，合同作战是机械化战争的产物，而联合作战则是信息

---

〔1〕　张金存：《对联合作战发展阶段的一点认识》，载《中国国防报》2004 年 10 月 21日，第 6 版。

化战争的要求。[1] 此外，更为重要的是联合作战是体系与体系之间的对抗，故其产生之初强调的是各联合作战要素之间的密切配合、协同，以发挥整体威力，但这一点很容易被对手利用，对手可以精打要害，从而破坏和瘫痪我方作战体系。正因为如此，为避免因"牵一发而动全身"的不利后果，现代联合作战又讲求"去中心化"。[2] 如是一来，所谓的联合作战又并非全然意义上的配合、协同，特殊情况下需要各作战力量在把握上级总体意图的情况下，机动行事。这意味着擅自行动、破坏协同罪的罪状近乎处于一种无法描述的状态。由是看来，20世纪80年代初《暂行条例》制定时的爬行式经验积累的做法是值得肯定的。彼时，根据我军的作战经验，一些"不成熟的，没有把握不能保证执行的问题"是没有写进草案的。如不遵守命令，轻举妄动，引起国际争端的；在协同作战中，不及时下达命令和联络信号，贻误战机或误伤自己部队的；对处于危难情况下的部队，能救援而没有救援的；战场上丢弃武器的，等等。因"这些问题比较复杂，尤其在战斗中，情况千变万化，责任不易分清，罪与非罪的界限不易区分，各方面的认识也不尽一致，故未做具体规定。"[3]

需要注意的是，这样的说法并不意味着军职罪在立法问题上不能进行一丝一毫的犯罪化。前述已及，以现代军法理念为指针，军职罪规范必须在面向军事需要的同时，符合现代法治的原则与精神。这意味着军职罪规范不仅需要保护国家的军事利益，更需要保障军人的人权。在此基础上，结合现代战争的需要，如后所言，笔者认为军职罪大概只需增加三个罪名足矣，即压制控告、申诉罪、滥用损敌手段罪

〔1〕 参见王宏社：《浅析联合作战与合同作战之差别》，载《解放军报》2001年11月6日，第6版；崔师增、王俊义：《解析"一体化联合作战"》，载《解放军报》2004年7月7日，第6版；咸玉国：《走向信息化的合同战术》，载《解放军报》2006年1月10日，第6版；姚成瑞、苏冠峰、姜金富：《一体化联合作战的几点辩证思考》，载《国防科技》2010年第4期。

〔2〕 参见傅国：《联合作战体系构建怎样"去中心化"》，载《解放军报》2018年4月24日，第7版。

〔3〕 史进前：《关于〈中华人民共和国惩治军人违反职责罪军职罪条例（草案）〉的说明》，载高铭暄、赵秉志编：《新中国刑法立法文献资料总览》（上），中国人民公安大学出版社1998年版，第566页。

与非法使用保护标记和旗帜罪。

其次，与国外不同，我们国家的军职罪是在严格区分纪律处分与刑事处罚基础上制定的，没有必要进行过度的非犯罪化。根据《纪律条令》第3条、第7条的规定，我军的纪律是建立在政治自觉基础上的严格的纪律，是军队战斗力的重要因素，是保持人民军队性质、宗旨、本色，团结自己、战胜敌人和完成一切任务的保证。维护纪律的重要手段是奖励、表彰和处分。实施奖惩应当以奖励、表彰为主，惩戒为辅。对遵守和维护纪律表现突出的，应当依照本条令给予奖励、表彰；"对违反和破坏纪律的，应当依照本条令给予处分；构成犯罪的，依法追究刑事责任。"这说明我军是严格区分纪律处分与刑事处罚的。如根据《纪律条令》第142条的规定，对于军人违反武器装备管理规定，遗失武器装备的行为，如其情节较轻，只是给予警告、严重警告处分；如其情节较重，则给予记过、记大过处分；如其情节严重，则给予降职（级）、降衔（级）、撤职处分。根据《刑法》第441条的规定，军人遗失武器装备的行为，只有不及时报告或者有其他严重情节的，方构成遗失武器装备罪，处3年以下有期徒刑或拘役。与英美法系国家不同，在这些国家中，其军事刑法规定的对军事犯罪的处罚，本身就包含了对违反军纪行为的处罚。易言之，在这些国家的军事犯罪中，只有军事刑罚轻重的区别，没有单纯违纪与犯罪的不同。这意味着在这些国家中，违纪即犯罪。如《美国统一军事司法典》规定，对长官有不敬行为，构成不尊敬首长罪，最高刑可处品行不良退役，并科罚全部薪金；操纵、挑动、参与或者纵容决斗，或者明知决斗发生，或者将要发生，而没有立即报告当局的，构成决斗罪，可以处不名誉退役或品行不良退役，并科罚全部薪金，最高刑则为1年苦役监禁。《英国陆军法》中的妨碍治安的犯罪，竟然包括打架斗殴、寻衅滋事等行为。加拿大军事刑法的名称干脆就称为"军纪法"。

"非犯罪化（decriminalization）是对过度犯罪化（overcriminalization）的矫正，因而它是以过度犯罪为前提的，否则就没有必要实行非犯罪化。"[1] 既然我们国家严格区分纪律处分与刑事处罚,与将违纪亦视为犯罪的英美法系国家不同,本身并不存在过度的犯罪化,自然也就不存在非犯罪化的问题。必须指出的是,笔者反对过度非犯罪化,并不是说对所有的军职罪罪名都不可以废除。如后所言,在笔者看来,针对军职罪中的一些无效的犯罪化罪名,如盗窃军用物资罪,综合权衡来看,是可以废除的。

正因为如此,笔者建议,在军职罪犯罪化与非犯罪化的问题上,立法者宁可保守一些,也不要太激进。值得注意的是:历览历次刑法修正,我们就会发现在普通犯罪化与非犯罪化问题上,我们国家的犯罪圈其实是在不断呈现扩张态势的。受此影响,军事法学界也有一些学者不断呼吁,军职罪的犯罪圈也要扩大。如有学者主张,新刑法生效以来,军委、各总部制定了数量众多的军事法规、规章,其中不少法规、规章规定了罚则,在其结尾往往有这样的表述:"违反本规定,情节严重,构成犯罪的,依照刑法追究其刑事责任"。如《中国人民解放军组织编制管理条例》即规定,突破部队编制定额,违规增设机构、增加编制、提高等级、改变建制关系、机构性质,构成犯罪的,应依法追究刑事责任。事实上,军职罪中并没有相应罪名与之照应,这不利于依法治军的实现,无法威慑犯罪分子,故应在军职罪中增加相应罪名,以实现刑法的保障功能。[2]

对此观点,笔者认为有待商榷。刑法规定的构成要件是违法类型,是类型化了的法益侵害事实,是故刑事立法对构成要件应进行类型性的描述。所谓刑事立法的类型性,是指立法者在设计刑法分则条文的具体罪刑规范时,既不能按照现实发生的个别案件具体情形详尽描述构成要件,也不能仅仅是使用过于抽象的概念,而是应当将构成要件描述成可以与具体案件相比较的类型。[3] 就军职罪修改的类型性问题上有以下两个问题需要注意:

---

〔1〕 陈兴良:《刑法的价值构造》(第二版),中国人民大学出版社 2006 年版,第 335 页。

〔2〕 参见张建田:《关于军人违反职责罪的立法沿革与完善》,载氏著《中国军事法学研究的历史回顾》(第二版),法律出版社 2014 年版,第 653 页。

〔3〕 参见张明楷:《刑事立法的发展方向》,载《中国法学》2006 年第 4 期。

首先，并非所有的在犯罪学上新增加的犯罪现象，都属于刑法构成要件上的新增类型，原则上能够被刑法条文中传统犯罪构成要件所涵盖的犯罪现象，没有必要增设新的要件。事实上，论者上述所谓的突破编制定额，违规增设机构等违反编制管理条例的行为，完全可以将之认定为滥用职权罪。否则的话，出现一种滥用职权行为就需要增设一个新的犯罪，势必会形成刑法分则九章渎职罪的弊病，法条竞合现象激增，特种法条满天飞，徒增适用上的难度。因此，我们认为，上述类似的所谓新增犯罪行为似乎不宜在军职罪中作出特别规定。

其次，对于那些已经有成熟立法经验的军职罪规范，应注意整合，进行体系化的类型性设计。必须承认，军职罪对一些构成要件类型的描述并不是特别成功。如关于军人危害武器装备行为，我们规定了武器装备肇事罪，擅自改变武器装备编配用途罪，盗窃、抢夺武器装备、军用物资罪，非法出卖、转让武器装备罪，遗弃武器装备罪，遗失武器装备罪，等等。尽管规定了如此之多的罪名，但仍然存在遗漏。如普通犯罪中有抢劫枪支、弹药、爆炸物、危险物质罪，军职罪中我们规定了盗窃、抢夺武器装备、军用物资罪，却没有规定抢劫武器装备罪，这意味着一旦发生军人抢劫武器装备的行为，如其抢劫的是枪支、弹药、爆炸物、危险物质，要么根据当然解释，认定为抢夺武器装备罪，要么认定为普通罪犯罪中的抢劫枪支、弹药、爆炸物、危险物质罪；如军人抢劫的并非枪支、弹药、爆炸物、危险物质，则意味着只能依据当然解释认定为抢夺武器装备罪。反过来，如行为人是普通公民，这意味着其盗窃、抢夺、抢劫枪支、弹药、爆炸物、危险物质的行为都构成犯罪，即盗窃、抢夺、抢劫枪支、弹药、爆炸物、危险物质罪；但如其盗窃、抢夺、抢劫的是部队的枪支、弹药、爆炸物、危险物质以外的其他武器装备，则其行为面临着无法被认定为犯罪的可能。

欲解决上述问题，首先必须明了一个前提：即军职人员实施的武器装备类的犯罪是否必须得在军职罪中做特别规定？对此，笔者认为根本没有必要。破坏武器装备罪、过失损坏武器装备罪即规定在危害国防利益罪中，军职人员和非军职人员都可以构成，但正因其没有在军职罪中另行作特别规定，反倒避免了惩罚上可能存在的漏洞。既然如此，这就说明军职罪对武器装备犯罪构成要件类型化所做的努力其实并不成功。在我们看来，军职罪对这些犯罪并没有特别规定的必要，不如考虑在危害国防利益罪中增加规定一条关于盗窃、抢夺、抢劫武器装备罪的规定，如确实觉得对军人违背职责实施此类行为有必要加重处罚的，可在其下注明军人盗窃、抢夺、抢劫武器装备的，从重处罚即可。如此一来，不仅可以避免前述因法条竞合犯设置过多，容易导致处罚漏洞增加的立法疏忽现象的发生，还可以凸显国家对上述行为严厉打击的决心。

事实上，前述妨害公务罪、阻碍军人执行职务罪与阻碍执行军事职务罪的设置上同样存在类似的问题。一般主体阻碍国家机关工作人员执行公务的，成立妨害公务罪；一般主体阻碍军人执行职务的，成立阻碍军人执行职务罪；军人阻碍指挥、值班、值勤人员的，成立阻碍执行军事职务罪，但如其阻碍的是指挥、值班、值勤人员以外的其他军人，则应以阻碍军人执行职务罪论处。前述已及，这样的立法并没有什么意义。从立法类型性的角度而言，对于一般主体阻碍军人执行职务的行为完全可以在妨害公务罪中增加一款"以暴力、威胁方法阻碍军人依法执行职务的，从重处罚"的规定即可。即便基于维护军队内务关系的需要，确有必要对军人阻碍其他军人执行职务的行为在军职罪中予以规制需要给予从重处罚的话，本着立法协调的原则，亦只需规定军人以暴力、威胁或者其他方法阻碍其他军人依法执行职务的成立阻碍军事职务罪即可。对被阻碍的对象进行指挥人员、值班、值勤人员与其他人员的区分，并在此基础上依据对象不同，进而规定为不同犯罪根本没有必要也没有理由。

三、超前立法与经验立法的关系

从认识论的角度而言，在立法技术问题上一向存在超前立法与经验立法之争。所谓超前立法，是指"立法者在制定相应的刑法规范时，显然要顾及社会生活中已有的且司法经验丰富的犯罪的立法，又要充分考虑未来犯罪变化发展的趋向，在把握犯罪规律的基础上预见未来，合理地在法律规范中规定各种可能或必然出现的犯罪，并根据其社会危害性程度设置必要的刑罚。"[1] 与超前立法相对应的是经验立法，在经验立法者看来，法律是人类经验的系统化和条理化，是人类实践了的经验的表述，而非人类理性的建构。[2] 如萨维尼即认为，"法律只能是土生土长和几乎是盲目地发展，不能通过理性的立法手段来创造。"[3] 在经验立法者眼中，法律不能被创造，而只能经过实践后被表述。亦即，法律是被表述的实践经验，而不是被创造的人类理性。[4]

　　通说认为，我国的刑事立法应当采取超前立法。这是因为：首先，经验立法存在不足。经验立法过于强调立法对现实生活的反映和维持，往往导致立法发展滞后于社会现实。必须承认，当代社会法定犯越来越多。与自然犯不同，法定犯社会变易性较大。但我们只要秉持刑法作为调整社会关系"二次法"的属性，坚持刑法的谦抑原则，适当借鉴国外已有的立法经验，结合相关部门法已设违法行为危害性的评价，对刑法作出适当的超前性规定是完全可能的，也是维护刑法稳定性的需要。经验立法依靠立法者对于经验的把握，必将导致立法滞后性的出现。更何况，立法经验何时成熟，又欠缺一个客观的评价标准，完全依赖立法者的主观判断，这势必增加立法的不确定性。其次，超前立法是建立在对社会发展规律把握基础上的超前。超前立法是立足现实与预见未来相结合的超前，而非脱离社会实际的超前。超前立法不是超越现实立法。无论是刑事立法的超前，还是其他部门法立法的超前，都是从实际出发，建立在一定社会现实基础之上的。最后，超前立法是刑法适应社会变革的需要。在社会变革、社会关系发展迅速时期，如果固守经验立法的理念，其结果必然导致刑事立法处于被动局面，难以适应社会变革的需求。当下，我国各项改革正在深入进行，尤其是经济领域，更是全方位、多层次地展开，各种经济关系日益复杂，大量的新型经济犯罪层出不穷，有的已经出现，有的尚

---

〔1〕　赵秉志：《刑法修改中的宏观问题研讨》，载《法学研究》1996年第3期。
〔2〕　参见李希慧主编：《刑法修改研究》，武汉大学出版社2011年版，第9页。
〔3〕　转引自何勤华：《西方法学史》，中国政法大学出版社1996年版，第203~204页。
〔4〕　参见姚龙兵：《刑法立法基本原则研究》，中国政法大学出版社2014年版，第244页。

未表现明显，但必然会出现。[1] "面对日益复杂的犯罪现象，仅凭'成熟'的经验立法而无视前瞻性的超前立法，刑事法律滞后性的程度只会日益加剧。"[2]

对上述观点，笔者表示赞同。刑事立法应当具有一定的预见性和超前性。超前立法的前提是依靠对建立在一定的物质生活条件基础上的法律发展规律的把握而做出的。超前立法不可无视社会规律，盲目超前。正如马克思所言，"立法者应该把自己看作一个自然科学家。他不是在制造法律，不是在发明法律，而仅仅是在表述法律。他把精神关系的内在规律表现在有意识的现行法律之中。如果一个立法者用自己的臆想来代替事情的本质，那么我们就该责备他极端任性。"[3] "超前立法并不是脱离经济基础和社会存在的幻想，并不是不依靠客观规律的杜撰，恰恰相反，超前立法就是对规律的预测、认识，对客观社会发展的预测、认识后对今天和明天的经济基础和社会存在的表述。"[4] 正因为如此，在军职罪罪刑规范的完善问题上，我们主张在把握军事活动发展规律的基础上，立法可以适当超前。但这种超前并非没有限度。具体说来：

第一，对军职罪中的构成要件要素，尤其是一些抽象性概念不宜作过于明确的解释。构成要件是刑法规定的违法类型，类型不同于概念：概念是定义，而类型只能描述；概念是抽象的，而类型却是直观的；概念是封闭的，而类型却是开放的。因此，刑事立法对构成要件应进行类型性的描述，而非动辄对概念进行过于明确的解释。[5] 不可否认，罪刑法定原则要求刑法规范具有明确性，但明确性具有相对性，要求刑法规范明确到不需要解释的程度，只能是人类的一种幻想。对此，正如日本学者碧海纯一所言，语言和文字的不明确性，在原理上是不可避免的，但也恰好是语言的不明确性反而赋予了语言的伸缩性与融通性。类似于"大的""小的""好的""恶的"这样的所

---

〔1〕 参见李希慧主编：《刑法修改研究》，武汉大学出版社 2011 年版，第 11~12 页。

〔2〕 赵秉志：《刑法修改中的宏观问题研讨》，载《法学研究》1996 年第 3 期。

〔3〕 《马克思恩格斯全集》（第一卷），人民出版社 1956 年版，第 183 页。

〔4〕 张根大、方德明、祁九如：《立法学总论》，法律出版社 1991 年版，第 97 页。

〔5〕 参见张明楷：《刑事立法的发展方向》，载《中国法学》2006 年第 4 期。

谓高度不明确的语言, 在与其他语言组合使用时, 文脉会使其变得相当明确。因此, 立法者在立法时应选择最适合达到立法目的程度的明确语言, 与不充分的明确性一样, 不必要的过度的明确性, 反而会妨碍立法目的的实现。[1] 亦即, 刑法规范中模糊性表述的存在有其合理性。军职罪中一些具体犯罪的构成要件以战场、军事行动地区、临阵等为要素。如投降罪、拒不救援友邻部队罪、遗弃伤病军人罪等罪以战场为其构成要件要素; 战时残害居民、掠夺居民财物罪以军事行动地区为其构成要件要素; 战时临阵脱逃罪、违令作战消极罪以临阵为其构成要件要素。是否需要对这些概念进行明确的限定性解释? 对此, 我们持否定态度。道理很简单: 当下科技革命的发展, 正推动战争形态由机械化战争向信息化战争转变, 但如前所述, 我们并没有信息化战争的经验。

尽管在哲学层面上, 我们可以说科学技术对军事发展有决定性影响, 诸如科学技术是武器装备发展的坚实基础; 科学技术是军队编制编成变化的重要因素; 科学技术是作战方式演变的基本前提。常规战争、核战争与高技术战争就是以战争所使用的武器进行的划分。所谓常规战争, 是指使用常规武器所进行的战争。历史上的常规战争可以分为金属化条件下的常规战争、火药化条件下的常规战争和机械化条件下的常规战争; 核战争, 是指使用核武器进行的战争, 它以核武器为主要毁伤手段; 高技术战争, 是指以信息化技术为核心的高技术武器占主导地位的战争, 高技术战争既是以往常规战争的发展, 又处于核武器威慑的条件之下, 等等。[2] 这些无疑都是正确的, 但信息化战争形态到底是怎样的? 我们并无实战经验, 自然也就无法明确地对这些要素进行界定。

一般认为, 信息战是指在危机或者冲突发生时, 针对特定敌人取得特定目标而实施的信息作战行动。[3] 这意味着现代战争中计算机将被大量投入, 作为作战手段或者方法来使用。这不仅可以提升高技

---

〔1〕 转引自张明楷:《刑事立法的发展方向》, 载《中国法学》2006 年第 4 期。

〔2〕 参见梁必骎主编:《军事哲学教程》, 军事科学出版社 2012 年版, 第 51 页。

〔3〕 参见 [美] 迈克尔·N. 施密特等:《计算机与战争: 合法的作战空间》, 载《西安政治学院学报》2007 年第 3 期。

术武器的打击能力，而且可以实施网络攻击，瘫痪敌方的作战信息系统。之所以计算机被大量投入现代战争中来，是因为现代军队，从武器装备到作战指挥，从海军、陆军、空军到电子战系统，正在成为一个以计算机为控制中心的多层次信息网络，这不仅使军队的总体作战效能发生重大变化，也打破了武器种类的传统概念，看不到、摸不着的电脑病毒正在作为一种新型"炸弹"和无形兵团，跨入武器家庭的大门。1988年11月2日晚，美国麻省康奈尔大学计算机科学系的一位名叫莫里的研究生把一种病毒程序植入到财经计算机网络系统中，这种病毒程序以闪电般的速度进行自我复制，在网络上大量繁殖，不到10个小时，就从美国的东海岸横穿到西海岸，美军网络中就有8500台计算机受到病毒感染，6000多台电脑被迫关机，造成直接经济损失1亿美元。"莫里斯病毒"事件使得一些军事强国利用电脑病毒打击对方的愿望越来越强烈。在一些军事专家心目中，电脑病毒成为投向指挥中枢的一种新型炸弹。电脑病毒对 C^4ISR 系统的攻击方式是多种多样的，既可以通过无线或者有线传输，也可以预先编制到敌方购置的计算机网络中，还可以运用先进技术在战斗中向敌方的计算机系统投射；既可以实施网络攻击，也可以进行单系统攻击。[1]

此时，一组信息攻击什么时候就可以界定为战争？战场在哪里？哪里是后方，哪里是前线？此外，随着军民融合的未来发展趋势，势必会有越来越多的文职人员加入到部队中来，实施计算机作战。那么，一个远离物理战场，坐在书桌跟前，被计算机和键盘武装起来的文职人员，临时放弃自己的攻击任务，向第三国出逃，该文职人员的行为能被认定为战时临阵脱逃罪吗？出于贪生怕死的动机，自动放下手中的电脑，利用及时通信软件告诉敌方，自己不再参与此次攻击，成立投降罪吗？或者，利用电脑攻击军民通用的计算机信息系统，间接故意放任诸多无辜居民人身、财产损失的，可以构成战时残害居民、掠夺居民财物罪吗？

诸如此类的情形，不一而足。至此，我们不得放弃自己宏伟的理想和抱负：为这些模糊性表述的概念进行明确的限定性解释，这几乎

---

[1] 参见蔡仁照：《信息化战争论》，国防大学出版社2007年版，第58~59页。

成为当下不可能的一件事情。即使承认人类认识能力具有无限性，但也必须得承认人类的认知要受一些客观条件的影响。正因为如此，不管是立法者，还是司法解释者，在不到万不得已的情况下，不要轻易对刑法中的一些概念进行界定。法律中的任何定义都是危险的，也正因为如此，刑法不对某些概念下定义。既然如此，司法解释就更不能给概念下定义，即使不得已做出司法解释，也不能给刑法用语和条文下定义，而只能采取列举式的规定，即列举对何种行为适用何种规定。[1] 军职罪具体罪刑规范在进行完善时，应避免去界定一些具体犯罪的定义，而只需以抽象性、一般性的用语去描述具体的犯罪类型。表面上看来，这是因为人类语言的缺陷导致的。其实不然，这些问题的实质在于人类认知能力的非至上性。在军职罪具体罪刑规范的完善问题上，我们主张适当超前，但超前立法理念不可走得过远，任何理念都必须以当下的军事活动实践为依托。脱离实践的理念，无异于空谈。

第二，对军职罪的死刑废除问题必须予以慎重。1997 年《刑法》修订时，立法者共用 47 个条文设置了 68 种死刑罪名，仅军职罪一章就用 11 个条文设置了 12 种死刑罪名。具体包括：战时违抗命令罪、隐瞒、谎报军情罪、拒传、假传军令罪、投降罪、战时临阵脱逃罪、阻碍执行军事职务罪、军人叛逃罪、为境外窃取、刺探、收买、非法提供军事秘密罪、战时造谣惑众罪、盗窃、抢夺武器装备、军用物资罪、非法出卖、转让武器装备罪、战时残害居民、掠夺居民财物罪。是故，在当前正在展开的关于死刑存废问题的争议中，几乎所有的学者都提到了军职罪中死刑过多的问题。有鉴于此，《刑法修正案（九）》废除了阻碍执行军事职务罪与战时造谣惑众罪的死刑，但即便如此，军职罪配置中有死刑的罪名仍然有 10 个，约占刑法现有 46 个死刑罪名数量的近 1/4。这难免让人产生废除这些死刑罪名的冲动。值得肯定的是，大部分学者在此问题上还是非常理性的，并没有表现得那么冲动。如有学者主张，废除刑法条文中的非暴力犯罪的死刑，

---

〔1〕　参见张明楷：《刑法分则的解释原理（第二版）》（上），中国人民大学出版社 2011 年版，第 6 页。

但同时主张保留战时军人违反职责罪和危害国防利益罪中的死刑罪名。[1] 也有学者主张，军事犯罪至少较长时期内不应废除死刑，平时军事犯罪死刑适用应完全废除，战时军事犯罪死刑应予保留但须严格限制。[2]我们同意上述学者的观点，军人违反职责罪的死刑存废问题必须保持慎重，立法不可过于超前。

首先，军职罪刑罚起点较高，生命刑设置范围广，是世界性问题。必须承认，死刑范围广泛不仅是我们国家军职罪立法中存在的问题，其他国家的军事刑法同样如此。如在倡导刑罚人道化的刑法大师贝卡利亚的故乡——意大利对军事犯罪的惩罚同样也非常严厉。仅以意大利战时军事刑法典军事犯罪分则第三章第四节"离弃岗位和违反军令"为例，该节列举的军事犯罪多因违纪而导致，性质并不是很恶劣，但在所列举的 10 种犯罪中，就有 6 种可适用死刑。[3]事实上，有不少所谓废除死刑的国家实际上只是废除了普通犯罪的死刑，而没有废除军事犯罪的死刑，如阿尔巴尼亚、阿根廷、玻利维亚、巴西、智利等。根据大赦国际的统计，截至 2004 年 1 月，有 15 个国家和地区在军事犯罪和战时犯罪中保留了死刑。[4] 美国在其国内普通司法纷纷取消死刑的形势下，始终强调军法从严，反对在军事犯罪中取消死刑，《美国统一军事司法典》第十章罚则对 14 种军事犯罪配置了死刑，并对其适用程序作出了详细规定。

其次，相较于普通刑法，军职罪采重刑主义，过多设立死刑，是由普通刑法与军事刑法不同的价值取向造成的。前述已及，现代刑法的首要任务是维护个人自由，在自由与秩序之间应当将自由放在第一位，秩序放在第二位，而军事刑法的首要任务是维护军事秩序，在自由与秩序之间优先地选择了秩序。公民政府的目标是使人们能够和

[1] 参见张远煌：《中国非暴力犯罪死刑限制与废止研究》，中国人民大学 2006 年博士学位论文，第 190 页。
[2] 参见黄皓：《军事犯罪死刑问题研究》，中国人民大学 2009 年博士学位论文，第 66~69 页。
[3] 参见黄风译：《意大利军事刑法典》，中国政法大学出版社 1998 年版，第 186~189 页。
[4] 参见赵秉志：《中国逐步废止死刑论纲》，载《法学》2005 年第 1 期。

平、和谐和幸福地生活在一起，而军队的目标是赢得战争。因此，在军事刑法的价值构成中，秩序是以公平和正义为条件的，公平和正义则是以秩序为目的，这一价值体系是以秩序价值为核心的。古往今来，从传统战争到现代战争，军事刑法无不因战争的需要而存在，关注秩序价值，是军事刑法取得战争适应性的需要，是军事刑法亘古不变的主题。军事刑法以秩序价值为本位，在于通过在武装力量内部建立高效的训练、管理、指挥、作战以及后勤、装备保障系统，通过实行严格的军事纪律，保证军事刑法取得战争适应性，从而保证军队在面对外来威胁和战争时全力、高效地投入战斗，直至取得战争的最后胜利。战争对于人来说是一种血与火的考验。在战场上，如果往前冲锋即意味着死亡，后退一步只是意味着一段时间内自由被剥夺的话，抛开理想信念不谈，相信所有的人都会掉头向后。《尚书》云："威克厥爱，允济。"[1] "盖兵凶战危，宜使其畏法之念，胜于畏敌，不任其畏敌之念，胜于畏法，此军事上之铁律也。"[2]

在以秩序为核心价值观念指导之下制定出来的军职罪规范必定是严密而且严厉的。军事利益特别保护的需要更使得军职罪规范存在着种种不近人情之处。试问，除了军事利益外，在这个崇尚个体主义与自由、人权的时代，哪种法益的保护动辄需要以生命为代价呢？又有哪种法益的刑法保护动辄是以死刑为威慑呢？刑法学家们在论及死刑的废除问题时尽可大谈特谈，但一到军职罪的死刑废除时大都嗫嚅，到战时军职罪死刑的废止时更是三缄其口。纵使其中有人放言中国死刑越早废除越好，但就军职罪来讲其中的理性成分究竟有多少呢？胸怀报国之志的将士们浴血疆场固然不都是因为死刑的威慑，但假若没有了死刑威慑，枪林弹雨中会有多少人放弃自己的职守呢？须知法律的产生本身就是以人性恶为逻辑前提的。

最后，司法实践经验积累不足，是军职罪死刑废除论者不得不正面直视的一个现实问题。前述已及，2009 年全国人大常委会法工委曾

---

〔1〕《尚书·胤征》。大意为从严要求（威）胜过（克）偏爱放任（厥爱）就一定能够成功。

〔2〕刁荣华:《实用军法典》，汉苑出版社 1976 年版，"前言"第 2 页。

建议军队有关部门提出减少军职罪死刑的意见，军队有关部门对此展开了调研，并提出了保留死刑、经修改后保留死刑、取消死刑、取消死刑并对条文进行修改、取消整个条款并入其他章节、倾向保留死刑罪名的意见若干，但终因缺乏司法实践的验证而"胎死腹中"。[1] 在我们看来，这未尝不是一件好事，军队有关部门的做法值得称道。军职罪死刑存废的问题不仅仅是一个纯粹价值上的判断。兵凶战危，在军职罪的死刑存废问题上谨慎一点、保守一点或许更值得称道。

或许有人会以《刑法修正案（九）》对军职罪两个死刑罪名的废除来诘难上述观点。对此，我们的回答是：前述已及，《刑法修正案（九）》对两个死刑罪名的废除依据绝对不仅仅是一个价值上的判断，更主要的原因在于经过司法实践多年的检验证明，这两个罪名存在死刑虚置的问题。此外，之所以有关部门下定决心废除这两个犯罪的死刑，更为重要的一点原因在于这两个罪名的死刑情形可以被其他死刑罪名处置：《刑法修正案（九）》虽然取消了阻碍执行军事职务罪的死刑，但仍然保留了故意杀人罪、故意伤害罪的死刑。这意味着，战时军事司法实践中，如有暴力阻碍执行军事职务，情节特别恶劣，确需判处死刑的，还可以根据案件情况，依照刑法故意杀人罪、故意伤害罪的规定判处刑罚。与之相仿，《刑法修正案（九）》虽然取消了战时造谣惑众罪的死刑，但依然保留了投敌叛变罪的死刑。依据废除前原战时造谣惑众罪刑法条文的规定，本罪适用死刑的条件为勾结敌人造谣惑众，而战时勾结敌人造谣惑众，动摇军心的性质是投敌叛变。这意味着战时，如军人勾结敌人，造谣惑众，动摇军心的，完全可以以《刑法》第108条投敌叛变罪判处其死刑。[2]

---

〔1〕 参见张建田：《关于军人违反职责罪的立法沿革与完善》，载氏著《中国军事法学研究的历史回顾》（第二版），法律出版社2014年版，第662页。

〔2〕 参见最高人民法院研究室、最高人民法院刑法修改工作小组办公室编著：《〈刑法修正案（九）〉条文及配套司法解释理解与适用》，人民法院出版社2015年版，第403~405页。

第二节　军职罪具体罪刑规范完善的方案

如前所述，在军职罪具体罪行规范的完善问题上，应牢固树立军职罪是特别刑法的观念，同时考虑到现实种种情况，我们主张立法者应保守一些，适当超前即可，既要反对过度地犯罪化，也要反对过度地非犯罪化，以基本维持现有局面为宜。以现代军法理念为标准，军职罪在基本维持现有立法格局的基础上，应体系性地完善武器装备类犯罪，协调阻碍执行军事职务罪与阻碍军人执行职务罪的相关规定，将那些主观罪过不同的罪名从同一条文中分离出来，增设压制控告、申诉罪、滥用损敌手段罪、非法使用保护标识和旗帜等战争类犯罪。同时，出于体系化思考的角度，可将一些罪名分立到危害国防利益罪中去。如此一来，不仅可以丰富军职罪的立法内容，还可使危害国防利益罪的内容有所增加，解决了危害国防利益犯罪"一般化"后内容过于单薄的问题。使军事刑法在立法体例上与理想中的相对军人犯主义更加接近。

一、武器装备类犯罪的完善

（一）武器装备类犯罪存在的问题

（1）《刑法》第438条第2款的规定存在歧义。《刑法》第438条第1款规定，军人盗窃、抢夺武器装备的，成立盗窃、抢夺武器装备罪，处5年以下有期徒刑或拘役；情节严重的，处5年以上10年以下有期徒刑；情节特别严重的，处10年以上有期、无期徒刑或者死刑。第2款规定，"盗窃、抢夺枪支、弹药、爆炸物的，依照本法第127条的规定处罚。"

依照《刑法》第127条第1款的规定，盗窃、抢夺枪支、弹药、爆炸物的，成立盗窃、抢夺枪支、弹药、爆炸物罪，处3年以上10年以下有期徒刑；情节严重的，处10年以上有期、无期徒刑或者死刑。第2款则规定，如果行为人盗窃、抢夺国家机关、军警人员、民兵的枪支、弹药、爆炸物的，处10年以上有期、无期徒刑或者死刑。

由是则带来一个问题：如果军人盗窃其所在部队配属的枪支、弹药、爆炸物的，应如何定罪量刑？对此，存在以下不同观点：

第一种观点主张，对此应认定为《刑法》第438条的盗窃、抢夺武器装备罪，但应视具体情形决定适用第127条第1款或者是第2款的法定刑。这是因为：首先，以犯罪构成为标准认定该行为成立盗窃、抢夺武器装备罪更加准确。其次，与社会人员不同，军职人员盗窃枪支、弹药、爆炸物的目的往往并非出于危害公共安全目的，适用《刑法》第127条第1款的法定刑更能体现罪刑相适应原则；一概适用第127条第2款的法定刑并不合适。最后，《刑法》第438条第2款的规定并未排除对第127条第1款的适用。[1]

第二种观点坚持，对此应认定为《刑法》第127条的盗窃、抢夺枪支、弹药、爆炸物罪，并按照该条第2款的法定刑处罚。这是因为：首先，该行为具有危害公共安全法益的属性，认定为《刑法》第127条的盗窃、抢夺枪支、弹药、爆炸物罪较为合适。其次，规定盗窃、抢夺武器装备罪的《刑法》第438条第1款是特别法条，但该条第2款并非特别法条，不能以特别优于普通为由坚持适用第438条。再次，该行为适用《刑法》第127条第1款的法定刑不符合平等原则。最后，刑法条文中的"处罚"含义具有相对性，完全可以将《刑法》第438条第2款中的"处罚"理解为"定罪处罚"之意。[2]

第三种观点认为，该行为应认定为《刑法》第438条的盗窃、抢夺武器装备罪，但需按照《刑法》第127条第2款的法定刑处罚。[3]

（2）与相竞合的普通犯罪相比，军职罪中的武器装备类犯罪存在罪名缺失的问题。军职罪中的武器装备类犯罪存在大量与普通犯罪相竞合的情形：如盗窃、抢夺武器装备罪与盗窃、抢夺枪支、弹药、爆炸物、危险物质罪相竞合；非法出卖、转让武器装备罪与非法买卖枪支、弹药、爆炸物、危险物质罪相竞合；遗失武器装备罪与丢失枪支

---

〔1〕 参见安世光：《盗窃、抢夺武器装备罪的立法趣旨探析》，载《人民法院报》2000年9月25日，第3版。

〔2〕 参见张明楷：《刑法学（下）》（第六版），法律出版社2021年版，第1676页。

〔3〕 参见冉巨火：《刑法第四百三十八条第二款的理解与适用》，载《河南警察学院学报》2014年第6期。

不报罪相竞合；武器装备肇事罪与过失致人死亡罪、过失致人重伤罪相竞合；擅自改变武器装备编配用途罪与滥用职权罪存在竞合，等等。

值得注意的是：普通犯罪中存在抢劫枪支、弹药、爆炸物、危险物质罪，但军职罪中却没有相应的武器装备犯罪与之对应。如军人抢劫部队武器装备的，应如何处理？对此，从解释论上分析：如军人抢劫的是枪支、弹药、爆炸物、危险物质，根据当然解释的道理，似可将其认定为抢夺武器装备罪，或者认定为抢劫枪支、弹药、爆炸物、危险物质罪；但如军人抢劫的系部队枪支、弹药、爆炸物、危险物质以外的其他武器装备，这意味着只能依据当然解释的道理，将其认定为抢夺武器装备罪。反之，一般主体盗窃、抢夺、抢劫枪支、弹药、爆炸物、危险物质的，可认定为盗窃、抢夺、抢劫枪支、弹药、爆炸物、危险物质罪；但如一般主体盗窃、抢夺、抢劫的是部队的枪支、弹药、爆炸物、危险物质以外的其他武器装备时，则面临着其行为无法被认定为犯罪的尴尬。

（二）武器装备类犯罪的完善

1. 解释论上《刑法》第438条第2款规定含义的明确

在上述关于《刑法》第438条第2款规定含义的三种争议观点中，笔者同意第三种观点。军人盗窃其所在部队配属的枪支、弹药、爆炸物的行为应认定为《刑法》第438条的盗窃、抢夺武器装备罪，但需按照第127条第2款的法定刑处罚。

（1）关于定性。军人盗窃其所在部队配属的枪支、弹药、爆炸物的行为应认定为《刑法》第438条的盗窃、抢夺武器装备罪。这是因为：

首先，这是法条竞合犯适用的必然结果。法条竞合，又称"法条单一"，是指一个行为同时符合了数个法条规定的犯罪构成要件，但由数个法条之间的逻辑关系来看，只能适用其中一个法条，当然排除其他法条适用的情形。[1] 前述已及，军职罪的前身是《暂行条例》。在《暂行条例》并入刑法典之前，学界普遍认为《暂行条例》属于

〔1〕 参见张明楷：《刑法学（上）》（第六版），法律出版社2021年版，第463页。

特别法。那么在《暂行条例》并入刑法典之后，军职罪还是不是特别法呢？对此，我们认为这是毫无疑问的。军职罪尽管并入了刑法典，成为其中的第十章，但这并不妨碍军职罪特别刑法的属性。军职罪特别刑法的属性源于其主体的特别身份，军职罪的主体仅限军人，当军人触犯了与其职责相关的事项时，自然应当适用军职罪的特殊规定。对此，《刑法》第 420 条也明文规定，军人违反职责，危害国家军事利益，依照法律应当受刑罚处罚的行为，是军人违反职责罪。正因如此，前述第一种、第三种观点都认可军人盗窃部队枪支弹药的行为成立《刑法》第 438 条的盗窃武器装备罪。即使持第二种观点的学者也认为第 438 条第 1 款属于特别法条，只不过认为该条第 2 款并非特别法条。对论者的上述理由，笔者认为是不成立的。尽管该条第 2 款规定"盗窃、抢夺枪支、弹药、爆炸物的，依照本法第 127 条的规定处罚"的表述并未说明实施该行为的主体，但由上下文的关系及《刑法》第 450 条适用范围"本章适用于……"的规定来看，该条行为实施的主体显然还是军职人员；违反的也是军人基本职责，自然应当适用特别法条，认定为盗窃武器装备罪。

其次，这是刑法体系解释的当然结论。必须承认，《刑法》第 438 条第 2 款规定，行为人盗窃、抢夺枪支、弹药、爆炸物的，依照第 127 条的规定"处罚"。亦即，立法者用的是"处罚"而非"定罪处罚"对此，持第二种观点的学者认为，"处罚"一语的含义具有相对性，这里的"处罚"应当理解为"定罪处罚"。笔者不反对刑法用语具有相对性，同一用语在不同刑法条文中完全可能作不同理解，但这样解释的正当性在哪里？或许论者会主张，军人盗窃、抢夺枪支、弹药、爆炸物的行为，本来就成立《刑法》第 127 条的盗窃、抢夺枪支、弹药、爆炸物罪。问题在于，前述已及，《刑法》第 420 条关于军职罪概念的表述实际上已经将军人实施的违背其职责，危害国家军事利益的行为排除在了普通犯罪之外。亦即，军人只有盗窃、抢夺的并非部队配属的枪支、弹药、爆炸物时，侵犯的法益才是公共安全，才会成立第 127 条的盗窃、抢夺枪支、弹药、爆炸物罪；军人违背其职责，盗窃、抢夺部队配属的枪支、弹药、爆炸物时，侵犯的法益是国家的军事利益，应当认定为第 438 条的盗窃、抢夺武器装备罪。论者的观点并不成立。

（2）关于量刑。军人盗窃其所在部队配属的枪支、弹药的行为应当认定为《刑法》第438条的盗窃、抢夺武器装备罪，但在量刑时需按照第127条第2款规定裁量刑罚。

首先，这是刑法文理解释的逻辑结论。前述已及，《刑法》第438条第2款明文规定，军人盗窃、抢夺枪支、弹药、爆炸物的，依照第127条的规定处罚。

其次，这是罪刑相适应原则的必然结果。《刑法》第127条第2款明文规定，盗窃、抢夺国家机关、军警人员、民兵枪支、弹药、爆炸物的，加重处罚。军人盗窃部队配属的枪支、弹药、爆炸物的行为，要么是从其他军人手中盗窃、抢夺而得，要么是从部队的兵器室、弹药库内盗窃、抢夺而得，当然符合该款规定，自然也应适用该款的法定刑。至于前述第一种观点提到的，认为军人盗窃、抢夺枪支、弹药、爆炸物的行为与社会人员不同，后者多是出于实施杀人、抢劫等恶性案件的动机而实施此类行为，军人实施上述行为的动机要么是出于对枪支、弹药的好奇或喜爱；要么是出于报复领导；要么是因为厌倦部队生活，携枪、弹逃离部队，并没有将枪、弹据为己有的想法；其携枪、弹出逃的目的在于害怕枪、弹落入不法分子之手，这是一种"负责任"的想法，如果量刑时将此类行为一概依《刑法》第127条第2款的加重规定裁量有违罪刑相适应原则。[1] 对此观点，笔者认为有待商榷。

其一，如果行为人准备归还，就说明其不具有非法占有的目的，根本就不成立盗窃、抢夺枪支、弹药罪。如行为人构成逃离部队罪的，可将其携枪、弹逃离部队的行为视为一个加重情节处理即可。事实上，2013年2月26日最高人民检察院与解放军总政治部联合下发的《军人违反职责罪案件立案标准》第18条第5项的内容即是"携带武器装备逃离部队的"加重处罚的规定。

其二，论者的观点其实是在《刑法》第127条明文规定的量刑情

---

[1] 参见安世光：《盗窃、抢夺武器装备罪的立法趣旨探析》，载《人民法院报》2000年9月25日，第3版。

节之外，人为地附加了一个动机要素。理论上，盗窃、抢夺枪支、弹药、爆炸物罪属于抽象的行为犯。亦即，不管行为人盗窃、抢夺枪支、弹药、爆炸物的行为是否会对法益带来紧迫的危险，立法者即将其拟制规定为存在这种危险。[1] 既然是拟制，就不可以说出于报复领导、出于好奇喜爱的动机盗窃枪支、弹药的行为带给周围人群的危险感要低。这种推论是毫无道理的。

2. 立法论上武器装备类犯罪的完善

从立法论上来分析，上述问题出现的根本原因在于立法者在创设了过多的法条竞合犯，以致在立法技术上出现的失误。

首先，立法者看到了《刑法》第438条存在法定刑低于《刑法》第127条第2款规定的事实，但创设第438条第2款规定时出现了立法失误。如果确实存在前述第一种观点所谓的动机不同问题，有必要从轻处理，那么立法者在立法时完全可以不设置第438条第2款的规定，这样一来，就会使得军人盗窃、抢夺武器装备行为的法定刑范围高可至死刑，低可至拘役。如此一来，就使得本罪的法定最高刑与第127条的盗窃、抢夺枪支、弹药、爆炸物的法定最高刑相同，都是死刑。但法定最低刑则要远远低于盗窃、抢夺枪支、弹药、爆炸物罪的3年有期徒刑，甚至低至拘役。且没有第2款的规定，就会使得第438条法定刑的适用不再受第127条第2款的制约，这也是法条竞合适用的自然逻辑结果，满足第一种观点所谓不同动机量刑的需要，低可至拘役，高可至死刑。在笔者看来，这种区分动机进而配置不同法定刑的做法并没有特别大的必要。正是因为如此，第127条中亦没有作出行为人出于何种动机可减轻处罚的规定。事实上，只要将军人盗窃、抢夺部队配属的枪支、弹药行为适用与一般公民类似行为相同的法定刑即符合刑法上的正义理念。故仅仅删除第438条第2款规定的方案不为我们所取。

其次，军职罪的起草者在创设一些罪名时受到了某种前置性观念的影响。即军人违反武器装备管理规定的行为是否一定要放置到军职罪中进行规范？在起草者看来，既然是军人违背职责的行为就必须得

---

〔1〕 参见张明楷：《刑法学（下）》（第六版），法律出版社2021年版，第915页。

放在军职罪中予以规制。或许正是出于此种动机，才出现了前述没有规定抢劫武器装备罪的失误。在我们看来，军人违反职责罪既然已经纳入了刑法典，出于体系性的考虑，为了避免出现上述类似失误，没有必要将军人违反武器装备管理规定的行为一概纳入军职罪中进行规制。事实上，我们在这方面有成功的立法例。典型的如破坏武器装备罪、过失损坏武器装备罪，这两个罪名是规定在危害国防利益罪中的，而危害国防利益罪的主体既可以是一般公民，也可以是军职人员。这样的规定意味着，不管是一般公民，还是军人，其破坏、过失损坏武器装备的行为都将受到惩罚，不会出现立法上的漏洞，导致一般公民盗窃、抢夺部队枪支、弹药、爆炸物以外的武器装备的行为得不到惩治。如果将来军职罪进行大幅度的立法完善时，我们完全可以借鉴这种立法例，将盗窃、抢夺武器装备罪规定到危害国防利益罪中去，可考虑放置在《刑法》第 369 条之后，同时堵塞抢劫武器装备罪缺失造成的漏洞，出于体系性的考虑，作如下规定：

删去《刑法》第 438 条。

在《刑法》第 369 条后增加一条，作为第 369 条之一：

盗窃、抢夺《刑法》第 127 条规定以外的武器装备的，处……刑；情节严重的，处……刑。

抢劫第 127 条规定以外的武器装备的，处……刑；情节严重的，处……刑。

如是一来，可将军人盗窃、抢夺枪支、弹药、爆炸物的行为与普通公民一样适用《刑法》第 127 条相同的规定，符合平等适用刑法原则；同时还可堵塞前述军人抢劫武器装备行为，以及一般主体盗窃、抢夺、抢劫部队枪支、弹药、爆炸物以外武器装备行为无法惩处的立法漏洞。不但符合现代军法理念，还有利于更好地保护国家的军事利益。

二、战争罪的完善

(一) 战争罪立法存在的问题

关于战争罪的理解，理论上有广义与狭义之分。广义上的战争罪，是指盟军于 1945 年制定的《关于控诉和惩处欧洲轴心国主要战犯的协定》及该文件附件《欧洲国际军事法庭宪章》所规定的罪行。具体包括：破坏和平罪、战争罪及违反人道罪。[1] 狭义的战争罪，是指在国际性武装冲突或者非国际性武装冲突中，严重违反武装冲突法规或惯例所实施的行为。[2] 广义的战争罪包括狭义的战争罪。我们这里所说的战争罪仅指狭义上的战争罪。

关于战争罪的惩治模式有两种：一为国际惩治模式；一为国内惩治模式。战争罪的国际惩治，是指由国际社会组织国际审判机构，依据有关国际法规，对有关战争犯罪予以惩治。战争罪的国内惩治，是指有关主权国家通过其国内审判机构，依据其刑法规范，对有关战争犯罪予以惩治。战争罪的国际惩治存在如下问题：在文明层面上，难以兼顾非西方文明传统；在政治层面上，极易为个别国家所操纵和利用；在法律层面上，存在着从抽象正义向具体正义转化的矛盾。故完全寄希望于国际社会来实现对战争犯罪的惩治是不现实的。与战争罪的国际惩治模式相比较，战争罪的国内惩治模式具有直接有效、可操作性强等优势，尤其是当案件与该国国家或公民有一定联系的情况下，特别适合。这种模式不仅有利于维护国家主权，提高诉讼效率、降低成本，同时因其符合本国法律传统与国情，相较于国际惩治模式，更能满足本国公民对惩治战争罪犯的心理预期，符合我国政府对战争罪的一贯立场。我们国家参与了国际刑事法院的筹建，但最终投了反对票，不同意将一国国内武装冲突过程中所发生的战争罪行纳入国际法院的普遍管辖范围。我们认为，相较于国际法院的普遍管辖，一个法制健全的主权国家不仅有能力，而且有优势来管理本国内武装冲突中的战争罪。考虑到我们国家反对分裂、实现祖国统一的需要，应当说适用国内法来对战争犯罪进行惩治是未来我国相当长时期内的现实选择。[3]

---

〔1〕 参见王铁崖总主编：《中华法学大辞典：国际法学卷》，中国检察出版社 1996 年版，第 664 页。

〔2〕 参见马克昌、杨春洗、吕继贵主编：《刑法学全书》，上海科学技术文献出版社 1993 年版，第 774 页。

〔3〕 参见田龙海、常璇：《惩治战争罪的国内军事立法问题研究》，载《当代法学》2007 年第 4 期。

　　战争罪国内惩治的前提是确立本国的普遍管辖原则。新中国成立后，由于我们国家在此前比较长的一段时间内一直处于相对封闭的状态，加上意识形态因素等方面的影响，导致我国政府对普遍管辖权基本持否定立场，1979 年《刑法》中并没有关于普遍管辖权内容的规定。1980 年 9 月 10 日，我们国家同时加入了《海牙公约》和《蒙特利尔公约》。在此之后，我们又加入了一系列公约，包括《日内瓦第一议定书》和《日内瓦第二议定书》，等等。为了履行这些公约规定的义务，1987 年 6 月 23 日，第六届全国人大常委会第 21 次会议通过了《关于对中华人民共和国缔结或者参加的国际条约所规定的罪行行使刑事管辖权的规定》。该规定明确指出，对于我们国家缔结或者参加的国际条约所规定的罪行，我国在所承担条约义务的范围内，行使管辖权。1990 年全国人大常委会又通过了《关于禁毒的决定》，规定我国司法机关对在我国领域外犯走私、贩卖、运输、制造毒品罪者，当其进入我国领域内时，除依照我国缔结、参加的国际公约或双边条约实行引渡外，我国司法机关有管辖权。1997 年《刑法》修订时，为了更好地打击包括战争罪在内的国际犯罪，展现我们国家负责任大国的形象，立法者在第 9 条明文规定了普遍管辖原则："对于中华人民共和国缔结或者参加国际条约所规定的罪行，中华人民共和国在所承担条约义务的范围内行使管辖权的，适用本法。""这一规定结束了普遍管辖适用无明确刑事立法依据的局面，从而使普遍管辖的本土化进程基本趋于完善。"[1] 根据本条规定，理论上一般认为，我们国家普遍管辖原则的适用条件有二：一是我们国家已经缔结或者加入相关国际条约，并且条约明文规定了缔约方的普遍管辖义务；二是我们国家刑法典分则中存在与国际犯罪相对应的具体个罪。[2]

　　一般认为，我国刑法中规定的战争罪都分布在军人违反职责罪一章内，计有四个罪名：一是第 444 条的故意遗弃伤病军人罪；二是第 445 条的战时拒不救治伤病军人罪；三是第 446 条的战时残害居民、

---

　　〔1〕　高铭暄、王秀梅：《普遍管辖权的特征及本土化思考》，载《法治与社会发展》2001 年第 6 期。

　　〔2〕　参见黄京平、石磊、蒋熙辉：《论普遍管辖原则及其实践》，载《政法论坛》2001年第 2 期。

掠夺居民财物罪；四是第 448 条的虐待俘虏罪。[1] 问题在于，目前我国参加的国际条约中关于战争罪的罪名共计四大类 50 种行为，且仍在扩展进程中。相比较而言，我国刑法典中关于战争罪的立法相对简单，并没有跟国际条约中的战争罪一一对应。由是带来一个问题：我们是否在刑法典中把国际条约中的战争罪全部内化？对此，理论上存在两种观点：

一种观点认为，条约必须信守是国际法中的一项重要原则，也是缔约方的一项基本义务。现代国际刑法公约都要求缔约方把公约所规定的罪行内化为本国刑事立法中的犯罪。我们国家并没有按照国际刑法公约的要求及时地把全部战争罪规定在刑法典中。1997 年《刑法》明文确立了罪刑法定原则，这样的规定意味着：如果我们对犯有相关罪行者直接依照国际公约所规定的罪名、罪行进行追诉，就会违反《刑法》第 3 条的罪刑法定原则；反之，如果我们按照我国刑法中的罪名、罪行，对犯有相关国际罪行者进行追诉，就违反了禁止类推原则。据此，我们必须把国际条约中规定的全部战争罪行予以国内化，才能解决上述问题。[2]

另外一种观点则认为，理论上如果我们能够将国际条约中的全部战争罪予以内化，无疑会方便我们国家法院对相关行为人的定罪量刑，而且不用动辄引用国际条约中的规定，可以更好地维护我们国家的主权。但战争罪种类繁多，表述冗长，仅罗马规约中所确立的战争罪就有四大类 50 种行为。全部规定在刑法典中未必现实，因此，论者主张可将刑法典分则中的第七章危害国防利益罪与第十章军人违反职责罪的内容合并为一章，改称"危害军事利益罪"，并在其下增设一节"严重违反武装冲突法规和惯例罪"。同时，借鉴《意大利军事刑法典》的规定，将战争罪分为四类：一是滥用损敌手段罪；二是非法侵犯敌方人员的人身或者财物罪；三是违反救治伤病员或者遇难人员的义务罪；四是非法侵犯战俘罪。在入罪原则上应把握以下两点：其一，凡我国刑法典分则中没有相关规定的，方可增设相关罪名；其

---

〔1〕 参见黄芳：《国际犯罪国内立法研究》，中国方正出版社 2001 年版，第 169 页。
〔2〕 参见马呈元：《论中国刑法中的普遍管辖权》，载《政法论坛》2013 年第 3 期。

二，凡可纳入刑法典分则中已有罪名范畴的，无需特别设置独立罪名。如果确有规制的必要可做出扩张解释。[1]

关于适用哪一种观点较为合适，笔者将在下文中予以详述。但上述争议的存在至少说明一个问题：即我们国家刑法典中关于战争罪的立法内容有待完善。

此外，除了在立法内容上存在缺陷外，国外军事刑法中往往依据国际公约的规定，将外籍军人作为其战争罪适用的对象。前述已及，根据《刑法》第450条的规定，我们国家战争罪的适用对象同军职罪的适用对象在范围上是一致的，即仅限于中国人民解放军、武装警察部队的现役军官、警官、文职干部、士兵和具有军籍的学员及文职人员，以及执行军事任务的预备役人员和其他人员。有学者担心一旦出现此类人员实施国际法规定的战争罪行，我们将面临无法可依的情形。[2]

还有学者指出，在战争罪的保护对象上我们国家的战争罪也存在范围过于狭窄的问题。根据立法精神，故意遗弃伤病军人罪和战时拒不救治伤病军人罪的对象也仅限于我们国家的军人，而不包括外国的军人及其他人员，这与国际公约规定的战争罪保护的对象范围相比，明显过窄。[3]

（二）战争罪立法的完善

1. 关于战争罪立法内容的完善

首先，必须肯定的是，我们国家有义务及时把国际公约中规定的战争罪行内化为我们国家刑事立法上的规定。条约必须信守。"一个合法缔结的条约，在其有效期间内，当事国有依约善意履行的义务。这在国际法上称为条约必须信守原则或条约神圣原则，是条约法上的一个最重要的基本原则。"[4]

_____

〔1〕 参见田龙海、常璇:《惩治战争罪的国内军事立法问题研究》，载《当代法学》2007年第4期。

〔2〕 参见聂立泽、苑民丽:《略论我国军职犯罪的立法得失》，载《河北法学》2001年第1期。

〔3〕 参见田龙海、常璇:《惩治战争罪的国内军事立法问题研究》，载《当代法学》2007年第4期。

〔4〕 李浩培:《条约法概论》，法律出版社1987年版，第329页。

其次，尽管如此，我们认为没有必要把每一种国际公约规定的战争罪行都一一对应到我们国家刑事立法中来。这是因为：

（1）不可否认，在将国际法上的战争罪行内化到我们国家刑事立法中时，原则上应尽量采用国际社会通行的表述，以适应国际社会协同的需要，这样不仅履行了公约规定的义务，也可以避免国际交往中的误会，而且有利于依据双重犯罪原则，实现对犯罪人的引渡。[1]但同时我们必须承认，由于各国语言不同，国情不同，对罪状、罪名的表述也不尽相同，要求缔约方在对这些战争罪行进行内化时罪状、罪名必须与国际公约的规定完全一致，不能有一丝一毫的差厘，是不现实的。这是人类语言根本无法做到的。就此看来，所谓的条约必须信守不是意味着缔约方或加入方必须原封不动地把国际公约照搬到国内刑事立法中来，并为之规定完全相同的罪名。事实上，只要缔约方或加入方刑法内所设置的罪状能够包容该国际公约对战争罪行的规定，即使最终该国国内法规定的罪名不同于国际公约，也不能说该国刑法没有履行其信守条约的义务。正所谓师其意，而不必尽用其言。一旦遇到需要行使普遍管辖权的案件时，该国当然可以以其国内刑法所规定的罪名来对该行为进行惩治，这并不违反国际条约对该罪行构成要件的规定，当然也不存在违反罪刑法定原则，进行类推的说法。下面，笔者以我们国家国际法学界公认的一起普遍管辖案——广东省汕头市人民检察院诉阿丹·奈姆案为例，来对此进行说明。

汕头市中级人民法院判决书显示，1999年6月8日晚，印度尼西亚阿丹·奈姆等10人，在马来西亚海域劫持了泰国一艘名为"暹罗差猜号"的油轮。之后，船上的16名泰国船员被释放，船名被涂改。1999年6月16日晚，阿丹·奈姆等人于我国南澳岛附近，在将船上的柴油输送给我国的杂货轮"正阳一号"时，被广东省公安边防总队海警二支队查获。阿丹·奈姆等人对其劫持"暹罗差猜号"油轮，涂改船名，在中国海域将柴油销赃等事实供认不讳。本案中，因行为人劫持油轮的行为并非发生在公海上，故其行为不成立海盗罪，而是成立我国1991年加入的《制止危及海上航行安全非法行为公约》中规

定的"危害海上航行安全罪",但我们国家刑法典中并没有该罪名。经认真考虑后,最终汕头中院的判决指出,阿丹·奈姆等人的行为符合《制止危及海上航行安全非法行为公约》第 3 条第 1 款第 1 项规定的要件,构成犯罪。依据我国《刑法》第 9 条的规定,该行为触犯了我国《刑法》第 263 条的规定,以抢劫罪判处阿丹·奈姆等人有期徒刑 10 年至 15 年不等,并处罚金,附加驱逐出境。[1] 理论上认为,这是我国基于国际条约对国际犯罪行使普遍管辖权的典型案例。对此,有学者认为这是一种把国际罪行类推为我国刑法分则中的其他罪行的做法,并不合适。[2] 对此观点,笔者认为有待商榷。此种情况下,不能认为我们国家刑法分则对此没有规定。国际条约的内化,指的是罪行表述即罪状被内化,亦即,条约所禁止的罪行被缔约方或加入方内化,缔约方或加入方在内化时完全可以根据本国国情和语言特点,决定将该罪行表述为一条或多条,罪名也完全可以不同于条约规定,这并不违反条约必须信守的原则,更不会妨碍条约在本国的适用。

论者之所以得出汕头中院对此案的判决系对国际罪行的类推,根本原因在于其颠倒了定罪的大小前提所致。正如对 15 岁的甲绑架又杀人的行为进行定性上的逻辑推论时,绝不可以如此演绎:首先,依据《刑法》第 239 条第 2 款规定,绑架又杀害被绑架人的,只成立绑架罪一罪。本案中,甲绑架又杀人,故甲成立绑架罪;其次,依据《刑法》第 17 条第 2 款的规定,已满 14 周岁不满 16 周岁的人只对八种行为承担刑事责任,绑架罪不在其列,故 15 周岁的甲不成立任何犯罪。这种推论的根本逻辑错误在于颠倒了定罪的大小前提。[3] 事实上,即使不援用全国人大常委会 2002 年 7 月 24 日《关于已满 14 周岁不满 16 周岁的人承担刑事责任范围问题的答复意见》,认为《刑法》第 17 条第 2 款的规定的八种犯罪是八种"行为",而非八个罪名,也完全能够解决这个问题。因为第 17 条第 2 款的表述是,已满

---

〔1〕　参见〔2000〕汕中法刑一初字第 22 号判决书。

〔2〕　参见马呈元:《论中国刑法中的普遍管辖权》,载《政法论坛》2013 年第 3 期。

〔3〕　参见张明楷:《刑法学(上)》(第六版),法律出版社 2021 年版,第 315 页。

14周岁不满16周岁的人，犯"故意杀人、故意伤害致人重伤或者死亡……投放危险物质罪"的，应当负刑事责任。从解释学的角度来讲，15周岁的甲绑架又杀人的，即使舍弃对其绑架行为的评价，杀人行为本身即已符合了故意杀人罪构成要件，自然应当成立故意杀人罪。与之相类，我国刑法中的抢劫罪与国际条约中的危害海上航行安全罪存在交叉竞合的包容关系，阿丹·奈姆等人的行为不仅符合我国刑法中抢劫罪的构成要件，还有多余的溢出行为未做评价，将其评价为抢劫罪，反而降低了对行为人行为的评价。之所以持反对意见的学者会认为汕头中院对阿丹·奈姆案的判决结果是类推，逻辑上也是因为其颠倒了定罪的大小前提所致。亦即，论者先入为主地认为，《制止危及海上航行安全非法行为公约》第3条第1款第1项规定，阿丹·奈姆等人的行为成立危害海上航行安全罪，故认定其行为成立我国刑法中的抢劫罪属于对国际罪行的类推。如果论者不是将该行为先评价为危害海上航行安全罪，而是把抢劫罪视为我国刑法根据该国际条约内化的构成要件之一，再将其作为认定的前提就不会得出这样的结论。必须指出的是，尽管我们在设计抢劫罪的构成要件时并未考虑《制止危及海上航行安全非法行为公约》的有关规定，但不可否认的是该公约第3条第1款第1项规定的要件与抢劫罪的构成要件存在重合。退一步讲，即使主张将阿丹·奈姆等人的行为认定为抢劫罪属于类推，因其只评价了阿丹·奈姆等人的部分行为，故这里的类推也属于有利于被告人的类推，自然不违反禁止类推的问题。要知，现代刑法中的罪刑法定原则已经由绝对的罪刑法定发展到了相对的罪刑法定，由以前的禁止一切类推发展到了只是禁止不利于被告人的类推。

（2）必须承认，国际公约中有关战争罪行的规定一般都比较冗长、繁琐。如前所述，仅《罗马规约》中的战争罪就有四大类50个罪名，全部照搬进刑法典势必会造成刑事立法内容的臃肿和体例上的不协调。正因为如此，有学者建议在适当时机制定单行的《国际刑法》，将我国批准的那些国际条约中不适合纳入刑法典的内容规定于其中，同时，采用国际条约对罪行的表述方式，并为之配置相应的法定刑。[1] 如前所述，只要我们认可一国国际条约的内化并非逐字逐句的对照式的内化，只要将国际条约所规定的罪行内化为本国法律的一部分，可以拆分成几条，亦可以作出不同于国际条约的罪名规定，上述学者的观点就没有特别大的必要。正因为如此，关于战争罪的内化，笔者同意第二种观点，原则上凡刑法典分则已经有规定的，我们没有必要按照国际条约对战争罪的规定，亦步亦趋、逐字逐句地作出对照性的规定，只需将那些国际条约中有要求，但军职罪中没有对照规定的罪名纳入其中即可。照此逻辑，笔者认为军职罪只需增加规定两个战争罪罪名，即滥用损敌手段罪与非法使用保护标记、旗帜罪就可以了。同时必须指出的是，前述已及，因我们国家刑法制定时间不长，短时间内不可能对刑法典进行大规模修订，故没有必要像论者所说的那样，将危害国防利益罪和军人违反职责罪合二为一，归并为危害军事利益罪。而只需在军职罪一章中略作微调，增加规定滥用损敌手段罪与非法使用保护标记、旗帜罪这两个违反战争法惯例的犯罪即可。具体位置可考虑放置在《刑法》第448条之后，作为第448条之一；为了保持刑法条文的简短性，宜采取引证罪状的方式进行表述。必须指出的是，对上述两种违反战争法的行为并非世界上所有国家都将其作为战争犯罪在本国刑法中予以规定，并加以惩罚，借鉴《意大利军事刑法典》第165条的规定，我们有必要将敌对国对此类行为的惩罚与否，作为处罚阻却事由加以规定。具体内容如下：

在《刑法》第448条后增加一条，作为第448条之一：

违反我国缔结或者参加的国际条约的规定，滥用损敌手段的，处……刑；情节严重的，处……刑。

违反我国缔结或者参加的国际条约的规定，非法使用保护标记、旗帜的，处……刑。

对前述第一款、第二款规定的行为，只有当敌国对类似行为予以处罚时，方予以处罚。

2. 关于战争罪适用主体与对象的完善

对此问题，事实上我们在论及军职罪适用范围问题时已经有所涉

---

[1] 参见张明楷：《刑事立法的发展方向》，载《中国法学》2006年第4期。

及。首先，我们主张，考虑到未来我军完全有出境作战的可能，外籍军人，甚至外国普通公民将来完全有可能出现在我军的作战、训练、演习、危机管控等行动之中，不排除授予其军事职责的可能，这就意味着上述人员有触犯战争罪，包括其他军职罪的可能性，因此，将其纳入战争罪的适用范围确有必要。但在此问题上笔者认为完全没有必要修改刑法典，将此类人员扩大解释为《刑法》第450条中的执行军事任务的"其他人员"即可。

其次，对于战俘，应将其纳入军职罪而不仅仅是战争罪的适用范围。根据1949年8月12日《关于战俘待遇的日内瓦公约》第82条的规定，战俘应当受拘留国武装部队现行法律、规则和命令的拘束；拘留国对于战俘任何违反上项法律、规则和命令的行为，可以采取司法或者纪律上的措施。第87条规定，拘留国军事当局及法庭对于战俘所判处的刑罚不得超出其对本国武装部队人员犯同一罪行所规定的刑罚。我们国家已经加入了该公约，根据有约必守的原则，战俘应当纳入我国军职罪的适用范围。对此，我们主张在《刑法》第450条之下增加规定一款：

除法律或者我国缔结或者参加的国际条约有特别规定外，本章适用于处于我国控制或者看管之下的战俘。

再次，对于那些实施了战争罪的非我军的军职人员应将其纳入战争罪的适用范围。前述已及，我国《刑法》第9条已经明确规定了普遍管辖原则，这就意味着对于我国缔结或者参加的国际条约中所规定的罪行，我们国家在承担条约义务的范围内可以行使管辖权。但因其实施的是战争罪，系国际犯罪，如其出现在我国境内，此时我国当然有权利依照我国刑法条文内化后的规定，对其或起诉，或引渡，正如前述阿丹·奈姆案一样，直接依照《刑法》第9条的规定作出处理就是，此时，无需对军职罪的适用范围作出特别调整的规定。

最后，至于部分学者指出的我国战争罪保护对象过于狭窄的问题，笔者认为是不存在的。《刑法》第9条规定的普遍管辖权具有补充性质，我国司法机关按该条实施管辖的前提是不能依据《刑法》第6条的属地管辖权、第7条的属人管辖权、第8条的保护管辖权进行管辖。[1] 亦即，只要认可我们国家《刑法》第 9 条设立了普遍管辖原则，这就意味着我们国家根据我国缔结或者参加的国际条约，对于外国人在中国领土外，实施的并非针对中国国家或国民实施的国际罪行，包括战争罪行当然有权行使管辖权。即使被害人并非我国军人，如其作为伤病军人，在战场上遭到同袍战友遗弃，或者在战时，被处于救护治疗职位上的军人有条件救治，而拒不救治的，对实施该遗弃、拒不救治行为的军人我们当然有权利根据普遍管辖原则进行管辖，自然也就保护了这部分对象的权利。

三、其他犯罪的完善

（一）将主观罪过不同的犯罪从同一法条中分立出来

依照我们国家刑法理论的通说，所谓罪过，是指行为人实施犯罪时故意或者过失的心态，是一切犯罪构成都必须具备的主观要件要素。[2] 根据《刑法》14 条和第 15 条的规定，任何犯罪的成立在主观方面都必须得具备故意或过失的罪过要素，如果行为在客观上虽然造成了损害结果，但不是出于故意或者过失，而是由于不能预见的原因引起的，不是犯罪。任何具体犯罪的犯罪构成的罪过形式和内容都是特定。有的犯罪只能出于故意，有的犯罪只能出于过失；即使同为故意或过失犯罪，此罪与彼罪间的故意或者过失内容也是不同的。是故，罪过的区分有助于区分罪与非罪以及此罪与彼罪。此外，罪过反映了行为人实施犯罪时故意或者过失的心态，是行为人主观恶性的重要表现，反映出了行为人对法益的背反态度。即使行为的客观方面完全相合，但如主观罪过不同，此时，故意较之过失、直接故意较之间接故意，显然要重一些。正因为如此，立法者在立法时针对故意和过失犯罪通常会规定轻重不同的法定刑。唯此方符合罪刑法定、罪刑相适应等刑法基本原则。但很遗憾，一些军职罪并没有完全贯彻这一原则，导致主观罪过完全不同的两个罪名被规定在同一法条，配置了相

---

〔1〕　参见马呈元：《论中国刑法中的普遍管辖权》，载《政法论坛》2013 年第 3 期。

〔2〕　参见高铭暄、马克昌主编：《刑法学》（第十版），北京大学出版社、高等教育出版社 2022 年版，第 100 页。

同的法定刑。典型的如《刑法》第432条的故意泄露军事秘密罪与过失泄露军事秘密；第425条的擅离、玩忽军事职守罪，都属于将主观罪过完全不同的罪名放置到同一法条，并为之配置相同法定刑的情形。

1. 《刑法》第432条的完善

《刑法》第432条是关于故意泄露军事秘密罪与过失泄露军事秘密罪的规定，其最大的问题即在于将主观罪过完全不同的两种行为规定在了一起。为了防止司法实践中适用本条规定时出现错误，有学者指出，刑法虽然将故意泄露军事秘密罪和过失泄露军事秘密罪规定在同一条文中，而且配置了相同的法定刑，但在具体适用上应注意区别行为人是故意还是过失泄露军事秘密。因为行为人在实施犯罪行为时，其主观方面是故意还是过失，对其应负的刑事责任有重大影响。对于泄露军事秘密的行为，在认定情节是否严重时，故意泄露军事秘密的应从严，过失泄露军事秘密的应从宽；在决定刑罚时，故意泄露军事秘密的应从重，过失泄露军事秘密的应从轻。[1]

有关司法解释也注意到了这一问题。如在立案标准上，2013年最高人民检察院、解放军总政治部联合下发的《军人违反职责案件立案标准的规定》就故意泄露军事秘密罪与过失泄露军事秘密罪在第14条、第15条分别规定了轻重程度不同的成立条件。如行为人泄露机密级军事秘密一项以上的，即成立故意泄露军事秘密罪；但成立过失泄露军事秘密罪，须泄露机密级军事秘密三项以上。

如上所述，尽管理论与司法实践已经意识到了上述问题，并为此问题的纠正做出了努力，但这毕竟属于治标不治本的行为。笔者认为，未来军职罪立法修订时，应对此问题及时做出回应。可考虑依据主观罪过的不同，将《刑法》第432条的规定拆分成故意泄露军事秘密罪与过失泄露军事秘密罪两个条文，并分别予以规定。具体设计如下：

违反保守国家秘密法规，故意泄露军事秘密，情节严重的，

---

〔1〕 参见黄林异、王小鸣：《军人违反职责罪》，中国人民公安大学出版社2003年版，第113页。

处……刑；情节特别严重的，处……刑。

违反保守国家秘密法规，过失泄露军事秘密，情节严重的，处……刑；情节特别严重的，处……刑。

战时犯前两款罪的，从重处罚。

2. 关于《刑法》第 425 条的完善

《刑法》第 425 条规定，指挥人员和值班、值勤人员擅离职守或者玩忽职守，造成严重后果的，成立擅离、玩忽军事职守罪。关于擅离、玩忽军事职守罪的罪过，理论界存在争议。通说认为，擅离、玩忽军事职守罪的客观方面表现为擅离、玩忽职守并造成了严重后果的行为，故本罪的主观方面应为过失。具体说来，行为人在擅离军事职守时对自己违反指挥和值班、值勤规章制度，擅离岗位的行为应该是故意实施的，但其确实并不希望或者放任因此而可能造成的危害后果，所以根据《刑法》第 14 条的规定，不属于故意犯罪。擅离军事职守罪的行为人对可能造成的危害后果抱有侥幸心理，以为不会发生，所以根据《刑法》第 15 条的规定，属于过于自信的过失犯罪。玩忽军事职守罪的行为人在主观心理状态上比擅离军事职守的行为人更为复杂，有的可能是因为疏忽大意没有预见到自己行为可能造成的危害后果，有的可能是虽然已经预见到自己的行为可能造成危害后果，但轻信能够避免，以致发生这种结果，所以根据《刑法》第 15 条的规定，应分别属于疏忽大意或者过于自信两种过失心理状态。[1] 对此，笔者认为论者关于玩忽军事职守罪心态的结论是正确的，但关于擅离军事职守罪心态的论断则有失偏颇。如果坚持认为擅离军事职守的行为是过失，可能存在一个无法解释的问题：理论上过失实施此行为都构成犯罪，那么故意实施此行为的更应该构成犯罪。但我们翻遍军职罪的条文，找不到一个与之相对应的故意犯罪。亦即，如果将擅离军事职守罪的主观罪过限定于过失，就会难于处理故意的擅离军事职守的行为，这显然是不合适的。因此，"本罪虽然是选择性罪名，但实际上是两个罪名，即擅离军事职守罪与玩忽军事职守罪，前者的

---

〔1〕 参见黄林异、王小鸣：《军人违反职责罪》，中国人民公安大学出版社 2003 年版，第 65~66 页。

责任形式为故意，后者的责任形式为过失。"[1] 当然，承认本罪是故意犯罪并不意味着主张擅离军事职守的行为人对造成的严重后果持希望或者放任态度。此时，所谓的故意是指行为人明知自己擅离军事职守的行为违背自己的军事职责，但仍然擅离职守。至于对造成的侵害军事利益的严重后果，宜将其理解为本罪的客观超过要素，不要求行为人对此有认识、希望与放任，但应有认识的可能性，唯此才能避免上述理论与实践中的困惑。[2] 如此一来，既便于将出于不同罪过的不忠职守行为区分开来，从而为之配置不同的法定刑，也便于与渎职罪一章中滥用职权罪与玩忽职守罪的立法方式前后呼应，互相协调。

如此理论前提能够成立，笔者建议将《刑法》第 425 条修改为：

指挥人员和值班、值勤人员擅离职守，造成严重后果的，处……刑；造成特别严重后果的，处……刑。

指挥人员和值班、值勤人员玩忽职守，造成严重后果的，处……刑；造成特别严重后果的，处……刑。

战时犯前两款罪的，从重处罚。

（二）阻碍执行军事职务罪的完善

根据《刑法》第 368 条的规定，一般主体以暴力、威胁方法阻碍军人依法执行职务的，构成阻碍军人执行职务罪。与之竞合的《刑法》第 426 条则规定，军人以暴力、威胁方法，阻碍指挥人员或者值班、值勤人员执行职务的，则构成阻碍执行军事职务罪。对此，理论界一般认为，上述两个条文是法条竞合关系。具体说来，阻碍军人执行职务罪的对象是所有军人，主体是一般主体；而阻碍执行军事职务罪的对象则仅限于指挥人员、值班、值勤人员，主体亦仅限军职人员。由此，得出的结论自然是：当军人阻碍其他军人依法执行职务时，如果被阻碍执行职务者是指挥人员或者值班、值勤人员，应以阻碍执行军事职务罪论处；如果被阻碍执行职务者是除指挥人员或者值

---

[1] 张明楷：《刑法学（下）》（第六版），法律出版社 2021 年版，第 1671 页。
[2] 关于"客观超过要素"的概念及认定，参见张明楷：《刑法学（上）》（第六版），法律出版社 2021 年版，第 342 页。

班、值勤人员以外的其他军人，则应以阻碍军人执行职务罪论处。[1]
前述已及，单纯从逻辑上来看，该论证结论并不存在任何问题。但何
以同样是军人阻碍军人依法执行职务的行为会依照被阻碍者身份的差
异按不同的犯罪论处？难道是阻碍指挥人员与值班、值勤人员依法执
行职务行为的社会危害性要比阻碍一般军人依法执行职务行为的社会
危害性要大？设若被阻碍的一般军人执行的是特殊任务时，其社会危
害性与阻碍一般指挥、值班、值勤人员职务行为的社会危害性又该如
何比较？

在我们看来，这种立法设计并无任何必要之处。不管军人阻碍的
是指挥、值班、值勤军人依法执行职务的行为，还是其他军人的依法
执行职务的行为，其社会危害性都差不多，强行区分不过徒增烦恼。
即使认为被阻碍执行职务者的身份不同会影响良好的军务秩序，将其
作为一个法定量刑情节亦足以敷司法实践之所需。在前面的内容中我
们已经谈及，危害国防利益罪法条竞合犯设计不够合理，存在特别法
惟轻的情形。典型的如阻碍军人执行职务罪与妨害公务罪法定刑配置
一致，事实上并无专门特别立法的必要。故笔者主张，对于一般主体
阻碍军人执行职务的行为完全可以依托妨害公务罪的规定来予以规
制。即在妨害公务罪中增加一款"以暴力、威胁方法阻碍军人依法执
行职务的，从重处罚"的规定即可。如果基于维护军队内务关系的需
要，觉得军人阻碍其他军人执行职务的行为确有必要在军职罪中予以
规制，需要给予特别规定，以唤醒军人内在的服从意识，维护良好军
务秩序的，可以在军职罪中规定阻碍执行军事职务罪，但宜将其罪状
变更规定为以暴力、威胁或者其他方法阻碍军人依法执行职务的成立
阻碍军事职务罪即可。对被阻碍的对象进行指挥人员、值班、值勤人
员与其他人员的区分，并在此基础上规定为不同犯罪根本没有必要也
没有理由。正因为如此，笔者主张结合妨害公务罪、阻碍军人执行职
务罪，对阻碍执行军事职务罪做体系化设计，对其作如下修改：

---

[1]　参见黄林异主编：《危害国防利益罪》，中国人民公安大学出版社 2003 年版，第
55~56 页。

（1）删去《刑法》第 368 条第 1 款。

（2）在《刑法》第 277 条中增加一款作为第 5 款：

以暴力、威胁方法阻碍军人依法执行职务的，依照第一款的规定从重处罚。

（3）将《刑法》第 426 条修改为：

以暴力、威胁方法阻碍军人依法执行职务的，处 5 年以下有期徒刑或者拘役；情节严重的，处 5 年以上 10 年以下有期徒刑；情节特别严重的，处 10 年以上有期徒刑或者无期徒刑。战时从重处罚。

（三）增设压制控告、申诉罪

前述已及，现代军法理念认为，法治国家中军人的身份应为着军装之公民，除因军事勤务之所需外，不得对其人权进行任何限制。但这大体上只是说明了军人享有基本的人权，如何实现军人的人权这是我们必须关注的一个问题。有权利必有救济。军队是一个奉行精英主义价值体系，阶层管理严密的职业武装社会团体。军阶高者，权力大；军阶低者，权力小。上令下从，不得违抗。是谓节制。[1] 与科层属员相比，军队军官或士兵总是受着纪律的约束和部队的管制。每个军人，不管是军官，还是士兵，他的工作活动和一般军事行动在任何时候都要受到上级的监督。同时为了实现上级对下级的监督，军事组织在各方面都有成套的监察方案与程序。监察程序一般包括工作考核和工作评价。评价的依据则是有关规章制度规定的标准。为了使这种监察落到实处，还专门规定了纪律制度，对违反者做出制裁。轻则剥夺少许的权利，重则送交军事法庭。总之，在军队这种严密的科层体制传统下，下级的权利极易受到上级侵犯，且无处可诉。[2] 为了防止军人正当的权利被侵犯而无处申诉，现代各国无不重视军人诉愿制度的建立。

依照陈新民教授的观点，军人诉愿制度是一种"体制内"的申诉制度，让军人因长官或同僚不当行为而觉得有冤屈，或权利、尊严和

---

〔1〕 参见杨万郁：《论军事法益在刑法保护法益上之地位》，"台湾国防管理学院法律研究所" 2001 年硕士论文，第 34 页。

〔2〕 ［美］查尔斯·H. 科茨、罗兰·J. 佩里格林：《军事社会学——美国军事制度与军事生活之研究》，北京大学国防学会译，国防大学出版社 1986 年版，第 117 页。

人权受损时，能有一个申诉的管道。同时，如同国家有关诉愿的制度一样，人民遭到公权力（行政公权力）的侵害时，可以提起诉愿及行政诉讼。"军人——特别是职业军人——的诉愿制度亦可以和行政诉讼制度相连。如此，军人诉愿制度形成国家保障人民享有诉愿和诉讼权利体系重要的一环。"[1] 作为其他部门法的保障法，二战结束以来，一些民主国家制定的军事刑法无不把压制军人申诉的行为进行规制。如《德意志联邦共和国军事刑法》第 35 条即规定了压制申诉罪。[2]《瑞士联邦军事刑法》第 68 条也存在类似的规定。[3] 台湾地区"陆海空军刑法"则在第 46 条规定了阻挠部属陈情罪。

　　毋庸讳言，我国目前对军人诉愿制度不够重视。我国军事法学界要么一味论述军事行政法从严的一面，[4] 要么强调军事行政与公共行政分属两个不同的系统，"甚至'军事行政法'这一名称也是值得商榷的。"[5] 对军人诉愿权利的行使更是言之甚少。军人系穿着军装的公民，中国人民解放军是人民的军队，讲究政治、经济、军事三大民主，理当将压制军人控告、申诉的行为认定为犯罪，以保护军人的民主权利，激发军人内在的自觉服从牺牲精神。新的《纪律条令》第239 条规定"控告和申诉是军人的民主权利，其目的在于充分发挥群众监督作用，保护军人合法权益，维护军队严格的纪律。"第 240 条至第 250 条，则对控告和申诉的程序做出了具体规定。其中，第 242条规定了控告人及申诉人享有的一系列权利。刑法在国家的法律体系中处于后盾法的地位，理当将压制军人申诉的行为纳入规制范围，以保证《纪律条令》的上述规定落到实处。正因为如此，笔者建议增设压制控告、申诉罪。本着法益相近原则，可考虑将该罪放置于第 443条虐待部属罪之后，联系《纪律条令》的有关规定，具体设计如下：

　　以暴力、威胁、贿买等方法压制部属提起正当的控告和申诉，情

---

〔1〕　陈新民:《军事宪法论》，扬智出版社 1994 年版，第 235 页。

〔2〕　参见徐久生、庄敬华译:《德国刑法典》（2002 年修订），中国方正出版社 2004 年版，第 245~246 页。

〔3〕　参见徐久生、庄敬华译:《瑞士联邦刑法典》（2003 年修订），中国方正出版社 2004 年版，第 162 页。

〔4〕　参见徐丹彤:《浅论军事行政法从严原则》，载《武警学院学报》2003 年第 6 期。

〔5〕　曹莹、朱世宏:《军事行政性质辨析》，载《西安政治学院学报》2003 年第 6 期。

节严重的，处……刑。

（四）废除盗窃军用物资罪

盗窃军用物资罪，是军事司法实践中常见、多发、疑难的一类案件。之所以主张废除盗窃军用物资罪，主要是基于如下几点考虑：

1. 该罪认定较困难

在我们调研过程中，发现盗窃军用物资罪认定过程中最大的问题即在于罪与罪之间的区分。如一般认为盗窃罪（普通盗窃）的对象是普通财物，盗窃军用物资罪的对象是军用物资。但二战以来，越来越多的国家将其发展重点转移到经济建设上来，国与国之间的竞争日趋表现为经济与科技竞争为主，军事竞争为辅的局面，军民融合发展已成为国际潮流。[1] 在此形势下，我国也不失时机地将军民融合发展确定为国家战略。军民融合发展的现实，使得许多原来所谓的军用物资日渐军民通用。同一物品，因时间、地点、使用对象不同，其军用性质也随之发生变化。如同样的物品，存放在军用仓库中，属于军用物资；发放给战士、干部后，就成为私人财物。食品、药品，战时会被部队宣布为战备物资，属于军用物资，平时则属于普通物资。同样的油料，供军车使用的，属于军用物资；供地方车辆使用的，则为普通物资。[2] 这就使得盗窃罪与盗窃军用物资罪的区分日趋困难。此外，部队的装备与物资之间亦非界限分明。如《军职罪立案规定》第37条指出，所谓武器装备，是指实施和保障军事行动的武器、武器系统和军事技术器材的统称。第38条随之指出，所谓军用物资，是除武器资装备以外的，专供武装力量使用的各种物资的统称，包括装备器材、军需物资、医疗物资、油料物资、营房物资等。貌似武器装备与军用物资区分清晰、明确，实则不然，仅以军用物资解释中所使用的专有指称名词而言，何谓"装备器材"？它与武器装备如何区分？以此为标准来对武器装备与军用物资进行区分近乎是不可能的，这就使得盗窃军用物资罪与盗窃武器装备罪的区分同样成为一个疑难

---

〔1〕 参见闻晓歌：《"军民融合"制度变迁研究》，载《军事经济研究》2008年第9期。

〔2〕 参见张建田：《军职人员盗窃案件定性问题探讨》，载《法学》1984年第1期。

问题。

2. 保留该罪有违现代军法理念

现代军法理念认为，法治国家中，军人的身份为着军装之公民。现役军人除因履行职责之所需外，立法时亦应采与民"同罪同刑之原理"。[1] 就社会危害性而言，我们很难说军人盗窃军用物资行为的社会危害性要大于盗窃普通财物行为的社会危害性。正因为如此，台湾地区现役军人盗窃与普通公民盗窃适用的都是普通刑法中有关窃盗罪条文的规定，并无特别立法。同时，必须指出的是台湾地区"陆海空军刑法"第76条规定，"现役军人犯刑法下列之罪者，除本法另有规定外，依各该规定处罚：……八、在营区、舰艇或其他军事处所、建筑物所犯之窃盗罪。"由是一来，在台湾地区就现役军人所犯窃盗罪而言，有所谓营区内窃盗与营区外窃盗的说法。需要注意的是，尽管两种窃盗文字表述不一致，但两者实际上适用的都是台湾地区刑法第320条至第322条各类型的窃盗罪条文，系在"洪仲丘案"发生前，军人平时犯罪尚属军事司法管辖时代，为厘清军事审判权界限而作出的不得已的规定。"所冠'在营区、舰艇或其他军事处所、建筑物'之字句，系在界定审判权之归属，并非增订为其罪名之构成要件。故该款之案件，其判决主文关于所犯之罪名，参照刑法窃盗罪各该条之主文，谕知'窃盗'即可，毋须同时谕知'在营区'云云；惟判决书之事实与理由，均应记载'在营区、舰艇或其他军事处所、建筑物'之犯罪，以明有审判权。"[2] 笔者认为，在现代军法理念的指引下，宜将盗窃军用物资罪从军职罪中剔除出去。必须说明的是，这样的做法并不是说军职人员盗窃不再构成犯罪，而是说不再将军职人员盗窃作为一个特殊的构成要件加以规定，军职人员盗窃公私财物的行为如符合《刑法》第264条的规定，同样构成盗窃罪。由此一来，既保护了公私财产的所有权，又落实了现代军法理念。

---

〔1〕 谢添富、赵晞华：《陆海空军刑法论释》，集义阁出版社2010年版，第525页。

〔2〕 谢添富、赵晞华：《陆海空军刑法论释》，集义阁出版社2010年版，第529~530页。

图书在版编目（CIP）数据

军职罪立法的修改与完善 / 冉巨火著. -- 北京 ：
中国政法大学出版社，2024. 8. -- ISBN 978-7-5764
-1539-1

　　Ⅰ. E266

中国国家版本馆 CIP 数据核字第 20245YC126 号

出　版　者　中国政法大学出版社

地　　　址　北京市海淀区西土城路 25 号

邮寄地址　北京 100088 信箱 8034 分箱　邮编 100088

网　　　址　http://www.cuplpress.com（网络实名：中国政法大学出版社）

电　　　话　010-58908289(编辑部) 58908334(邮购部)

承　　　印　保定市中画美凯印刷有限公司

开　　　本　650mm×960mm　1/16

印　　　张　18

字　　　数　270 千字

版　　　次　2024 年 8 月第 1 版

印　　　次　2024 年 8 月第 1 次印刷

定　　　价　89.00 元